▪ 华东师范大学精品教材建设专项基金资助项目
▪ 全国中小学体育教材委员会审定通过教科书

U0369756

网球运动教程

主编◎陈　赢
　　　陈海涛

华东师范大学出版社
·上海·

图书在版编目（CIP）数据

网球运动教程 / 陈赢，陈海涛主编. —上海：华东师范大学出版社，2019
ISBN 978-7-5675-9238-4

Ⅰ.①网… Ⅱ.①陈… ②陈… Ⅲ.①网球运动—教材 Ⅳ.①G845

中国版本图书馆CIP数据核字（2019）第086503号

华东师范大学精品教材建设专项基金资助项目
全国中小学体育教材委员会审定通过教科书

网球运动教程

主　　编　陈　赢　陈海涛
责任编辑　李　琴
特约审读　蓝先俊
责任校对　王婷婷
版式设计　庄玉侠
封面设计　俞　越

出版发行　华东师范大学出版社
社　　址　上海市中山北路3663号　邮编 200062
网　　址　www.ecnupress.com.cn
电　　话　021-60821666　行政传真 021-62572105
客服电话　021-62865537　门市（邮购）电话 021-62869887
地　　址　上海市中山北路3663号华东师范大学校内先锋路口
网　　店　http://hdsdcbs.tmall.com/

印 刷 者　浙江临安曙光印务有限公司
开　　本　787毫米×1092毫米　1/16
印　　张　19.75
字　　数　445千字
版　　次　2019年10月第1版
印　　次　2023年8月第3次
书　　号　ISBN 978-7-5675-9238-4
定　　价　56.00元

出 版 人　王　焰

本书编委会

主　编：陈　嬴　华东师范大学
　　　　陈海涛　华东师范大学

副主编：李世春　华东师范大学第二附属中学附属初级中学
　　　　王　辉　厦门一中海沧分校
　　　　王国剑　重庆市松树桥中学校
　　　　王冬香　上海市明德外国语小学
　　　　瞿哲衡　上海中医药大学附属浦江高级中学
　　　　何俊杰　上海市明德外国语小学
　　　　徐严明　华东师范大学
　　　　姚庆阳　华东师范大学

编　委：
　　　　李　明　钟星月　倪　健　严　赟　雷语润
　　　　郭正茂　贾宇宁　常鹤影　夏侯迎翔

前言

党的二十大报告强调"人才是第一资源"。大学体育教学是高校人才培养的重要内容,是落实"五育并举""培养德智体美劳全面发展的社会主义建设者和接班人,加快推进教育现代化、建设教育强国、办好人民满意的教育"的重要措施。网球作为一项充满激情和竞争的体育运动,其秉承的精神和价值越发受到人们的喜爱。当前,随着国家关于网球运动的相关政策的颁布与实施,网球运动将迎来一个新的春天。

2018年2月12日,教育部体育卫生与艺术教育司印发了《教育部体育卫生与艺术教育司2018年工作要点》(教体艺司函〔2018〕5号),强调大力推进网球等项目进校园,并要求各省、直辖市制定出校园网球等活动教学指南和技能评定标准。作为网球进校园全国试点直辖市,上海于2018年4月由上海市教委制定了《青少年网球运动技能等级标准与测试方法》,并在上海各区试点执行。2017年10月,教育部印发《普通高等学校师范类专业认证实施办法(暂行)》的通知(教师〔2017〕13号),华东师范大学作为全国师范体育专业认定试点单位已经率先开始正式执行。2012年11月30日,上海市教委印发《关于开展"高中体育专项化"教学改革试点工作的通知》(沪教委体〔2012〕79号),2018年,到了全面推进阶段,开展网球专项学校已达到50多个,网球特色学校30多个。网球运动迅速在向全国各省市推广,逐步实现"义务教育阶段网球多样化、高中网球专项化、大学网球专业化"的体育教学改革设想,以促进网球教学质量的全面改革。

本教材编写组在认真研读并领会国家体育政策及网球具体措施后,坚持贯彻"健康第一,全面育人"的指导思想,以"学生终身发展"为核心理念。教材遵循"态度与参与,知识与技能,情意与合作,心理与社会适应"四个教学目标,以网球理论、技术、战术、教学、训练及竞赛为主线,力求满足体育专业学生、体育教师、体育教练员、体育社会指导员以及广大网球爱好者的实际需求。教材编写过程中,编写组认真参阅国内外最新出版的网球教材50余部及大量的相关文献资料,从开始拟定大纲、分类分级调整、收集和整理素材、图片和视频拍摄、文字和图片加工,到形成初稿、修订稿、终稿等,本教材团队成员多次进行讨论与交流,并与同行专家进行了多次论证,在体育专业、非体育专业的大中小学生教学单元多次使用、跟踪反馈、修改完善,终于完成本教材的编写工作。

本教材共分八大章节及一个附录。第一章主要介绍网球运动的起源与发展、网球运动的组织机构与赛事、网球运动的场地设施与器材、网球运动的基本礼仪;第二章主要阐述网球的击球技术原理和技术理论及网球单打、双打常见技术及其训练方法;第三章主要剖析网球战术思想和原则及网球单打、双打常见战术及其训练方法;第四章主要是网球教学原则、教学方法、教学组织与实施、教学文件制定、教学效果评价等;第五章主要是网球训练原则和方法及身体、技能、心理素质训练;第六章主要是网球竞赛规程的制定、网球竞赛的编排方法、网球竞赛日程表的制定;第七章是裁判的分工与职责、裁判的执法程序与记分法、裁判手势与位置图、裁判判罚案例分析;第八章主要介绍网球运动损伤及预防、网球运动疾病及预防、网球运动疲劳及恢复。附录部分是国际网联比赛通用规则、网球常用语中英文对照、普通高校体育教育专业网球教学大纲示例。

本教材的主要特色及突破之处:

1. 教材以网球理论、技术、战术、教学、训练及竞赛为主线,形成理论—实践—再理论—再实践的循环教学过程,遵循了理论来源于实践,实践检验理论的科学规律。

2. 教材主要是针对国内师范类综合性大学体育学专业学生编写,国内尚属首例。

3. 与同类网球教材相比,教材采用图文并茂形式,首次引入二维码、3D图像,教学直观性更强。

4. 与同类网球教材相比,本教材增加了网球专项心理素质训练章节,是教学设计上的一大突破。

5. 本教材技术、战术环节共展示100多种经典练习方法及示意图,极大地丰富了教材的主体内容。

本教材建设于2018年,被立项为"华东师范大学校级精品教材建设专项基金项目"(40400-10202-511232),得到了华东师范大学教务处领导和同仁们的鼎力相助与支持。教材在编写、修改、校正以及出版的过程中,得到了华东师范大学季浏教授、汪晓赞教授的专业指导与帮助。本教材由华东师范大学陈赢老师执笔并统稿,华东师范大学陈海涛老师构建教材框架,华东师范大学第二附属中学附属初级中学李世春老师、重庆市松树桥中学校王国剑老师、上海市明德外国语小学王冬香老师和何俊杰老师、厦门一中海沧分校王辉老师、上海中医药大学附属浦江高级中学瞿哲衡老师、华东师范大学徐严明和姚庆阳参与资料收集和整理、编写、文字校对,华东师范大学校网球队李明、严赟、倪健、郭正茂、贾宇宁、雷语润、夏侯迎翔、常鹤影、钟星月等学生参与教材视频与图片拍摄、编辑处理等工作。

鉴于本教材编写团队学识水平有限、经验不足及时间仓促,书中难免有疏漏、错误及不妥之处,敬请广大教师和读者不吝指正,期待下次调整与改进。

陈 赢

2023年8月

目录

第一章　网球运动概述

本 章 提 要

学习目标

※ 了解网球运动的起源与发展。

※ 了解网球运动的组织机构与职业赛事。

※ 了解网球运动的场地设施与器材。

※ 了解网球运动的基本礼仪。

重难点

※ 网球礼仪的养成与遵守。

※ 网球专业术语的合理运用。

关键词

ITF　ATP　WTA　四大满贯　网球礼仪　网球术语

第一节　网球运动的起源与发展

一、网球运动的起源

　　网球运动的起源可以追溯到12—13世纪的法国传教士在教堂回廊里用手掌击球的一种游戏,后来逐渐成为宫廷里的一种室内消遣娱乐活动。也有人认为,网球运动的起源应当追溯到"百年战争"(1337—1453年英法两国战争)时期在法国民间流传的一种名为"欧·德·巴乌麦"的球类游戏。据说这种游戏是在两个人之间进行的,游戏时每人各执一个球拍,球场的周围筑有围墙,球撞到墙上后被弹回去,而后越过球网。因此,无论从使用的场地和器具上,还是最基本的游戏规则和方法上,它与现代网球运动都有着许多相似之处,所以也有部分学者认为其是网球运动的最初形态。

　　到了14世纪中叶,法国的一位诗人把这种球类游戏介绍到法国宫廷中,作为皇室贵族男女的消遣方式。当时玩这种游戏,场地是宫廷内的大厅,没有网也没有球拍,球是用布卷成圆形后用绳子绑成的。场地中间架起一条绳子为界,利用两手作球拍,把球从绳上丢来丢去,法语叫做Tennez,英语叫做"Take it! Play",意即:"抓住! 丢过去",今天"网球(Tennis)"

一语即来源于此。不久，木板的球拍被用来代替两手拍球。16世纪初，这项球类游戏被法国国民发现，出于好奇心开始效仿，同时改良了用具，很快地传播到各大城市。球制造得比较耐用，拍子由木板改为羊皮纸板，拍面面积放大，握把的柄也加长。场地中间的绳子，增加无数短绳子向地面垂下，球从绳子下面经过时，可以明显地察觉。后来被法国国王路易斯下令禁止，并规定这是宫廷中的特权游戏。在法国宫廷中做这种游戏时，球场旁边放置一只金色容器，每次比赛完毕后，观众将金钱投入盘中，作为胜利者的奖品。这种方法起初的用意很好，后来渐渐演变成为一种赌博。开始时数目尚小，久而久之越赌越大，甚至有人因此倾家荡产，于是纠纷迭起，法国国王遂下令禁止此种游戏。这就是18世纪初期网球衰败的主要原因。

大约在1358—1360年间，这种球类游戏从法国传到了英国。英国国王爱德华三世对此特别感兴趣，下令在宫内建造一处室内球场。从此，网球开始在英国流行，成为英国上层社会的一种娱乐活动，所以有"贵族运动"之雅称，这期间流行的主要是室内网球。

17世纪初，网球运动的场地器具被进一步改良。场地中间不再用绳子穿帘，而是改用带有小方格的球网，球拍也变成穿线球拍，变得更加轻巧方便。球也随之发生了变化，从最开始羊毛和麻制成的柔软的球，变成了用皮革充填碎屑和细砂制成的结实耐用的球。同时也根据场地的情况，将球分为黑色和白色。但一直到1845年橡胶制成的网球出现，才给网球运动带来了一场巨大的变革。

1858年，英国人哈利·梅姆在英国伯明翰的一位朋友的草地上建造了一个网球场，促成了早期网球运动的开展。1872年，他又创建了莱明顿网球俱乐部，网球运动的影响开始逐渐扩大，最终形成了现代网球运动。

二、网球运动的发展

1837年，英国人沃尔特·克洛普顿·温菲尔德对早期的网球打法进行了改进，变成夏天在草坪上进行的一种娱乐活动，并取名为草地网球。同年，他还出版了一本以《草地网球》为题的小册子，对这项运动作了详细的介绍，从此草地网球问世，并很快取代了板球而成为英国最流行的室外运动，温菲尔德也因此被誉为"近代网球之父"。

1874年，在英国百慕大度假的美国人玛丽·奥特布里奇看见英国军官打网球后，被网球这项运动所吸引，并如饥似渴地学了起来，当她回国时克服了海关扣留拍子和球的困难，一回到纽约，她就和她的哥哥在纽约的一个板球俱乐部的空地上设置了网球场并练习网球。当时只有女子参加网球运动，因此，很多男人认为网球是女子运动而鲜少问津。后来由于网球运动的独特魅力，逐渐在美国斯特誉岛上开展起来。不久在纽约、新港、波士顿、费城等大城市里传播开了。

1875年，英国的板球俱乐部制定了网球比赛规则。

1877年7月，全英板球俱乐部正式更名为全英板球与草地网球俱乐部，并第一次举办了全英草地网球男子单打锦标赛，即后来闻名于世的温布尔登网球赛，由此现代网球运动开始逐渐兴起。

1878年以来,草地网球逐渐由英国移民、商人、驻军等传至全球,包括加拿大、斯里兰卡、捷克斯洛伐克、瑞典、印度、日本、澳大利亚和南非等。当时很多网球爱好者多为富裕人士,他们有条件在自家的草坪上随时设置网球场,作为他们社交活动的场所。

19世纪90年代中期至20世纪是竞技网球运动的推广时期,代表性事件是四大网球公开赛的创办以及成为现代奥运会的正式比赛项目。其间网球进入了初步发展阶段,许多国家和地区组织了网球协会,并定期举行比赛。

1887年,美国开始举行草地网球女子单打锦标赛,女子双打和混合双打比赛分别开始于1890年和1892年。

1891年,法国首次举行男子单打和男子双打锦标赛,参加者仅限于法国公民,女子单打比赛始于1897年。

1900年,美国网球运动员戴维斯为推动现代网球运动的发展捐赠了一只黄金衬里的纯银大钵,它被命名为"国际草地网球挑战杯",也就是著名的戴维斯杯,后来它成为国际网坛声望最高的男子团体锦标赛的永久性的流动奖杯。

1904年,澳大利亚草地网球协会成立。1905年,开始主办澳大利亚锦标赛,设男子单打和双打两个项目;1922年,又增加了女子单打、女子双打和混合双打三个项目。法国网球锦标赛、英国温布尔登网球公开赛、美国网球锦标赛和澳大利亚网球锦标赛是世界上最有声望的大满贯网球赛事。任何一名选手或一组双打选手能在同一赛季中赢得四个锦标赛的冠军便获得大满贯优胜者的荣誉。

1913年3月1日,澳大利亚等12个国家网球协会代表在巴黎成立了国际网球联合会,总部设在伦敦,协调国际网球活动,安排全年比赛日程,确定网球规则并监督它的执行。1919年,抽签采取种子制度,由此,网球运动逐步规范化,并逐渐推广开来。

20世纪20年代至80年代是职业网球运动的加速发展时期。在此期间,由于国际奥委会和国际网球联合会在参赛选手资格和身份问题上存在分歧,已于第一届现代奥运会成为正式比赛且连续七次成为奥运会正式比赛项目的网球退出了1924年的第八届巴黎奥运会。直到1984年的洛杉矶奥运会上,网球才被重新列为表演项目。1987年5月11日,在伊斯坦布尔召开的第十二届国际奥委会会议上通过了职业球员可以正式参加奥运会网球比赛的决议。因此,自1988年的汉城奥运会开始,网球又被重新列为正式比赛项目。

20世纪70年代以后,网球运动又得到了进一步的发展,允许职业选手参加温布尔登等公开赛,开创了职业网球巡回赛的先河,取消了职业选手与业余选手的界限,增加了大赛的激烈程度,从而促进了网球运动员技术水平的提高,吸引了广大网球爱好者从事该项运动的热情和观看网球比赛的积极性。高新科技在球拍等器材制造中的应用,促进先进网球器材的产生。网球技术水平得到了提高,并造就了一批年轻的优秀选手,从而促进网球运动不断向前发展。

20世纪90年代以后,网球运动进入了全面发展阶段。一是普及程度进一步扩大,网球运动以独特的魅力赢得了越来越多的爱好者和观众;二是随着运动水平的进一步提高,比赛变得更加激烈,逐渐打破了早期由澳大利亚、美国、法国和英国选手对四大网球公开赛的统治;三是随着器材的改革,尤其是新球拍的研制,现代网球向着力量速度型的方向发展;四是随着各项赛事奖金的不断增加,网球运动的职业化、商业化程度也越来越高。

21世纪初期至今,随着各种战术风格的演进,网球技术产生了巨大的变化并得到了迅速发展。这些年来,技术发展的一个突出特点就是从防御转变为进攻。例如,过去典型的打法是正手进攻,反手只是防御,反手大多为下旋击法,而正手也只是平击式击球,变化不多。现在,正反手大都采用上旋击法,加大了球落地后的前冲,使对方回击困难。同时,发球技术也采用了大角度的切削发球,使对手更难以回击。另外,各种打法都越来越注重速度和力量,从而加强了进攻的威力。由于进攻性网球技术的发展,网球比赛变得越发激烈。目前,比赛双方的攻守技术又提高到了一个新的水平;各种打法趋向于力求技术全面,突出特点;发球讲究力量大、速度快、落点准并旋转多变;正反手技术日趋平衡,大力上旋抽击被普遍采用;网前进攻和底线破网技术讲求质量,每个优秀选手都能灵活运用几套攻守战术。网球技术正朝着综合战术进攻型的打法发展。

三、中国网球运动的发展

网球运动于19世纪后期,约1885年传入中国,最早是在北京、上海、广州、香港等大城市的外国传教士和商人之间出现网球活动,后来一些教会学校也逐渐开展这项运动,如北京汇文学校、通州协和书院、上海圣约翰书院、广州岭南学校以及香港的教会学校等。1898年,上海的圣约翰书院举行斯坦豪斯杯赛,这是中国网球发展史上最早的比赛。1906年,北京的汇文大学堂、协和书院和清华大学之间,上海的圣约翰大学、南洋公学、江沪大学以及南京、广州、香港的一些学校开始举行校际网球比赛,促进了网球运动在中国的早期传播。

新中国成立后,在中央和地方各级领导的关怀下,我国的网球运动逐渐发展。20世纪80年代以来,我国网球运动水平有了较大幅度的提高,相继在第10至第13届亚运会上获得多项亚洲冠军。1992年,巴塞罗那奥运会网球赛,中国有5名选手参赛,包括女单李芳、陈莉,女双李芳/唐敏,男双孟强华/夏嘉平,除女双进入第二轮外,其他均在第一轮被淘汰。在1994年年终国际网联世界排名中,我国夏嘉平为313位,潘兵为215位,李芳为66位,陈莉为233位,唐敏为237位。1997年,随着原国家体委体制改革的推进,我国成立了网球运动管理中心。根据1999年注册统计,全国目前共有24支队伍,353名专业网球运动员,95名专业教练员。

2004年,中国的双打选手李婷/孙甜甜站在了迈阿密大师赛的女双半决赛赛场上。能够进入迈阿密女双四强,这对中国姑娘创造了中国网球史上新的纪录:在总奖金高达650

图1-1　李婷、孙甜甜获得雅典奥运会网球女双冠军

万美元的WTA一级赛事的半决赛上留下了中国人的足迹。2004年8月22日，雅典奥运会网球比赛进入了最后一天，在女子双打的决赛中，中国网球运动新的一页终于打开，中国一号女双组合李婷/孙甜甜组合，经过1小时29分钟的激战，以两个6-3战胜了2号种子西班牙名将帕斯库尔和马丁内兹组合，中国摘得了网球运动项目上的第一枚奥运会金牌，创造了历史。

2006年1月27日，中国选手郑洁/晏紫在澳大利亚墨尔本公园击败澳网头号种子雷蒙德/斯托瑟（美国/澳大利亚），夺得中国网球界在四大满贯赛成年组双打比赛中的第一个冠军。2006年，温布尔登网球公开赛女双决赛结束，4号种子、澳网冠军组合郑洁/晏紫以6-3、3-6、6-2击败了老将组合帕斯奎尔/苏亚雷兹，继年初澳网女双折桂后，再度戴上大满贯女双后冠。

2011年6月4日，法国网球公开赛的女单决赛中，中国选手李娜成功顶住了卫冕冠军、意大利名将斯齐亚沃尼的顽强反击，最终以6-4/7-6（0）的比分胜出，成为第一个捧起网球大满贯赛单打冠军的亚洲选手，书写了中国网球的辉煌时刻。李娜的世界排名直接上升至世界第四，追平日本名将伊达公子此前所保持的亚洲选手纪录。

2014年1月25日，李娜第三次跻身澳大利亚网球公开赛决赛并最终收获女单冠军，世界排名升到世界第二。9月19日，亚洲首位网球大满贯得主李娜正式宣布退役。12月15日，李娜被英国《金融时报》评选为2014年年度女性人

图1-2　郑洁、晏紫获得2006年澳网女双冠军

图1-3　郑洁、晏紫获得2006年温网女双冠军

图1-4　李娜获得2011年法网女单冠军

图1-5　李娜获得2014年澳网女单冠军

物。12月23日,李娜入围"2014CCTV体坛风云人物年度评选"的年度最佳女运动员。2018年6月15日,温网官方宣布李娜出战温网女双元老邀请赛。

纵观中国网球发展的轨迹:清末侵华英军将其带入,传教士将其推广,很长一段时间是"洋人"的游戏;此后又成为达官贵人的消遣。新中国成立后,网球是运动员的专利;改革开放后,网球成为高收入者的新宠;20世纪90年代后,网球已褪下"贵族运动"的外衣,走入寻常百姓家。近十年来,我国许多省市相继引进一些高水平的国际赛事,尤其是2002年底开始的上海网球大师赛(Shanghai Masters)、ATP及WTA职业巡回赛、中国网球公开赛(China Open)等高水平网球赛事的举办,吸引了大众的眼球和注意力,拉近了网球运动与网球人口的距离,有力地推动了网球运动在中国的普及与发展。如今,网球运动遍布于学校、企业、商圈、居民小区等,普及率逐年提高,成为了生活中最受人们欢迎的体育项目之一,是我国全民健身、休闲、娱乐的重要一环。

图1-6   ATP上海大师赛网球中心

第二节   网球运动的组织机构与赛事

一、国际网球组织机构

(一)国际网球联合会

国际网球联合会(International Tennis Federation,简称ITF),成立于1913年3月1日,是成立最早的国际网球组织,总部设在英国伦敦。中国网球协会于1980年被接纳为该组织的正式会员。

国际网球联合会是世界网球组织的最高权力机构。其宗

图1-7   国际网球联合会标志

旨是：促进网球运动的普及；加强各国网球协会之间的友谊；监督在比赛中遵守联合会的规则；维护国际网联的独立性。

国际网球联合会负责组织和指导的主要赛事有：① 国际网球锦标赛（即戴维斯杯赛）；② 女子国际团体赛（即联合会杯赛）；③ 四大网球公开赛；④ 国际男女青年团体赛等。

国际网球联合会的主要职责是：负责制定、修改和实施网球规则，在各级水平上促进全世界网球运动的发展，在国际上维护网球运动的利益，促进和鼓励网球的训练，为国际赛事制定和实施规则，裁定国际网联认可的正式网球锦标赛，增强协会会员的影响力，维护联合会的独立，确定运动员的资格，管理业余、职业及业余—职业混和型比赛，合理使用联合会的资金，维护网球界的团结及监督这些规则的实行等。

国际网球联合会的国际网联会员分正式会员和会友两种，会员在代表大会上有表决权，会友无表决权。会员又根据其网球发展的水平，拥有1—12票不等的表决权。国际网联的最高权力机构是代表大会，每年举行1次。

国际网联的领导机构是管理委员会。管理委员会由11人组成，由代表大会选出，任期两年，秘书长由管理委员会任命。国际网联管理委员会下设业余、少年、老年人委员会，由管理委员会任命。

（二）职业网球联合会

职业网球联合会（Association of Tennis Professionals，简称ATP），由唐纳德·戴尔、鲍勃·布瑞尼尔、杰克·克拉玛、克里夫·佐斯德尔等人于1972年9月创立，旨在保护男子职业网球选手的利益。ATP全球总部设立在英国伦敦；欧洲总部设立在摩纳哥；美洲总部设立在美国蓬特韦德拉海滩；而涵盖非洲、亚洲及大洋洲的ATP国际总部则设立在澳大利亚的悉尼。

图1-8 职业网球联合会标志

职业网球联合会的主要任务是协调职业运动员和赛事之间的关系，负责组织和管理职业选手的积分、排名、奖金分配以及制定比赛规则和给予或取消选手的参赛资格等工作。自1990年起，职业网球联合会组织举办多种级别的男子职业网球全球巡回赛，被称为ATP世界巡回赛。它们主要包括：ATP世界巡回赛1000大师系列赛事、ATP世界巡回赛500系列赛事和ATP世界巡回赛250系列赛事三项系列赛事。而同时ATP世界巡回赛还监督为新人选手举办的ATP挑战赛和为资深选手举办的ATP冠军赛。大满贯赛事、奥运会网球赛事、戴维斯杯等赛事并不由职业网球联合会管理及监督，但这些赛事亦可以获得ATP排名积分。

职业网球联合会每周会公布两个排名，一个是每周滚动的积分排名，被称为"阿联酋航空ATP排名"（俗称"世界排名"）；而另一个则是本赛季迄今为止累积积分排名，被称为"阿联酋ATP伦敦之路排名"（俗称"ATP冠军积分"）。

ATP排名是用来确定各项网球赛事中单打与双打选手的入选资格及种子选手资格。阿联酋航空ATP排名的统计周期为52周，但不包括ATP世界巡回赛总决赛。同时，这些积分将在赛季末的最后一项赛事结束后全部作废。而在赛季结束后累积积分最高的选手即为当年的"世界第一"。阿联酋ATP伦敦之路排名则是一年内所有积分累加的数据,即"选手截止上周的ATP冠军积分－选手去年上周的同期积分＋选手今年上周的积分＝选手截止本周的ATP冠军积分"。阿联酋ATP伦敦之路最终排名前八的选手即可参加ATP世界巡回赛总决赛。

从2009年赛季开始,所有积分都翻了一倍以适应全新的排名系统。

2018年8月,ATP世界排名结果:纳达尔与费德勒仍稳居前两位。凭借在ATP500华盛顿站上的优异表现,小兹韦列夫保住第三。

(三)国际女子网联

图1-9　国际女子网联标志

国际女子网联(Women's Tennis Association,简称WTA),成立于1973年,球员总部、体育科学部、医学部、巡回赛运作部和选手关系办公室都设在美国佛罗里达州的圣彼德斯堡。WTA的工作主要是代表女性球员的利益,保证全世界范围内的球员都有机会能够参加各项赛事,同时负责协调赞助商、赛事主办方之间的关系,推动网球运动的发展。

2008年,WTA巡回赛驻北京的亚太代表处成立,成为继佛罗里达圣彼德总部和英国伦敦代表处外,巡回赛的第三个分支机构。

二、国际网球重大赛事

(一)四大网球公开赛

1.温布尔登网球公开赛

温布尔登网球公开赛(Wimbledon Champion ships,或简称"温网")是一项历史悠久、最具声望的世界性网球公开赛事,由全英俱乐部和英国草地网球协会于1877年创办,是网球四大满贯之一。温网举办地在英国伦敦郊区的温布尔登。

图1-10　温布尔登网球公开赛标志

温布尔登网球公开赛通常举办于6月或7月,是每年度网球大满贯的第3项赛事,排在澳大利亚网球公开赛和法国网球公开赛之后、美国网球公开赛之前,也是四大满贯中唯一的草地比赛。整个赛事通常历时两周,但会因雨延时。男子单打、女子单打、男子双打、女子双打和男女混合双打比赛在不同场地同时进行。温布尔登还举办有男子单打、女子单打、男子双打、女子双打的青年比赛。此外,温布尔登还为退役球员举办特别邀请赛。

温布尔登网球公开赛是四大赛事中最古老的一个。全英俱乐部是一个私人俱乐部,成立于1868年,最初是全英门球俱乐部。最初的场地位于沃尔普(worple)路附近。1875年,由沃尔特·克洛普顿·温菲尔德(Major Walter Clopton Wingfield)设计的一年一次的游戏——草地网球,被允许加入俱乐部活动。在1877年春天,该俱乐部改名为全英草地网球和门球俱乐部,并举行了第一个草地网球锦标赛——温网。

第一届温网赛事,仅有男子单打比赛,由斯宾塞·戈尔(Spencer Gore)赢得冠军。到了

网球运动教程

1884年，全英俱乐部增加了女子单打和男子双打比赛。女子双打和混合双打在1913年加入。赛事在1922年搬到了如今的教堂（church）路的场地。同其他三项大满贯赛事一样，温布尔登网球公开赛在1968年网球公开时代到来之前，只对顶级的业余选手开放。英国人对温网赛事甚为骄傲，但它也是其民族苦闷和幽默的来源：英国男性自1936年的佛瑞德·佩里之后再未获得过单打冠军，直到2013年7月7日，安迪·穆雷代表英国人再次夺得温网男单冠军。男子单打冠军将获得一座18英寸高的镀金奖杯——挑战者杯。女子单打的奖品是一个直径约为19英寸的银盘，通常被称作"Rosewater Dish"或"Venus Rosewater Dish"，中文通译"玫瑰露水盘"，还有其他一些活动奖品。

和其他三项大满贯不一样，温网可以不完全按照世界排名来定种子排位，因为这项赛事是由一个私人俱乐部在经营。从2001年开始，温网的种子排位就由一个委员会决定。他们将参考这些球员过去几年的草地赛事表现，再根据其世界排名的高低排出种子位置。这个特殊的计算方式是：以温网开始前一周的世界排名积分作为基础，另外再加上过去12个月的所有草地赛事的积分以及在此前的12个月中最好的草地赛事积分的75%。考虑到每个赛季的草地赛事数量有限，因此，这个方式也能照顾那些擅长在草地作战的球员。另外，这个温网种子排位计算公式，同时也提高了女王杯、纽波特、海尔托亨博思等草地赛事的重要性，以此帮助球员在全英俱乐部获得更好的种子排位。

图1-11　温布尔登网球公开赛一号中心球场

图1-12 美国网球公开赛标志

2. 美国网球公开赛

美国网球公开赛（US. Open，简称"美网"）首届比赛于1881年在罗德岛新港举行，当时只是美国国内的比赛，而且只有男子单打。后来为了追求更多的娱乐因素，才增加了女单、男双、女双、混双四个项目。1887年，开始举行女子比赛，1968年，被列为四大网球公开赛之一。美国网球公开赛也是最后一项网球大满贯赛事，通常每年8月底至9月初在美国纽约举行，赛事共分为男子单打、女子单打、男子双打、女子双打和男女混合双打五项。

1915年起，美网移至纽约林山进行比赛。1970年，改名为全美公开赛。美网历史上第一个男单冠军被纽波特俱乐部的卡西诺获得，当时只有在美国国家网球联合会注册的俱乐部才有资格参加美网。

美国公开赛有一独特的地方，它是仅有的在大部分球场设有照明设备的大满贯赛事。这意味着电视转播能够延伸到晚上的黄金时段以增加收视率。甚至女单决赛由星期六下午移至晚上，就是为了能有更好的收视率。在2005年，美国公开赛和所有的美国公开赛系列赛的球场都采用蓝色内场和绿色外场以显示同一性，并且可以更容易看清楚球，这项改变使得球员和观众都有了各式各样的反应。

与其他三项大满贯不同的是，为了鼓励球员参赛，美网组委会在2004年创办了美网系列赛。以2010年为例，美网系列赛由六站ATP赛事和五站WTA赛事组成，ATP赛事则比WTA赛事早一周进入美网系列赛时间。2010年的美网系列赛由7月19日开赛的亚特兰大网球冠军赛开始，连续六周，直到8月30日迎来美国网球公开赛的到来。其中，ATP1000赛罗杰斯杯

图1-13 美网阿瑟·阿什球场

和辛辛那提大师赛（WTA中这两项赛事是"超五赛"）为重点赛事，在此两项赛事中取得好的成绩，会获得更高的赛事奖金、世界积分、美网系列赛积分，甚至在美网中拿到额外的奖金。

3. 法国网球公开赛

法国网球公开赛（French Open，简称"法网"），是一项在法国巴黎罗兰·加洛斯球场举办的网球赛事。通常在每年的5月至6月进行，是第二个进行的大满贯赛事。该赛事创办于1891年，是网球比赛唯一一个在红土球场上进行的大满贯比赛，标志着红土赛事中的最高荣誉，同时也标志着每年红土赛季的结束。由于红土场地球速较慢，且男子单打比赛采用五盘三胜制，因此，参加比赛的选手需要有着超群的技术和惊人的毅力。

图1-14 法国网球公开赛标志

法网最初被命名为"法国网球锦标赛"（French Championships），创立之初只是法国国内的小型网球比赛，只允许法国的网球俱乐部成员参加。第一届法国网球锦标赛是一个只设有男子单打项目且只进行一天的小型比赛。1897年，比赛首次加入了女子单打比赛。在1915年至1919年之间，比赛因为第一次世界大战取消。

1925年，法网成为了一项国际性赛事并首次对全世界的网球选手开放。1928年，比赛场地搬至了罗兰·加洛斯球场，这一场地用第一次世界大战中法国英雄飞行员罗兰·加洛斯的名字命名，并从此一直作为法国网球公开赛的比赛场地。1940年至1945年，比赛因为第二次世界大战中断。

西班牙和南美是"红土高手"的盛产地，他们常常在硬地上比赛没有什么优势，但到了红土场往往能出成绩。西班牙、阿根廷的地理条件就是这样，有很多红土场，选手从小在红土上长大。因此，西班牙选手都有一套专门的红土套路，每个人的手法都很好，还善于奔跑。很多

图1-15 法网巴黎罗兰·加洛斯球场

法网冠军都无法在其他三项大满贯中夺冠，布鲁格拉、穆斯特、库尔腾、莫亚、科斯塔、张德培、戈麦斯的职业生涯更是只有法网一座大满贯的奖杯。

4. 澳大利亚网球公开赛

澳大利亚网球公开赛（Australian Open，简称"澳网"）创办于1905年，已经有100多年的历史。比赛通常于每年一月的最后两周在澳大利亚维多利亚州的墨尔本体育公园举行，是四大满贯中最先举行的一个赛事，也是最年轻的大满贯。男子单打冠军奖杯是诺曼·布鲁克斯挑战杯（Norman Brookes Challenge Cup），女子单打冠军奖杯是达芙妮·阿克赫斯特纪念杯（Daphne Akhurst Memorial Cup）。

图1-16　澳大利亚网球公开赛标志

1969年，澳网正式进入公开赛时代，比赛名称也被正式更改为澳大利亚网球公开赛。比赛进入公开赛时代后，曾在布里斯班、悉尼和墨尔本三个城市举办过，因此，位于布里斯班的米尔顿球场（Milton Courts）、位于悉尼的白城球场（White City Stadium）和位于墨尔本的库扬球场（Kooyong Stadium）都曾作为比赛场地。在1972年澳大利亚网球公开赛固定在墨尔本市举办之后，库扬球场随之成为了固定举办比赛的球场。

1988年，政府斥巨资在墨尔本中央商务区南边的墨尔本板球场旁新建的费林德斯公园（Flinders Park）网球中心正式启用，并取得了立竿见影的效果。观众人数大幅攀升，有超过26万名观众亲临现场观看比赛，而前一年在库扬球场这一数据仅有14万人。也正是在启用新场地后，澳网才由草地改为硬地球场。

1996年，比赛场地再次扩大，并更名为墨尔本公园。2000年，为了纪念澳大利亚网球英雄，历史上唯一一位两度实现真正大满贯的罗德·拉沃（Rod Laver），中央球场被命名为罗德·拉沃球场。

图1-17　澳网墨尔本公园网球场

（二）戴维斯杯网球锦标赛

戴维斯杯网球锦标赛（Davis Cup）为世界上极受瞩目的国家对国家的男子网球团体赛事，因由美国人戴维斯倡议举办，并捐赠银质奖杯授予冠军队而得名。戴维斯杯网球锦标赛是国际网球联合会主办的国际男子网球团体赛。比赛每年举行一次，采取分为两级的升降级比赛的办法。第一级称世界组，由16个队参加，成员是前一年比赛的前12名和四个分区赛（即第二级的四个区的比赛）的第一名，这一级的冠军队即获奖杯；第二级分欧洲A区、欧洲B区、美洲区和东方区四个区比赛，获得各区第一名的可参加下一年第一级的比赛。

戴维斯杯网球锦标赛将全世界参赛的国家分成世界组（为最高层级）以及三个区域组：欧洲非洲区域组、美洲区域组、亚洲及大洋洲区域组。各区域又分成四个层级。在一年中，同一个层级的国家相互比赛，其中，最终胜出的数个国家于次年在所属区域组中晋升一个层级，而最终落败的数个国家则在次年降一个层级。但有两种情形例外：第一，第四级的国家不会再降级了，因为已经是最低层级；第二，各地区第一级最后获得优胜的八个国家（欧洲非洲区域取四个名额、美洲区域取两个名额、亚洲及大洋洲区域取两个名额）和世界组中第一轮落败的八个国家进行世界组升降赛。在世界组升降赛中，获胜的国家次年可进入世界组，落败的国家次年则回到各区域组的第一级。

每轮比赛前由每个队长选出本国的四名球员，并决定他们将要打何种比赛。第一天的比赛顺序是随机抽取。过去，只有在受伤或生病的情况下，由医生验证后才能使用替补球员，但目前的规则允许队长在最后两场重新选定单打球员，只要对赛双方不和第一天重复即可。对球员的比赛类型没有限制，但一般来说选定的四名球员组合应该是：两个单打选手，另外两名球员通常是双打专家或组合。

每场比赛采用的是五盘三胜制，决胜盘实行长盘制没有抢七。但如果一方球队已经率先赢下三场比赛获得晋级资格，余下的比赛将变成三盘两胜制，决胜盘实行抢七制。

（三）联合会杯网球赛

联合会杯网球赛（Fed Cup），创立于1963年，是每年一度的世界女子网球团体赛，也是世界网坛层次最高、影响最大的国际性女子团体赛，和戴维斯杯男子网球团体赛齐名。

创立女子国际网球比赛的构想是由海泽·霍普金斯·惠特曼于1919年提出的，但这个构想因为缺乏广泛的参与热情而被搁浅。1923年，为了增加女子网球赛事，惠特曼创立了每年一次的英美女子国际比赛（惠特曼杯）。澳大利亚戴维斯杯国家队队长哈瑞·霍普曼的夫人尼尔·霍普曼女士同样支持惠特曼的构想。1962年，英国居民玛利·哈特里克·哈尔向国际网球协会呈递了获得广泛支持的国际女子网球赛事申请。1963年，在国际网球联合会50周年华诞的日子里，与男子网球团体赛戴维斯杯齐名的女子网球团体赛联合会杯赛宣告成立。

首届联合会杯网球赛在英国伦敦的女网俱乐部举行，共有16支队伍参赛，最后美国队发挥出色夺得桂冠。此后，参赛队伍的数量不断增加，特别是吸纳商业赞助后，共有50多个国家和地区参与到此项赛事中来。到2006年为止，已经连续11年有超过75个国家和地区参加该项赛事。

联合会杯网球赛已经成为世界上最大规模的女子年度团体体育赛事。随着赛事的不断发展,联合会杯网球赛已经成为国际网球界最重要的赛事之一。顶尖选手的参与、赛事门票的广泛发售,世界范围内的亿万电视观众以及媒体的积极报道,极大地促进了赛事的发展。

从1995年开始,联合会杯网球赛采用了与戴维斯杯赛相同的比赛模式,采取主客场制和五场三胜制,这使得女子网球运动员们有机会在自己的国家为祖国荣誉而战。

联合会杯赛的赛制是先进行抽签决定主、客队(第二次对阵轮换主客),主队有权选择比赛地点和场地类型(或抽签决定)。每两队之间的比赛均采用五场三胜制,如无意外必须打满全部五场。第一天进行两场单打,第二天进行另两场单打和一场双打,比赛全部采用三盘二胜制。

(四) ATP大师赛

1. 印第安维尔斯大师赛

阳春三月,全球的网球迷们开始将目光投向北美。全年第一场ATP大师赛开始于美国加州的沙漠小城印第安维尔斯。这项大师赛创立于1987年,比赛场地是印第安维尔斯花园,属室外硬地球场。由于赞助商的变化,该项比赛在2009年之后也被称为"巴黎银行公开赛"。

2. 迈阿密大师赛

迈阿密大师赛创立于1985年,比赛场地位于美国佛罗里达州比斯坎湾的卡兰登网球中心,也是室外硬地球场,因此,该项赛事与印第安维尔斯大师赛一同被俗称为"北美春季系列赛"。由于赞助商的原因,该比赛在2013年之后的官方名称为"索尼网球公开赛",也因其颇高的人气和丰厚的奖金,素有"第五大满贯"之称。

3. 蒙特卡洛

四月份,国际网坛开始进入红土赛季,蒙特卡洛大师赛如期开始。该项赛事有着悠久的历史,创立于1897年,比赛地点位于摩纳哥蒙特卡洛乡村俱乐部。因其场地性质与法网接近,并且多位曾在这里夺冠的选手最终都在巴黎问鼎,这项比赛也素有"法网风向标"之称。

4. 马德里大师赛

年轻的马德里大师赛创立于2002年,比赛地点位于西班牙首都马德里的曼萨纳雷斯公园网球中心。在2009年的ATP和WTA巡回赛改革中,该项赛事由室内硬地球场改为室外红土球场,比赛的时间也从每年的十月改为五月,从此马德里大师赛取代了原在德国举办的汉堡大师赛,同时也为后来上海大师赛的举办腾出了时间。

5. 罗马大师赛

罗马大师赛是世界上最著名的网球赛事之一,它的前身是1930年创立的意大利网球锦标赛,比赛地点一开始在米兰,后来在1935年改搬到罗马的意大利广场举行,为室外红土场地。罗马公开赛素来有着狂热的氛围和激情的球迷,能让人充分感受到意大利人对网球运动的热爱和该项赛事特有的魅力。

6. 蒙特利尔大师赛

蒙特利尔大师赛也称作罗杰斯杯,创立于1881年,是历史上最悠久的大师赛之一,仅次于温网和美网。该项赛事的场地为室外硬地,有趣的是,它的比赛地点在加拿大的城市蒙特利尔和多伦多轮换举行,其中奇数年位于蒙特利尔,偶数年位于多伦多。

7. 辛辛那提大师赛

辛辛那提大师赛创立于1899年,是最古老的网球赛事之一,比赛地点位于美国中部俄亥俄州辛辛那提市的林德纳家庭网球中心,是室外硬地球场。该项赛事与蒙特利尔大师赛一同被俗称为"北美夏季赛"。2018年,网坛名将德约科维奇在辛辛那提大师赛的决赛中战胜费德勒,自此集齐九个大师赛冠军成就"金大师"荣耀,一时间也是一段佳话。

8. 上海大师赛

上海大师赛创立于2009年,每年的十月份在位于中国上海的旗忠森林网球中心举办,是室外硬地球场。该项赛事是历史上最年轻的ATP大师赛,同时也是亚洲范围内最高级别的男子网球赛事。上海大师赛延续至今,不仅推动着网球运动在中国的快速发展,同时也成为中国球迷们观看高水平赛事和近距离感受网球运动魅力的重要窗口。

9. 巴黎大师赛

巴黎大师赛是每年ATP大师系列赛的最后一站,创立于1968年,每年在法国首都巴黎的伯茨欧尼斯伯斯宫举办,是著名的室内硬地球场。该项赛事的特点在于它的中心球场能在比赛时使观众有如置身于剧院观看演出般的梦幻感觉,同时由于ATP密集的赛程,球员也往往会在疲劳作战后遭遇球场上的"滑铁卢"。

(五)网球大师杯赛(上海大师赛的前身)

网球大师杯赛是一项网球锦标赛,始于1970年,是所有网球职业运动员追求冠军的赛事。在每年的年底举行,参赛者是当年男子网球ATP冠军排名(ATP Champion Race)前八的选手。

根据网球大师杯赛的规则,在ATP冠军排名第八位的选手并不一定能有资格参赛。如果一名选手是当年四大满贯赛事冠军之一且排名在前20名以内(但排名在第八名以外),那他就可取代排名第八的选手进入大师杯赛,但如果超过一名球员符合上述条件,以冠军排名较高者为优先。同其他的男子巡回赛不同,网球大师杯赛不是采用直接淘汰的赛制。而是所有的8名选手被分成两组,每组4人,采用小组单循环的形式,即每个选手必须和本组的其他选手各交手一次。每个小组成绩最好的前两名进入半决赛,再由半决赛的胜出者进入决赛来争夺冠军的归属。

1990年,国际职业网球联合会接管男子巡回赛的运作并以ATP世界巡回锦标赛(ATP Tour World Championship)取代了大师赛。此时的世界排名制度正处于危险之中,因为一个全胜的冠军与一个仅赢得一项四大满贯赛事冠军的选手所得的分值是一样的。继续运作大满贯巡回赛的ITF创立了一项年终赛事,即大满贯杯赛(the Grand Slam Cup),参赛选手为当年大满贯巡回赛中纪录最好的16位选手。1999年12月,ATP和ITF同意中止这两项独立的赛事并成立一项新的联合赛事,即网球大师杯赛。与大师赛和ATP世界巡回锦标赛不同的是,网球大师杯赛有8名选手参加。许多年以来,双打比赛总是作为一项独立的赛事在单打比赛之后的一个星期举行。但是最近几年,这两项赛事开始在同一个星期同一个地点举行。

2008年,在上海举办的网球大师杯赛是最后一届比赛,自2009年起,该项赛事更名为"ATP世界巡回赛总决赛",且移至英国伦敦举办。

第三节　网球运动的场地设施与器材

一、网球场地标准

标准网球场地的占地面积不小于648平方米（南北长36米×东西宽18米），这一尺寸也是一片标准网球场地四周挡网或室内建筑内墙面的净尺寸。在这个面积内，有效双打场地的标准尺寸是：23.77米（长）×10.98米（宽），有效单打场地的标准尺寸是：23.77米（长）×8.23米（宽），在每条端线后应留有余地不小于6.40米，在每条边线外应留有余地不小于3.66米。在球场安装网柱，两柱中心测量，柱间距是12.80米，网柱顶端距地面是1.07米。主流的网球场地地面为弹性丙烯酸场地，无障碍物。网球场地地面也有塑胶、红土、人造草和木地板等。不论是采用木板地面还是合成材料地面，都必须保证运动员在比赛中不感到太滑或太粘，并有一定的弹性。但要注意地面平整，以防出现伤害事故。场上纵横交错的白线都有各自的名称，球场两端的界线称为"端线"，球场两边的界线称为"边线"；在球网两侧6.40米处的场内各画一条与端线平行的横线为"发球线"；联结两发球线的中点，画一条与边线平行的线称"中线"；中线与球网成"十"字形，将发球线与边线之间的地面分成四个相等的区域，称为"发球区"；在端线的中心，向场内画一条垂直于端线的短线称为"中点"。全场各区的丈量，除中线外都从各线的上沿计算，场上所有的线应是同一颜色（白色或黄色）。如图1-18所示。

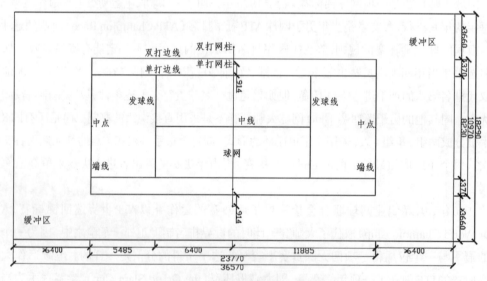

图1-18　标准网球场地平面图

二、网球场地种类

网球场地可分为室外和室内场地，根据场地的构造材质，主要分为以下几种。

（一）草地球场

草地球场是历史最悠久、最具传统意味的一种场地。其特点是球落地时与地面的摩擦小，

网球运动教程

球的反弹速度快,对球员的反应、灵敏、奔跑的速度和技巧等要求非常高。因此,草地往往被看成是"攻势网球"的天下,发球上网、随球上网等各种上网强攻战术几乎被视为在草地网球场上制胜的法宝,底线型选手则在草地网球场上难有成就。但是由于草地球场对草的特质、规格要求极高,加之气候的限制以及保养与维护费用昂贵,很难被推广到世界各地。目前每年的寥寥几个草地职业网球赛事几乎都是在英伦三岛上举行,且时间集中在六、七月份,温布尔登锦标赛是其中最古老也最负盛名的一项。

(二)红土球场

红土球场更确切的说法是"软性球场",其最典型的代表就是法国网球公开赛的红土场地。另外,常见的各种沙地、泥地等都可称为软性场地。此种场地的特点是球落地时与地面有较大的摩擦,球速较慢,球员在跑动中,特别是在急停急回时会有很大的滑动余地,这就决定了球员必须具备比在其他场地上更出色的体能、奔跑和移动能力,以及更顽强的意志品质。在这种场地上比赛对球员的底线相持功夫是一个极大的考验,球员一般要付出数倍的汗水及耐心在底线与对手周旋,获胜的往往不是打法凶悍的发球上网型选手,而是在底线艰苦奋斗的一方。

(三)硬地球场

现代大部分的比赛都是在硬地网球场上进行的,硬地球场也是最普通和最常见的一种场地。硬地网球场一般由水泥和沥青铺垫而成,其上涂有红、绿色塑胶面层,其表面平整、硬度高,球的弹跳非常有规律,但球的反弹速度很快。许多优秀的网球选手认为,硬地网球更具"爆发力",而且网球比赛中硬地球场占主导地位,必须格外重视。需注意的是硬地不如其他质地的场地弹性好,地表的反作用强而僵硬,所以容易对球员造成伤害,而且这种损害已使许多优秀的网球选手付出了很大代价。

(四)塑胶球场

塑胶球场的代表就是墨尔本的澳网中心球场和迈阿密。1988年,墨尔本改造场地表面,将场地改作硬地,并在上面铺上一层橡胶,俗称硬地(Rebound Ace)。这种橡胶地弹性极好,球在落地后反弹很高,由于表面弹性系数小,球与场地的作用时间长,这一点类似于软性场地,而橡胶表面里还掺有塑胶颗粒,增大表面摩擦系数,以上两个因素综合作用,使橡胶球场的球速相对较慢。

(五)软性球场(土场)

土场正确的叫法应该是软性场地,虽然建造维护费用相当昂贵,不过柔软的脚下感觉和随之而来的对球员的保护,使得这种场地近来重新受人青睐。最早的土场就是用沙土做成。造价低廉,且有土地的舒适。现在在拉美等欠发达地区还被广泛建造。不过天然土地的排水是一个大问题。到21世纪初,欧洲人发明了快干场地,即在场地表面铺上一层碎砖末或火山灰等物,这样水就会很快渗下,地表干燥的速度就快了很多。在相对干燥的南欧,表面覆盖物的厚度也就相对薄些。大洋对岸,美国人发明了绿土场,即把本土产的天然绿石块粉碎铺在场地表面,而不像欧洲那样用砖末。这两种场地就是现在所谓的土场。在降雨多或地下渗水条件不好的地区,排水可以通过修建地下排水系统解决;在干燥地区,相反的就要修建地下的灌溉系统。

（六）地毯球场

顾名思义，地毯球场是一种便携式可卷起的网球场，其表面是塑胶面层、尼龙编织面层等，一般用专门的胶水粘接于具有一定强度和硬度的沥青、水泥、混凝土底基的地面上即可，有的甚至可以直接铺展或粘接于任何有支持力的地面上，其铺卷方便、适于运输且有非常强的适应性，室内室外甚至屋顶都可采用。球的速度需视场地表面的平整度及地毯表面的粗糙程度而定。在保养上，此种场地也是非常简单的，只要保持地面清洁、不破损、不积水（与相应的排水设施配套）就可以了。

三、网球器材

（一）网球拍

拍面：球拍名字里有MID的拍面的大小为95平方英寸，有MP的为96—100平方英寸，之上为OS拍面。三种拍面即Mid, Mid-Plus, Over-Size。一般来说，新手和力量偏弱的女士建议用OS拍面，击球面积大，甜点大，容易接到球；而且由于拍面大，球接触到球网之后力量分散得也开，卸力的效果明显，又方便借力打力。MID拍面由于甜点小，击球时对技术和力量的要求都高，但击球时力量更集中，方便大力选手打出暴力的重击，所以MID拍面的拍子大部分都是重量型球拍，专为暴力选手配备。而MP球拍可以说是当今最主流的球拍，从高手到新手都可以用，完全可以根据自己的特点选用。

拍长：标准拍长27 inches（英寸）/69 cm（厘米），成人拍中没有短拍，只有加长型，其目的是加长力臂，虽然对力量的要求增加却可以给发球和击球带来更大的力量。张德培是最早试用加长拍的人，他因此将发球速度提至了120英里/小时。加长拍中最著名的是POG加长，即张德培一代，以及罗迪克代言的PD+，不过新手不建议用PD+，如果动作不协调极易得网球肘，因此，选择拍长需量力而行。

握把长度：握把的尺寸大小选择与重量选择一样，需选择自己觉得舒适的尺寸。握把选择得太细则不易抓紧，遇上较快的球速会造成拍面松动而导致翻拍；握把太粗则容易产生疲劳，降低动作灵敏度，不易处理削球或截击球。

球拍尺寸：球拍的尺寸大小通常贴在球拍的外框或者内框，以L、SL、USL标示，L指拍重（含网线）在335克以上，SL指拍重在320—335克之间，USL指拍重在320克以下。其后的数字则是以英寸为标识单位的拍柄周长，数字越大代表拍柄越粗。

球拍材质：球拍的质料从最早期的藤制、木制发展到金属制，再进化到化学纤维及混合材料，各种球拍特性不同，各有其优缺点：木制球拍本身的柔软性较好，但避震效果差，球拍本身易变形，拍线张力较低；金属、化学纤维制的球拍，瞬间反弹力较好，威力大，球拍本身不易变形，拍线张力较高，避震效果好。现代网球拍一般选择碳纤维材质，碳纤维材料是采用一些有机纤维（如尼龙丝、腈纶丝、人造丝等）做原料，将有机纤维放在稀有气体中，在2 000—3 000度高温高压下炭化而成。碳纤维材料一般用于航空、军事等，是一种高强度纤维，就像绳子一样柔软，要与树脂基体结合后，固化成型。树脂的比例一般为38%—57%不等，树脂含量越高网球拍的性能越差，价格越便宜。也有树脂含量达到34%以下的，这类网球拍是职业比赛专用球拍,价格非常昂贵。

(二) 拍弦

拍弦分类:网球拍弦主要根据材质对其进行分类,即天然肠弦与人造复合弦。天然肠弦一般由猪、牛、羊等动物的小肠制成,而人造复合弦是由不同的纤维丝结构组成,一般称之为"尼龙丝"。

天然肠弦由于其击球感觉好、拉力不容易下降、弹性大同时对手的震动小等因素,受到职业运动员的追捧,但同时也具有价格昂贵、耐磨性差、怕热、易受潮变质等缺点。

人造复合弦价格较低,同时使用寿命较长,不易受潮湿影响,受到广大网球爱好者的喜爱,但其缺点是击球感较差、弹性较弱。由于其不同的材质以及构造,人造复合弦的种类繁多,可供不同风格的网球爱好者选择,而且随着科技的逐渐进步,天然肠弦与人造复合弦之间的差距越来越小。

同时,在网球运动的发展过程中,越来越多的选手开始选择使用组合弦,通过横竖两种拍弦选择不同的材质组成,下面主要例举几种组合弦的特点。

克维拉竖弦 × 天然牛肠横弦:用最耐用的弦线做竖弦可以最大限度地延长弦床的使用寿命,因为调查表明95%的弦线断裂发生在竖弦上;用弹性最好的天然牛肠弦做横弦,可以最大限度地缓解克维拉的坚硬手感,在耐用的基础上发挥出最好的弹性。

克维拉竖弦 × 仿肠尼龙横弦:仿肠弦,就是尼龙弦线,因制作工艺的不同,目前的种类很多。过去15到20年间,尼龙球弦的生产工艺取得了巨大的进展,在弹性方面人造肠弦已经越来越接近天然肠弦的性能。而且尼龙的价格明显比天然牛肠便宜,对球弦消耗极大的职业球员来说,吸引力可想而知。目前,已经有90%以上的球员在使用尼龙球弦。

克维拉竖弦 × 聚酯横弦:聚酯是又一种耐用的球弦材料,它在许多尼龙细弦之外包裹上一层聚乙烯物质,使之浑然一体。现在,用该材料制作的弦线也已经有越来越多的职业球员使用了。不过聚乙烯材料本身丧失弹性的速度要比其他人造弦线都快,因此,通常也被休闲球员混合克维拉弦线一起使用。但职业球员则完全使用聚酯球弦,因为他们几乎每天都要为球拍重新穿弦,弹性在一天内的减损微乎其微,职业球员只需要球弦在2—4小时之内保持良好的弹性就足够了。即便球员被迫打一场耗时颇多的比赛,也只需要换一支球拍就可以摆平。当然,对那些原本就偏爱僵硬线床的人来说,克维拉和聚酯球弦反而称得上是首选。

磅数的高低:一般常用的穿弦磅数为55—60磅之间,职业选手通常选择70以上的磅数,不过由于穿弦机以及操作人员的不同,在磅数上往往存在一定误差。磅数的高低会影响球拍的弹性以及击球效果,磅数越高球拍的弹性则越低,在力量较大和挥拍较快的球员手中就能打出极具威胁性的击球;磅数越低则球拍的弹性越高,更易于控球。因此,选择穿弦磅数时需要根据自己的力量、击球风格、挥拍速度等因素综合考虑,选择适合自身的穿弦磅数。

(三) 减震器

减震器从外观上归结为三种形状,分别为粒状、带状和长方体。这三种减震器在球具店都可以看到,但真正特别的是这三种减震器的"变体",例如,Wilson的球状减震器、Dunlop的圆柱形条状减震器和Head的对扣式减震器等。

每次击球时拍弦都会产生震动,传到拍体,进而传到拍柄,而这个震动的大小取决于不同球拍的材质和采用的击球技术,但现在还没有什么球拍能够完全将震动消除,所以对于业余选手来说,击球时就要尽可能减小球拍传到手臂的震动,这时可以采用的方法就包括使用减震器。尽管有人说使用减震器会降低击球时的手感,但缺少些手感总比得上网球肘要划算得多。建议初学者使用减震器,因为其对减少震动的确有一定作用。

(四)服装

网球运动对着装有着特殊要求。这些要求来自传统习俗,也来自对优美形象的追崇。网球运动本身是一种优雅的运动,最初源自西方宫廷。在很久以前,网球的着装非常隆重而繁琐,以至于限制了球员们的表现。

在20世纪早期,男球员还不得不穿着长裤进行比赛,而女选手的长裙也使他们倍受折磨。随着时代的发展,网球装变得更简单更舒适。各种着装规范也渐渐消失。今天,随意找件圆领T恤和短裤就可以上场打球了。但在一些正规场合,你的穿着还是应该有所保留。如比赛时一件带领子的白色上衣要比一件无袖圆领T恤来得更得体。女子方面,过分暴露一直是官员和媒体们争论的焦点。有些人对那些超短裙、吊带衫和热裤表示赞美,而有些人则不。支持者们认为这样的着装提高了网球比赛的收视率并提升了该运动本身的魅力值。而反对者们认为这些极度省料的衣着将网球的百年传统与高贵形象毁于一旦。但就现在的趋势来看,支持者们似乎占了上风。尤其在各种赛事对服装已经几乎没有要求的今天,服装的改革更是到了大张旗鼓的地步。当然值得一提的是温布尔登网球赛,这项传统的赛事对选手的穿着要求有着严格的规定:必须穿着以白色为主色的服装,且服装上Logo大小有着严格的控制。

选择网球服装时需要遵循透气和吸汗两大原则,通常选用聚酯纤维材质的服装或棉与聚酯纤维混纺材质的服装,同时选手可以根据自己的喜好以及比赛的要求选择合适的服装款式及颜色。

(五)网球鞋

网球运动和篮球运动对鞋的要求较相似:用力大,方向多变,要求耐冲击、稳定性佳、减震好、止滑性好,但相比之下,网球运动更激烈快速一些,所以网球鞋大部分为中低帮款型。前头橡胶上包较充分,尤其两侧延伸很长,有利于快速"刹车",即时定位;前掌两侧厚实强壮,有利于在横向快速移动时,加强稳定性,即时止滑。后半段较小巧,有利于快速后退和提高脚步灵活性,大面积使用真皮或合成皮,内加一层里布,以提高鞋面强度和柔韧性。鞋头内侧及脚趾处以耐磨材料补强,防止过早磨损,同时增强运动稳定性。衬里较厚且柔软,以便吸汗,设计层次丰富、线条流畅,造型体现专业网球运动色彩。

由于网球运动剧烈,所以强度及运动保护即为网球鞋最大的设计要求,外底以耐磨橡胶制成,前后段边墙较长,以防摩擦,外底整体较平,花纹细碎,且方向性复杂,从而适应网球运动频繁的各方向动作,达到防滑、耐磨的运动要求;中底后跟的加厚避震设计,同时提高稳定性能,以适应运动中的较多跳跃和吸震的要求,部分高档产品还加装其他特殊吸震材料,以体现更多的专业运动风格。

打网球一定要穿网球鞋,它的特殊构造会有助于你提高球技,增强有效跑动。要知道打网球的胜利有50%取决于你的跑动。

由于大多数网球场地均由三类性质不同的材料构成（草地、沙土、硬地），因此，不同形状的鞋底几乎决定了在不同场地的发挥效率。草地场首选有突出胶状纹路的鞋底，但对于沙土场地则应选择宽波沟纹路的鞋底，而现在使用的最多的硬地球场（塑胶、沥青）则要选择细密人字形纹路的平滑鞋底。如果经常奔波于三种场地之间，为免更换麻烦，也可仅选择一双综合功能鞋底的运动鞋。

（六）袜子

专家建议，打球时最好穿两双袜子，不少网球明星就是这么做的，因为再好的鞋也不能完全与脚形一致，鞋与脚之间的空隙应该用棉线袜来补充。这样做还可以使你的脚在运动后少一些汗臭，也会让你的球鞋穿得长久一些，厚厚的棉袜会充分保护你的脚底、脚趾和脆弱的跟腱。

（七）其他装备

职业网球选手或者网球爱好者通常会准备一个网球包，里面装有球拍、水杯、毛巾、袜子、护腕以及应急药品等。在夏天或者阳光强烈的地区进行运动时，需要佩戴一顶网球帽，遮挡阳光。既能更好地看清来球，也能保护眼睛，同时有效避免面部晒伤。

第四节　网球运动的基本礼仪

网球是一项高雅的、极具内涵的绅士运动，它的魅力与网球礼仪、球员与观众所具备的良好的行为素养是密不可分的。"尊重网球场上的一切人与物"，这是球员最起码的行为准则，它包括尊重对手、观众、工作人员、服务人员，也包括尊重球网、网柱、球拍、球等。网球运动要求观众也应具备良好的素质，尊重赛场上的规则与比赛进行过程中所发生的一切。无论在网球场上还是在网球场外，良好的仪态和得体的礼节是一个网球人好品行、高素养的表现。礼仪本身就是网球这项运动如此充满魅力的原因之一。

一、网球训练礼仪

（1）进入网球场一般穿专用的网球鞋，不允许穿皮鞋、钉鞋等有损球场表面平整的鞋，特别是女士的高跟鞋，绝对禁止进入场地；赤脚和赤脚穿鞋入场打球会被认为有失雅观。

（2）捡球过程中学会等待。训练过程中，当球滚入邻场而邻场的球员正在练球时，请耐心等待别人击球结束。别人帮你捡了球，不要忘记说一声"谢谢"。

（3）要发球时先观察一下对方是否已做好了接球的准备，最好将球举起来向对方示意一下。不要连看都不看就将球发出，这是对对手的不尊重。

（4）球网忠心耿耿地为双方做着"分界员"，不要从球网上面跨过，也不要触压球网，这是对球网最起码的尊重和爱护。

（5）练球时，当对方的回球靠近底线时，应主动告诉对方他打过来的球是"in"（界内）、"out"（界外）还是压线。

（6）练球时，当你击球出界或还击下网时，尽管你不是有意如此，但也应该向对方说声"sorry（对不起）"，最好用英文，这样会让你显得更加绅士。细心的朋友会发现"谢谢"和"对不起"是网球场上使用频率最高的两个词。

二、网球比赛礼仪

（1）标准的网球穿戴应该是男球手穿带领子的半袖运动T恤衫和网球短裤；女球手穿中袖或无袖上衣及短裙或连衣短裙；网球服饰通常以白色为主。特殊情况除外。

（2）球员参加比赛时，在赛前练球热身过程中有义务为对方的练习提供帮助，任何有意妨碍对方练习的做法都是有失风度的。

（3）正式比赛的时候，应该采取上手发球的姿势；下手发球虽然不被禁止，但是被认为是对对手的不尊重。

（4）球场上不要摔拍子，不要用脚踢球（友善地调节比赛气氛除外），要保持良好的比赛心境。

（5）网球场上应该听从裁判的判决，绝不可以对抗裁判。对规则上判罚有异议，比赛结束后，可向仲裁委员会提出申诉。

（6）比赛过程中对界内界外等事实判罚要绝对服从裁判。有争议时，保持情绪上的稳定，硬地和草地可以提出挑战，红土可以指出球印，请主裁现场裁决。

（7）为对手喝彩，向对手表示歉意。当对手击出好球时，应为其鼓掌。特别是在比赛中，当对手打出了自己很难击出的漂亮得分球时，应用手轻拍球拍，潇洒地表达自己为对手高兴的心情。如果自己打出一记幸运球（luckball——球擦网后，改变方向和速度，落在对方场内，一般对手接不住），也要说声"sorry"或举拍示意。

（8）对于对手的失常发挥和频繁失误，不要喜形于色，要有绅士风度。

（9）比赛结束的时候，可以将比赛用球抛给观众，但是不要将网球拍扔上看台，否则会砸伤观众的。

（10）比赛结束的时候，无论胜负都应该主动和裁判及对手握手。

三、网球观赛礼仪

（1）赛前进入观众席就坐，比赛进行中不得走动或退场。如果观看网球比赛时迟到，应该在球员休息的时候进场，以免影响球员的注意力，干扰比赛；同样，如果在观看比赛的时候离开观众席，也要在球员休息的时候离开。

（2）在球员发球的时候，不要使用闪光灯拍照，更不要发出声响，避免对运动员造成干扰。

（3）观看比赛时应尽量避免携带能发出声音的物品或关掉其声音，观看比赛时应尽量将手机关机或设置在振动状态。从球员开始准备发球到一分结束，观众在此过程中最好不要随意交谈、吃东西、叫好、喝彩、鼓掌。

（4）不要随便进入正在比赛的场地，以免影响比赛的正常进行。如确有需要，也必须靠近挡网，在死球期间迅速通过，活球期间请停住不动。

（5）球员应尊重观众，而观众也应尊重球员，应给双方球员以平等的支持和鼓励，喝倒彩是不够大度的表现。

（6）服从赛场裁判人员的劝告。当听到裁判员要求观众安静的时候，应立即停止鼓掌，保持赛场安静。

（7）观众不得随便进入正在比赛的场地，更不要与工作中的裁判员、工作人员谈话，以免影响比赛的正常进行。

（8）落入观众席的球，不要马上扔回赛场，等判定胜负一分时扔回，更不能向赛场扔其他东西。

课后思考与讨论

※论述中国网球未来的发展趋势。

※简述四大网球公开赛的历史沿革。

※简述网球运动场地的种类及特点。

※简述网球比赛的基本礼仪。

※讨论中国男子网球运动员的技术特点及未来发展空间。

第二章　网球运动技术

本章提要

学习目标

※ 领会网球的击球技术原理和技术理论。

※ 学习并掌握网球单打、双打常见技术及其训练方法。

※ 学会运用网球技术理论和方法进行常规教学、训练、比赛指导。

重难点

※ 网球技术意识的培养和技术风格的形成。

※ 网球实践中各项技术的合理运用。

关键词

击球点　击球时间　击球路线　击球落点　击球部位

拍面角度　发力方向　基本站位　握拍方法　移动步法

第一节　网球技术基本理论

一、击球的技术原理

（一）击球的力量

1. 击球力量的概念

在网球运动中，所谓击球力量大，实际上是指物理学中的动量（mv）大。因为球体本身的质量是固定的，所以击球力量大的外在表现形式就是球向前飞行的速度快。

2. 击球力量大的作用

（1）它要求接球者的动作必须迅速，否则就会来不及调整动作。

（2）力量大的来球，对接球者球拍的作用亦大，这就增加了接球的难度。

（3）球向前飞行的速度很快，接球者因看不清疾飞中的球，而只能凭经验估计它的走向和时间，经验不足者极易判断失误。

3. 加大击球力量的方法

加大击球瞬间的向前挥拍速度以及提高参与工作的肌肉力量，是增强击球力量的关键。

为此,应注意以下几个方面。

(1) 注意腿、腰、上臂和前臂力量的协调配合,击球瞬间应有突然爆发力。

(2) 整个动作的用力方向应尽量一致向前,避免有相反方向的分力,注意触球瞬间适当减少对球的摩擦力,应向前用力击球。

(3) 掌握合理的击球时间和击球位置,以便身体各部肌肉集中发挥出最大的力量。

(4) 适当加大动作半径,适当加大引拍距离。

(5) 击球前,发力肌肉应尽量拉长且放松。

(6) 遵循身体肌肉发力的正常顺序:躯干带动上臂,上臂带动前臂,以发挥各关节点的加速作用。一次击球后,应迅速放松,注意动作还原,以便于下一拍球的发力。重视身体训练,提高力量素质,并使其与技术密切结合。

(二) 击球的弧线

1. 弧线的概念

击球的弧线是指球自击球员的球拍击出,到落在对方场区为止的飞行弧线,见图2-1。它包括:弧高、打出距离、弧线弯曲度和弧线方向。

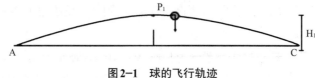

图2-1 球的飞行轨迹

(1) 弧高:弧线顶点至地面的垂直距离,可用H表示。

(2) 打出距离:击球点在地面上的投影至球落地点的直线距离,可用AC表示。

(3) 弧线弯曲度:弧线弯曲的程度,它与弧高成正比,与打出距离成反比。比如,一个球的弧线很高,打出距离很短,此球的弧线弯曲就一定很大。

(4) 弧线方向:主要指向左、右的方向(以击球员为准)。

2. 影响弧线的因素

(1) 球的出手角度。指球刚被击离球拍瞬间与水平面的夹角。球的出手角度越大,出手弧线的高度也越大。

(2) 球出手瞬间距地面的高度。指击球点距地面的高度。

(3) 球出手时的初速度。指球被击离球拍瞬间的飞行速度。

(4) 球的旋转。它不仅影响球的飞行弧线,而且还影响球的弹起弧线。上旋可增加球飞行弧线的弯曲度,在击球实践中,起到增加弧高和缩短打出距离的作用;下旋反之。左侧旋可使球向右拐;右侧旋反之。

3. 弧线的作用

(1) 合理的出手弧线是击球稳健性的保证。

我们应特别重视还击不同的来球对出手弧线的不同要求。如拉抽小斜角时,弧线的弯曲度要稍大,打出距离要短;回击网前高球时,可直线高压,其弧线无需有弯曲度;回击底线球时,需有较长的打击距离和适宜的弧线高度。

（2）运用变化的弧线,增加球的威胁性。

① 降低或升高弧线的高度,增加对方回球的困难。如随球上网时的削球回球弧线低,给对方下拍还击增加了难度。又如挑高球时,弧线高,可越过对方头顶至底线,破坏了对方的封网或高压球。

② 利用向左或右变化的偏飞弧线使对方处于被动。

③ 在前后方向上变化飞行的弧线,给对方回球增加困难。如在回小球时加一个向后削球的动作,使球越网后不向前跳,甚至有点后缩,对方极易判断失误。又如在向对方底线攻球或挑高球时,有意制造上旋,使球落地后有一前冲力,对方往往因此而被动或失误。

（三）击球的速度

1. 网球运动中击球速度的概念

从来球飞至网上开始,直到被球拍击出后,又飞行越网碰到对方场区内的障碍物为止,此过程所用的时间就是该次击球的速度。我们可把这段时间分为两部分：来球过网后的飞行时间（从来球飞至网上始,直到被球拍击中止）和球被击后的空中飞行时间（从球被球拍击后始,到球飞行过网碰到障碍物止）。因此,欲提高击球速度,则必须设法缩短这两段时间。

2. 击球速度的作用

在网球运动中,人的反应过程一般分为5个阶段：① 感觉阶段；② 区别阶段（在同时起作用的许多刺激中将所感知的部分加以区别）；③ 再认阶段（将当时的刺激归入已知的类别中）；④ 选择阶段（选择最有利的应答动作）；⑤ 运动阶段。运动员要判断来球的速度、力量、落点、旋转和弧线,需从对方的击球动作（包括站立、引拍和挥拍击球的动作等）和击球后球的运行弧线两方面加以分析,这无疑需要一定的时间。击球速度越慢,对方准备的时间就越充分,判断来球也越容易准确。反之,击球速度快,就给对方的判断增加了困难,往往使对方反应不及甚至出现无反应的现象。

此外,网球运动员每打完一拍球后,必须迅速还原,以便为击下拍球作好充分的准备（包括心理和身体动作）。击球速度快,还可以使对方因没有充分的还原时间,而造成被动或击球失误。

3. 如何提高击球速度

提高击球速度,从理论上讲,就是指缩短来球过网后的飞行时间和球被击中后的空中飞行时间。在掌握技术时,应注意以下几点。

（1）站位近网,击球点适当接近球网。

（2）适当提早击球时间,减小动作幅度,引拍动作要小,触球瞬间充分发挥小臂的爆发力,击球后迅速制动、还原。

（3）适当降低球在空中飞行弧线的高度。

（4）注意腰部动作的运动,使其起到稳定动作和加快球速的作用。

（5）提高判断和反应能力,加快步法移动的速度。

（四）击球的旋转

1. 网球旋转的力学根据

在力学中,欲使球旋转,必须具有力矩(M)。力矩等于作用到球体上的力(F)和此力到球心的垂直距离(L)的乘积,公式为 M=FL。从公式中看出,F和L的大小影响到M大小,若M越大则该球旋转得越厉害。若L=0,作用力只通过球心,该球不产生旋转。

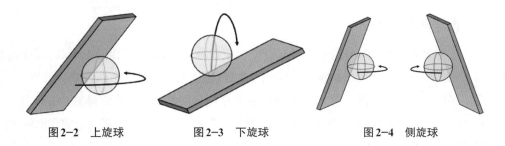

图2-2　上旋球　　　　　图2-3　下旋球　　　　　图2-4　侧旋球

2. 如何加大球的旋转

（1）加大挥拍摩擦球的力量。不仅应发挥腰、腿和手臂之力,还需配合手腕的力量。

（2）用力方向适当远离球心。

（3）采用弧形挥拍路线。

（五）击球的落点

1. 击球落点的概念

球被球拍击出后,落在对方场区地面上的点,就叫击球的落点。

2. 什么是好落点

（1）一般情况下的好落点是指击球落点接近两条边线、端线,或落在对方脚下,或远离对方站位,或对方跑动的相反方向（如对方已开始向右跑,就打他左方）。

（2）对方球员技术上的缺点。

① 技术上的明显缺点。如有人反手弱、失误多,就应多打其反手。

② 调动后暴露的弱点。如在对方失去平衡的情况下,将球打到另一面,极易得分。

③ 运用假动作,或根据对方的心理,声东击西。如你估计我打左方,我实际打右方。

3. 与击球落点紧密相联的两个概念

（1）击球路线：击球员所站的位置与击球的落点之间的连线,称为击球路线。最基本的路线有5条：右方斜线、左方斜线、右方直线、左方直线和中路直线。此外,还有左、右两条小斜线。

（2）击球区域：把场区地面分为若干区域,并将其与击球落点相连。距球网约1.5米的区域,叫前场；发球线附近区域,叫中场；近底线处,叫后场。击球近网,称为"浅"；击球近底线,称为"深"。击球在边线近端线处,谓为"大角"；击球在边线近网处,谓为"小角"。

4. 力争打出的好落点

（1）扩大对方跑动的范围,如打远离对方站位的球。

（2）增加对方击球的难度,如打深或在对方失掉重心后打另一角。

（3）正中对方要害，即命中对方技术上的缺点。

（4）促使对方判断失误，如假动作的"声东击西"法等。

5. 提高控制落点能力的方法

（1）规定区域练习法：将场地划分为若干区域，规定专门的击球区。

（2）提高场上的观察能力，在常规的训练或比赛中有针对性地对击球落点提出要求。

二、击球的握拍方法

握拍是击球的基础，不同握拍方法的选择，决定着击球时的拍面角度、击球点、深度和力量等多方面的变化。由于网球拍本身的变化与改进，握拍的方法也在不断改变。另外，不同场地及不同地域的打球风格不同，也使握拍方法产生明显的差异。传统的握拍方法有起源于美国东部红土球场的"东方式"握拍法和美国西部的"西方式"握拍法，以及起源于欧洲大陆草地球场的"大陆式"握拍法，共三种主要的握拍方法。现在较为普及和流行的半西方式和双手握拍法，同为许多世界一流高手所采用。

目前常见的握拍方法大概有以下几种：东方式正手、东方式反手、大陆式、西方式、半西方式、双手反手握拍等。具体介绍如下。

（一）东方式正手握拍

1. 动作要领

大拇指食指虎口所形成的"V"字形对准拍柄上平面右侧与右上斜面交界的位置，手掌紧贴右垂直面。拇指第一关节扣住拍柄左垂直面。食指与中指稍分开，如扣手枪扳机状，从下面绕过来。中指、无名指、小指紧握拍柄底部齐平。如图2-5所示。

2. 功能

适用于击打底线正手平击球或平抽球等。

3. 优缺点

优点是简单易学，容易上手。而且能打出很大力量的平击球。缺点是击球平击成分过多，旋转过少，稳定性差。

（二）东方式反手握拍

1. 动作要领

东方式反手握拍法是在东方式正手握拍法的基础上向左旋转90°，虎口的"V"字形对准拍柄左上斜面，手掌根部紧贴住拍柄的左上斜面，与拍柄底部齐平。食指与其他手指稍离开，压住拍柄右上斜面，拇指直伸紧贴右垂直面。但在击较低来球时，拇指应稍屈，用拇指肚压紧左下斜面，避免拍头下垂，防止养成不规范的反手击球动作。如图2-6所示。

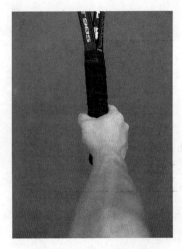

图2-5　东方式正手握拍

2. 功能

适用于击打底线反手平击、上旋、切削球以及上旋发球等。

3. 优缺点

优点是击球时你的手腕会保持稳定。能打出带上旋或攻击性的穿越球，也可以进行反手削球。还可以帮助球手发上旋球。缺点是对处理反手高球不是很有效，通常的解决办法是用防卫性的削球。

（三）大陆式握拍

1. 动作要领

正、反手击球时不需要变换握拍。虎口"V"字形对准拍柄上平面与左上斜面的交界线，食指和其他手指稍离开，压住拍柄右上斜面，拇指包绕左垂直面，反手击球时拇指可伸直紧贴左垂直面。掌根贴住上面，与拍柄底部齐平。如图2-7所示。

2. 功能

大陆式握拍法适用于上网截击，正反拍削球、高压球和发球等。

3. 优缺点

优点是适用的范围很广，防守性很强。拍面转换自由，能快速做出反应。处理低球有利。缺点是很难打出好的上旋球，在处理高弹球时需要更高的精确度，所以稳定而准确击球是球员要面对的难题。

（四）西方式握拍

1. 动作要领

西方式正手握拍要求手掌虎口"V"字形对准拍柄右上斜面的下缘。掌根贴住右下斜面，与拍柄底部齐平。西方式反手握拍要求虎口"V"字形向右转动，对准拍柄右垂直面，掌根贴住右下斜面，与拍柄底部齐平。拍面翻转，用于正拍击球时同一拍面击球。正、反手用同一拍面击球是西方式握拍法区别于其他握拍法的最显著的特点。如图2-8所示。

2. 功能

适用于击打底线强烈的上旋球。

3. 优缺点

优点是手腕的位置迫使拍面强烈地击打球的后部，从而产生更多的上旋，令对手停留在底线以外。这是红土球手的首选握法。击球区是离地面更高和离身体更前的位置，对处理高球最有效。缺点是处理低球十分困难。不适用在球速较快的硬地和草地场。发挥进攻的空间小。

图2-6 东方式反手握拍

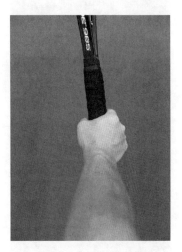

图2-7 大陆式握拍

图2-8 西方式握拍

（五）半西方式握拍

1. 动作要领

图2-9 半西方式握拍

右手半西方式握拍是用东方式握拍顺时针转动手腕直至食指指节和球拍拍柄右下方的棱面接触。左手半西方式握拍是用东方式握拍逆时针转动手腕直至食指指节和球拍拍柄左下方的棱面接触。如图2-9所示。

2. 功能

主要适用于击打底线正手稳定的上旋球。

3. 优缺点

优点是可以打出稳定的上旋球,更好地控制球的落点。对处理离地面较高的球十分奏效,因为击球区离地面更高和离身体更前的位置。缺点是对处理低球处于被动,另外网前球也是死穴,因为不方便转换到大陆式握法。

（六）双手反手握拍

1. 动作要领

右手以反手东方式握法,左手以正手东方式握法,左手紧贴右手上方。即把你发力的那只手用大陆式握拍柄,用另外一只辅助的手用非完全西方式放在上方。如图2-10所示。

2. 功能

主要适用于底线反手平击球和上旋球。

图2-10 双手反手握拍

3. 优缺点

优点是稳定性强。因借助肩膀的转动和两只手的挥拍,回球的动作比单手反手更连贯和流畅,在处理接发球时比较理想。回低球很有效。由于有辅助手的帮助,可以更有效地处理和肩膀同样高的球。缺点是因为双手都放在球柄上,限制了运动的覆盖范围。

三、击球站位及步法

（一）站位种类及要领

1. 开放式站位（图2-11）

两脚连线平行于底线,开放式站位的击球点靠近身体,脚步调整幅度小,跑动击球以及接发球更有优势。开放式站位可实现最大幅度的全身旋转,整个腰腹完全拉紧,整个身体旋转的角度很大,所能产生的球的旋转更多。

2. 半开放式站位（图2-12）

手机扫描二维码
观看更多网球教学视频

两脚连线与底线成45度左右,对于不喜欢开放式站位的球友,可以多尝试半开放式站位。半开放式站位结合了开放式和关闭式站位的优点,击球兼具旋转和速度,是现代网球技术中

图2-11　开放式站位

图2-12　半开放式站位

最经常使用的一种站位。

3.封闭式站位(图2-13)

传统网球最常见的一种站位方式,右脚向侧前方上步(右手选手在击反手时上右脚),非常适合需要向前移动后再打的浅球;双腿前后转移重心发力突出,后腿前蹬带动转体挥拍击球。需要移动到位后相对站稳的情况下打。缺点是对于向侧移动范围大的球,对步伐到位的要求极高,否则用不上转体力量,再者击球后回位时,要多出一步回蹬步伐,回位速度较慢。

图2-13　封闭式站位

图2-14　半封闭式站位

4.半封闭式站位(图2-14)

两脚连线几乎垂直于底线,这种站位的击球点靠前,球速更快,攻击力更强。半封闭式站位,是最容易掌握的一种站位。这种站位击球点离身体较远,击球的线动量要多于角动量,经常用于进攻击球。

(二)移动步法种类及要领

1.分腿垫步

分腿垫步是与反应直接相关的重要步法。对手击球的瞬间做出小跳步,为接下来的移动积蓄能量。落地后,通过瞬间抑制自身的速度,为接下来的移动做好准备。跳步时的滞空时间不能过长,保持良好的平衡、顺畅向下一个动作移动是非常重要的。脚和地面的接触要短促、有力,通过蹬地产生的反作用力迅速移动。动作过程中,要尽可能控制视线的上下移动。

2. 侧滑步

指面对球网两脚左右滑步移动。向左移动时,蹬右脚,先移动左脚,再跟右脚;向右移动则蹬左脚,先移动右脚,再跟左脚。侧滑步不仅易于进行横向移动,还能尽早对相反方向作出反应,在预判出现问题时比较有效。屈膝,保持重心在较低的位置,用脚尖迈步。身体朝向前方,向体侧迈步,注意视线不要出现大幅上下运动。侧滑步对脚部会造成一定的负担,不要过度使用。

3. 交叉步

(1) 横向移动交叉步。

左右交叉步在底线的正反手击球中经常被运用。向右移动时,脚掌向右转动,左脚先向右前方跨一步,交叉于右脚前,同时向右转体进右脚,再进左脚。向左移动时,方法与右侧移动相同,方向相反。

(2) 纵向移动交叉步。

侧后移动交叉步是在打高压球时常采用的步法。向右侧后方移动,先向右侧后方移动右脚,同时向右后转体,接着左脚向右后跨步,再用交叉步向右后方跑动。向左侧后方移动时,方法相同,方向相反,如图2-15。

4. 小碎步

在网球运动步法中,小碎步也叫调整步。简洁地说,就是双脚快速地交替短距离挪动。类似于快速踏步,但是有位移。进攻或防守时,使用碎步,以便及时做出启动动作。主要适用于击球预判移动开始时和身体快接近球的落点的一刹那。

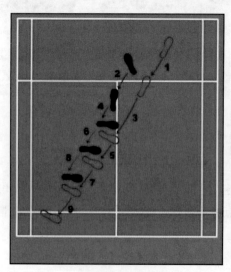 

正手网前斜线退后场连贯步法　　　　反手网前斜线退后场连贯步法

图2-15　纵向移动交叉步

四、击球的动作结构（图2-16）

（一）准备姿势

准备姿势是指在发球、击球或者接发球前的基本动作姿势。其主要目的是为击球做好充分的身体和心理准备。在进行准备时，双脚分开与肩同宽或稍比肩宽，双膝自然微屈，上体稍前倾，身体重心落在两腿之间，右手持拍，左手扶住拍颈，将球拍垂直于地面并置于胸前，双眼平视前方。

（二）转肩引拍

转肩引拍是指击球前挥动手臂带动球拍向后引的动作。其主要目的是为了增加挥拍击球的做功距离。当判断好来球需要使用正手击球技术时，向右转髋同时转肩，手臂带动球拍迅速向后上方引拍，拍柄底部正对球网，拍头向上稍高于手腕。同时重心后移，左脚前踏与端线呈45度，左肩正对球网，尽量侧身迎球，左手在转体的同时指向来球。

（三）挥拍击球

挥拍击球是指向前挥动手臂带动球拍击打来球的动作。其主要目的是向前挥拍发力将球击过球网并落入对方场地内。当判断好来球位置及击球点时，右腿蹬地发力，转髋的同时带动上体转动，以肩关节为轴，大臂带动小臂沿来球轨迹前挥，期间手腕固定不动，击球时拍面与地面垂直，击球的正后部。击球点一般在左脚右前方的位置，高度与腰齐高。当球飞行路线较高时，快速后退等待球下落；当球飞行路线较低时，左脚上前并屈膝，降低

图2-16　底线正手击球技术分解示意图

身体重心击球。

（四）随挥跟进

随挥跟进是指击球完成后继续向前挥送完成击球的动作。其主要目的是借助击球后的惯性继续将球拍挥送至肩上，完成击球动作。要求当球接触球拍之后使拍面与球网平行时间多些，沿着球的飞行方向继续向前挥拍。同时身体重心前移落在左脚上，身体右侧转向球网，拍头随惯性挥至左肩上方，在此过程中肘关节向前上方移动，左手扶住拍颈，随挥动作结束后及时回到准备动作。

第二节　底线击球技术

一、底线正手击球技术

底线正手击球是最基本的网球击球技术，是一项重要的进攻技术。从球的旋转方式上来讲，正手击球主要可以分为正手平击球技术、正手上旋球技术和正手切削球技术三大类；从技术环节上来看，正手击球技术主要由准备动作、引拍、挥拍击球、随挥四个技术环节组成。如图2-17所示。强大的正手击球技术，能够在比赛过程中有效应对对手的回击；同时，正手击球技术击球有力，击打出去的球速度较快。在比赛中也常常使用正手击球技术打出不同路线、不同旋转的球，占据场上主动从而达到得分制胜的目的。强大的正手击球技术，是在标准基本动作的基础上，采用各种不同的练习方法、进行大量的练习才能习得的，本节内容将带领大家进行网球正手平击球、正手上旋球以及正手切削球技术的学习；同时，针对不同的技术配以针对性的练习方法，从而真正提高正手击球技术水平。

图2-17　底线正手平击球技术分解示意

（一）底线正手平击球技术（图2-18）

1. 技术特征

正手平击球是指采用正手技术击打出旋转较少、飞行速度较快的球。使用正手平击球技术击球时，拍面与地面基本垂直，挥拍击球的路线及击打出去的球的飞行路线也相对平直，球的旋转较少，同时落地后会快速前冲。这是进行正手击球技术学习过程中最基本也是最重要的一项技术。

手机扫描二维码
观看更多网球教学视频

1. 准备姿势　　　　　　　　　　　2. 后摆引拍

3. 挥拍击球　　　　　　　　　　　4. 随挥跟进

图2-18　底线正手平击球技术动作要领

2. 动作要领

（1）握拍方法：东方式正手握拍。

（2）准备姿势：在进行正手平击球的准备时，双脚分开与肩同宽或稍比肩宽，双膝自然微屈，上体稍前倾，身体重心落在两腿之间，右手持拍，左手扶住拍颈，将球拍垂直于地面并置于胸前，双眼平视前方。

（3）后摆引拍：当判断好来球需要使用正手击球技术时，向右转髋同时转肩，手臂带动球拍迅速向后上方引拍，拍柄底部正对球网，拍头向上稍高于手腕。同时重心后移，左脚前踏与端线呈45度，左肩正对球网，尽量侧身迎球，左手在转体的同时指向来球。

（4）挥拍击球：当判断好来球位置及击球点时，右腿蹬地发力，转髋的同时带动上体转动，以肩关节为轴，大臂带动小臂沿来球轨迹前挥，期间手腕固定不动，击球时拍面与地面垂直，击球的正后部。击球点一般在左脚右前方的位置，高度与腰齐高。当球飞行路线较高时快速后退等待球下落，当球飞行路线较低时左脚上前并屈膝，降低身体重心击球。

（5）随挥跟进：当球接触球拍之后使拍面与球网平行时间多些，沿着球的飞行方向继续向前挥拍。同时身体重心前移落在左脚上,身体右侧转向球网,拍头随惯性挥至左肩上方,在此过程中肘关节向前上方移动,左手扶住拍颈,随挥动作结束后及时回复到准备动作。

3. 练习方法

练习方法一:根据正手平击球的技术环节,原地进行无球空拍的挥拍练习,认真体会后摆引拍路线,以及挥拍击球时蹬地、顶髋、转腰、送肩、挥臂的发力顺序。练习过程中先一次进行单个技术环节的练习,待技术动作达到一定标准后,将四个技术环节连接起来进行连贯动作练习,同时主要练习动作速率,建议由慢速至稍快至正常速度进行完整无球挥拍练习。

练习方法二:在空拍练习的基础上提升了难度,使用塑料袋(球拍袋)或保鲜膜包裹拍面进行原地挥拍练习,挥拍击球过程中体会空气所产生的的阻力,拍面完全垂直于地面才能感受到最大的阻力,当阻力减小时调整握拍或动作。此方法能有效练习挥拍击球动作的稳定性,为打出高质量的平击球打下坚实基础。

练习方法三(图2-19):练习者两人搭档进行练习,喂球者与练习者两人位于底线,喂球者位于练习者右手侧前方,练习者位于底线中部,喂球者单手持球待练习者完成准备动作后,松开持球手让球做自由落体运动,练习者使用正手平击球技术将球击过球网,击球后回复准备动作,继续进行下次练习。每组练习15—20球,每次练习3组,完成练习后双方进行交换。练习的开始阶段,可以放慢喂球频率或让练习者从后摆引拍动作开始击球,并在后续练习过程中逐渐调整至完整动作原地正手平击球练习。

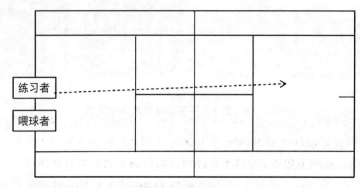

图2-19 练习方法三

练习方法四(图2-20):练习者两人或多人搭档进行练习,喂球者位于练习者同侧半场右侧,练习者位于底线中部,喂球者用手抛球,练习者使用正手平击球技术击球后立刻回到原位,喂球者继续向相同位置喂球,继续进行练习。练习后期可逐渐分别位于网后、对面半场发球线或底线,并使用球拍进行喂球,喂球过程中需注意保持喂球落点及速度的稳定性,双人练习时每组练习15—20球,多人进行练习时每组练习10球,完成练习后到对侧场地捡球并由下一位同学继续练习,完成一轮练习后更换喂球者继续练习。

(二)底线正手上旋球技术(图2-21)

1. 技术特征

正手上旋球是指球拍接触球时,拍面稍前倾,通过击打球的中后部或者中下部,自下而上

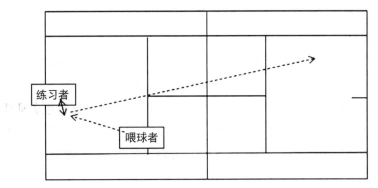

图2-20　练习方法四

的挥拍打出带有较强向上旋转的球。正手上旋球的飞行弧度较大,弧线较高,下落速度快,落地后前冲力强且带有较高的反弹弧线,同时还具备安全性高、不易失误的特点,因此当今网坛的许多选手都经常在比赛中使用正手上旋球技术进行进攻。

手机扫描二维码
观看更多网球教学视频

2. 动作要领

（1）握拍方法：正手上旋球技术由于其击球时拍面前倾,因此通常采用西方式握拍或半西方式握拍。

（2）准备姿势：上旋球技术的准备动作与平击球一样,不同的是需要采用西方式或半西方式握拍方法。进行准备动作时身体面向球网站立,两脚分开与肩同宽或稍比肩宽,两膝自然微屈,上体向前倾,身体重心落在前脚掌上,右手呈正手击球握拍动作,左手扶住拍颈,拍头指向对面,拍面与地面垂直,注意力集中,眼睛盯住来球,做好击球准备。

（3）后摆引拍：判断好来球高度与位置准备打出上旋球时,向右转髋同时转肩,手臂带动

图2-21　底线正手上旋球技术

球拍迅速向后上方引拍,拍柄底部正对球网,球拍高度稍低于平击球引拍高度。同时,重心后移,左脚前踏与端线呈45度,左肩正对球网,尽量侧身迎球,左手在转体的同时指向来球。

（4）挥拍击球:当判断好来球位置及击球点时,蹬地顶髋,转腰的同时送肩带动大臂向前挥送。不同于平击球,上旋球的击球时机在球落地后的最高点或下降的前期,击球时拍面前倾,击球部位不完全通过球的重心,而是击打球的中下部。

（5）随挥跟进:击球后球拍稍向上挥动,同时身体重心前移落在左脚上,身体右侧转向球网,拍头随惯性挥至左肩上方,在此过程中肘关节向前上方移动,左手扶住拍颈。随挥动作结束后及时回复到准备动作。

向前挥拍,练习初始阶段先放慢速度,逐渐加快至正常的速度进行练习,每次练习后略作停顿,进行自我反思,检查动作的准确性。

练习方法二(图2—22):练习者单人进行有球正手上旋球练习,练习者位于底线后使用左手原地抛球,抛球的同时原地做后摆引拍动作,待球落地弹起至最高点准备下落时,向前挥拍完成击球,将球击过球网落入有效区域内。练习初始阶段进行原地抛球正手上旋球练习;练习后期可向前抛球后上步,进行正手上旋球击球练习。

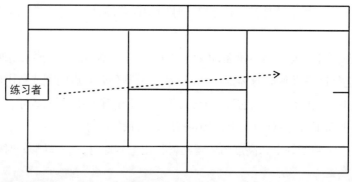

图2—22　练习方法二

练习方法三(图2—23):两人搭档进行练习,练习者位于底线后做准备动作,喂球者位于发球线右侧喂球。练习者侧对挡网向后引拍,重心前移,反复击打喂球者送出的定位球,将球击过球网并落入有效区内。喂球者注意在初期送出稳定、慢速的球以使练习者有充分准备时间,经过一定时期练习后可以适当增加球速,每组练习15—20球,每次练习3组,练习完成后双方进行交换,继续进行练习。

练习方法四(图2—24):在原地正手上旋球击球练习的基础上,通过增加短距离移动的方式提升练习难度。练习者两人或多人搭档进行练习,喂球者位于发球线右侧或球网后方右侧,使用球拍向位于底线的练习者右侧标志物A处喂球,练习者向右前方移动后,使用正手上旋球技术击球,击球后回到初始位置做准备动作,等待下一次击球,每组练习15—20球,完成一组练习后由下一位练习者继续进行练习。练习初始阶段喂球者注意送出慢速、稳定、旋转较少的球,待练习者完全回位后再继续进行喂球;练习后期可逐步增加喂球频率和移动距离,发展练习者移动正手上旋球击球能力。

网球运动教程

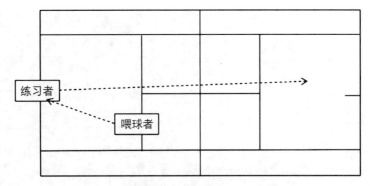

图 2-23　练习方法三

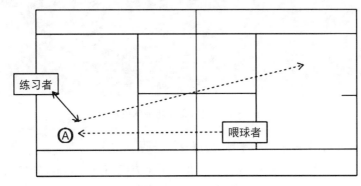

图 2-24　练习方法四

（三）底线正手切削球技术（图 2-25）

1. 技术特征

正手切削球是指击球瞬间球拍与球接触时球拍上仰较多,通过击打球的后下部使球在飞行过程中产生向后的旋转。正手切削球技术也称为正手下旋球技术,在比赛当中应用较少,通常被用来当作防守手段,对付一些球速较快的来球;同时,也可作为出其不意的偷袭手段,打乱对手的进攻节奏。正手切削球的技术特点是击球后球的飞行路线较为飘忽,落地后产生向后或向侧方的旋转,从而使对手无法准确预判击球点。

2. 动作要领

（1）握拍:正手切削球技术一般使用东方式握拍。

（2）准备姿势:底线正手切削球的准备动作与其他底线正手技术动作准备基本相同,不同的是一般采用东方式握拍。进行准备动作时身体面向球网站立,两脚分开与肩同宽或稍比肩宽,两膝自然微屈,上体向前倾,身体重心落在前脚掌上,右手呈正手击球握拍动作,左手扶住拍颈,拍头指向对面,拍面与地面垂直,注意力集中,眼睛盯住来球,做好击球准备。

（3）后摆引拍:正手切削球由于其应用时准备时间较短,因此引拍幅度要比正常的引拍动作稍短,判断好来球需要使用正手切削球技术时,身体做约 45 度的转体引拍,向右转肩、转髋带动球拍向后上方弧线引拍,引拍幅度比上旋球小,转至左肩对准球网方向,重心落在右脚

手机扫描二维码
观看更多网球教学视频

图2-25　底线正手切削球技术

上,同时左脚向前方跨出,左手指向来球,保持身体平衡。

（4）挥拍击球:当判断好来球方向时,球拍由后上方向前下方挥击,击球点位于左脚的右前方,拍头高于击球点,拍面上仰稍向后倾斜,击球的后下部,控制住手腕向前做前送动作,感受球在球拍上滑行,随后身体重心向左脚转移。

（5）随挥跟进:正手切削球的随挥动作方向决定了击球的方向,击球后保持拍面前送一定的距离,将球拍挥至身体左侧,在随挥完成前不要抬头,完成随挥后身体即恢复到准备姿势。

3.练习方法

练习方法一:单人原地进行空拍无球正手切削球练习,练习初始阶段将技术动作分解为准备姿势、后摆引拍、挥拍击球与随挥跟进四个环节进行练习,进行一定数量的练习之后进行完整动作的挥拍练习。练习过程中每次或几次练习后进行技术动作的回想,发展动作的稳定性、协调性和节奏感。此练习方法适合于动作技术的初学阶段,通过重复的挥拍练习建立完整而深刻的肌肉动作记忆。

练习方法二(图2-26):两人搭档进行练习,喂球者位于练习者正手侧前方喂定点球,练习者进行原地的正手切削球练习。喂球频率及节奏可根据练习者技术水平进行适当调整,并在练习者动作出现错误时对其进行提醒。此练习方法适宜在进行一定次数的挥拍练习后进行,此时技术动作的记忆初步建立,但稳定性较差,同时重复的挥拍练习易产生枯燥感,因此可以将此练习引入挥拍练习或与挥拍练习交叉进行,每组练习15—20球,每次练习3组。

练习方法三(图2-27):两人搭档,喂球者位于网后边线位置,练习者位于底线后面中部。送球者向练习者所站底线左侧或右侧喂球,练习者使用正手切削球技术将球击过网后立即回到原位准备下一次击球。技术熟练后可以随机朝底线喂球,同时要求练习者将球打进固定的

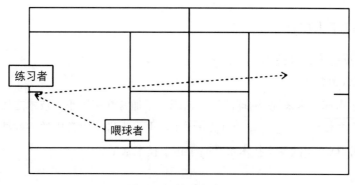

图2-26　练习方法二

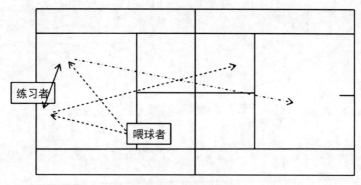

图2-27　练习方法三

区域内。在原地击球练习具有一定的成功率后可以进行移动练习。通过脚步移动的引入能够初步模拟技术运用的真实场景,同时发展身体协调性与移动击球能力。

　　练习方法四(图2-28):两人搭档进行练习,两人分别位于场地两端底线,一人使用正手切削球技术,另一人使用正手平击球或上旋球,练习一段时间后两人进行交换。如果两人技术水平较高则可加入路线变化。此练习方法适用于具备一定网球运动水平的练习者。通过搭档以及其他技术动作的引入,增加正手切削练习过程中的练习元素;增加练习趣味性的同时,提高不同技术结合运用的能力。

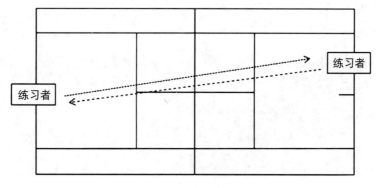

图2-28　练习方法四

二、底线反手击球技术

(一)底线反手平击球技术

1.技术特征(图2—29)

相对于正手击球技术来说,网球的反手击球技术通常在掌握正手技术之后才进行学习,反手技术不仅仅起防守和过渡的作用,也成为进攻中常用的一种技术手段,甚至有些网球选手的反手技术水平高于正手技术水平。

图2—29(1) 底线反手平击技术(双)

图2—29(2) 底线反手平击技术(单)

2. 动作要领（图2-30）

（1）握拍：① 双手反手握拍：右手在下，采用大陆式握拍；左手在上，用东方式正手握拍。
② 东方式反手握拍。

1. 准备姿势　　　　　　　　　　　　2. 转肩引拍

3. 挥拍击球　　　　　　　　　　　　4. 随挥

图2-30（1）　底线反手平击技术（双）动作要领

1. 准备姿势　　　　　　　　　　　　2. 转肩引拍

3. 挥拍击球　　　　　　　　　　　　4. 随挥

图2-30（2）　底线反手平击技术（单）动作要领

（2）准备姿势：两脚开立与肩同宽或比肩稍宽立于底线后，两脚稍成内八字，身体重心落在前脚掌上，膝关节微屈；上体微微前倾，含胸收肩，保持一定紧张度；双手自然持拍于体前，非持拍手辅助持拍并保持放松；头部正直，眼睛平视前方，整个身体蓄势待发，随时准备启动。

（3）后摆引拍：当对方击球后球离开拍面，判断需要使用反手平击球技术时，立即转肩带动手臂和球拍向后摆动，身体侧对来球，双臂紧靠身体，拍柄底部对准来球，身体重心从双脚之间移向左脚，同时右脚向左前方45度迈出，两脚之间距离略比肩宽。

（4）挥拍击球：当来球进入击球点时，双脚蹬地，转髋带动肩膀转动，肩膀带动球拍向前挥送，击球高度在腰部位置，击球时眼睛盯住来球，球拍与地面垂直击打球的后下部，球离拍后继续保持向前挥送一段时间。

（5）随挥跟进：反手击球后继续做随挥动作，身体重心转移到右脚，动作结束时球拍挥至脑后。

3. 练习方法

练习方法一：练习者单人进行原地无球空拍挥拍练习，根据反手平击球的技术要求，依次进行四个技术动作环节的分解练习，之后将动作连接起来进行完整动作练习。练习过程中认真体会向后引拍、转髋转肩和重心变化等动作要领。

练习方法二（图2-31）：两人搭档进行练习，练习者侧对挡网，做原地引拍动作，喂球者站在其反手一侧，将球高举在练习者击球点上方的位置，让球做自由落体运动，待球弹起至腰间高度时，练习者挥拍击球。击球具有一定的成功率后可以从准备动作开始进行练习。

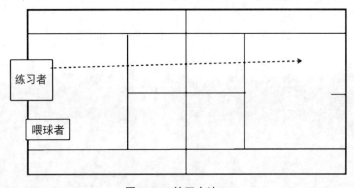

图2-31　练习方法二

练习方法三（图2-32）：练习者站在底线中部，喂球者站位中场练习者反手一侧向练习者喂球，练习者原地反手打落地弹起后的球和抛过来的空中球。初始阶段分别进行两种击球练习，熟练后可以进行固定数量交叉和随机交叉练习，经过一定时间练习后可以适当增加抛球的距离。练习过程中喂球频率及次数可以根据实际情况进行调整。

练习方法四（图2-33）：练习者位于底线后中部站立，从准备动作开始准备击球。喂球者在网后边线处喂球，先朝练习者反手一侧喂球，练习者移动后使用反手平击技术击球，击球后立即回位；喂球者再次向同样位置喂球，练习者移动到位击球后回位。进行一定数量后两人进行交替。喂球者注意在初始阶段喂球要稳定，喂出速度较慢的球。练习过程中注意观察练习者移动速度与体力消耗，调整喂球角度，角度较大时降低频率，反之亦然。练习后期逐步加

网球运动教程

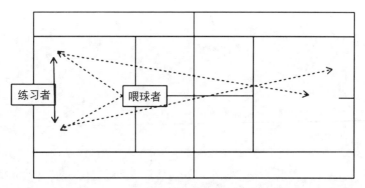

图 2-32　练习方法三

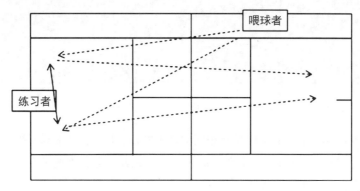

图 2-33　练习方法四

快频率加大角度,发展练习者移动能力以及移动过程中击球的稳定性。

（二）底线反手上旋球技术

1. 技术特征（图 2-34）

图 2-34（1）　底线反手上旋技术（双）

图2-34(2) 底线反手上旋球(单)技术

底线反手上旋球与正手上旋球具有相同的技术特征,主要通过击球时拍面的变化以及对击球部位的控制,使球在飞行过程中和落地之后产生显著变化。该技术在比赛过程中应用较多,具有技术稳定、攻击性强等特征。

2. 动作要领(图2-35)

1. 准备姿势   2. 转肩引拍

3. 挥拍击球   4. 随挥

图2-35(1) 底线反手上旋技术(双)动作要领

| 1. 准备姿势 | 2. 转肩引拍 |

| 3. 挥拍击球 | 4. 随挥 |

图2-35(2)　底线反手上旋技术(单)动作要领

（1）握拍：① 双手双反握拍：右手在下，用东方式反手或大陆式握拍；左手在上，用东方式正手或半西方式握拍；② 东方式反手握拍。

（2）准备姿势：两脚开立与肩同宽或比肩稍宽立于底线后，两脚稍成内八字，身体重心落在前脚掌上，膝关节微屈；上体微微前倾，含胸收肩，保持一定紧张度；双手自然持拍于体前，非持拍手辅助持拍并保持放松；头部正直，眼睛平视前方。整个身体蓄势待发，随时准备启动。

（3）后摆引拍：当对方击球后球离开拍面，判断需要使用反手平击球技术时，立即转肩带动手臂和球拍向后摆动，引拍高度略低于双反平击球引拍高度。身体侧对来球，双臂紧靠身体，拍柄底部对准来球，身体重心从双脚之间移向左脚，同时右脚向左前方45度迈出，两脚之间距离略比肩宽。

（4）挥拍击球：当来球进入击球点时，双脚蹬地，转髋带动肩膀转动，肩膀带动球拍向前挥送，击球高度在腰部位置，击球时眼睛盯住来球，击球瞬间手腕紧紧锁死，球拍稍微前倾击打球的后下部，同时向上和向前发力，做出提拉的动作。

（5）随挥跟进：反手击球后，手臂伸直继续向上挥拍至身体右侧上方，结束时身体面向球网，重心落在右腿上。

3. **练习方法**

练习方法一：单人原地进行无球空拍反手上旋球挥拍练习，按照双反上旋球技术的四个环节依次进行练习，练习一定数量后进行完整动作的练习。练习过程中注意挥拍击球环节的"提拉"动作。每次完整动作的练习后进行动作回想，熟练后连续进行完整挥拍练习。

练习方法二(图2-36)：两人搭档进行练习，练习者位于底线，身体侧对挡网做后摆引拍动作，喂球者位于练习者反手位置侧前方，在练习者击球位置上方高举球抛下，让球做自由落体运动，待球弹起至腰间高度时练习者挥拍击球。练习的后期可以增加喂球频率，进行击球打点、打凌空球练习，练习一定数量后进行交替。喂球者注意观察练习者技术动作的标准，当练习者出现错误时及时对其进行提醒。

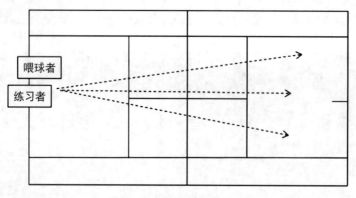

图2-36　练习方法二

练习方法三(图2-37)：两人搭档进行练习，练习者位于场地端线后中部做准备姿势，喂球者位于网后，用手向练习者反手一侧边线抛出慢速、旋转较少的球，练习者移动到使用双反上旋球技术击球后立即回位，进行一定次数的练习后，喂球者依次位于发球线附近、网后、中后场以及后场喂球，喂球过程中可逐渐增加喂球频率，发展练习者移动击球能力和网球专项体能。

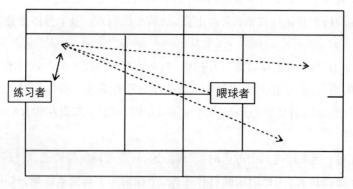

图2-37　练习方法三

练习方法四(图2-38)：两人搭档进行对拉练习，练习初始进行直线的对拉练习，一人击平击球另一人击上旋球，技术熟练后可以进行混合技术击球，混合技术中以平击球技术为主，上旋球技术为辅，如"平击平击平击上旋"依次循环。在技术的变换当中认真体会两种技术在挥拍击球环节的不同。当技术达到一定的稳定性后加入路线的变化，如一点对两点的V字练习、双人8字练习、N字练习等，在进行路线练习的过程中有意识地控制击球方向，同时尽可能进行多回合的对拉，在保证技术稳定性的前提下发展进攻方式的多样性。

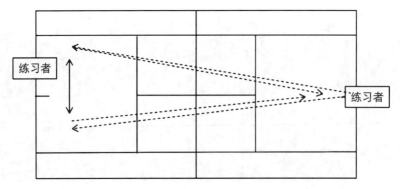

图2-38　练习方法四

（三）底线反手切削球技术

1. 技术特征（图2-39）

底线反手切削球是位于底线处使用的一种防守性技术，与其他底线双手反手技术不同的是，反手切削球技术击球时使用的是单手握拍。在击球过程中可以通过控制拍面的角度以及切削的力度，来改变球落地后的落点以及旋转方式，从而起到出其不意的击球效果，具有防守性强、隐蔽性强的特征。

手机扫描二维码
观看更多网球教学视频

图2-39　底线反手切削球技术

2. 动作要领（图2-40）

（1）握拍：反手切削球技术采用东方式反手或西方式握拍。

（2）准备姿势：反手切削球的准备姿势同正手切削球一样，进行准备动作时身体面向球网站立，两脚分开与肩同宽或稍比肩宽，两膝自然微屈，上体向前倾，身体重心落在前脚掌上，右手呈正手击球握拍动作，左手扶住拍颈，拍头指向对面，拍面与地面垂直，注意力集中，眼睛盯

1. 准备姿势   2. 专肩引拍

3. 挥拍引球   4. 随挥

图2-40 底线反手切削球动作要领

住来球,做好击球准备。

（3）后摆引拍：当判断来球需要使用反手切削球技术时，及时移动到击球位置，左手辅助右手变成反手握拍，左手扶住拍颈向左引拍，拍头高于手腕，肘关节自然弯曲，远离身体。球拍与手腕在击球点的后上方，拍面稍打开，手腕固定。右脚向左前方上步，右肩或右背对着球网，重心放在左脚上。

（4）挥拍击球：挥拍击球时，左手离开拍颈指向与击球方向相反的方向，球拍向前下方挥击球的中部或后下部，击球点在右脚前面，高度在腰部与膝关节之间，击球时机可比反手平击或上旋技术击球时机稍晚，击球时手腕绷紧，重心随球拍前移至右脚以加强击球速度和力量。

（5）随挥跟进：击球后让球拍随击球方向继续向前下方挥送，向前平稳运动一段距离，自然地将球拍挥到一定的高度结束，同时身体转向球网，及时回复到准备动作。

3. 练习方法

练习方法一：练习者单人原地进行无球空拍反手切削球练习，依照反手切削球的四个技术环节依次进行分解练习，之后进行完整动作的练习。也可以将技术动作分为上肢与下肢进行一定数量的分解技术练习，之后上下肢进行同步的完整技术动作练习。

练习方法二(图2-41)：两人搭档进行练习，练习者位于底线中部做后摆引拍动作，喂球者位于练习者反手一侧侧前方喂球，待球弹起后练习者挥拍击球，击球随挥后回复到准备动作。练习一定数量后练习者从准备姿势开始继续进行原地击球练习。

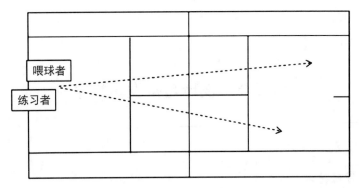

图2-41　练习方法二

练习方法三(图2-42)：两人或多人进行练习,练习者位于底线中部做准备动作,如多人练习时其余练习者与有球练习者保持一定距离站立做同样动作。喂球者位于网后练习者反手一侧边线向练习者反手侧标志物A处喂球,练习者移动到位后使用反手切削技术击球,击球随挥后立即回位,多人练习时练习方法同方法二相同。练习后期可使用球拍喂球增加球速、要求击球路线及深度等,具体练习要求要根据练习者情况进行调整,在保证其稳定击球的情况下稍微增加难度,从而使练习者的技术水平得到提升。

练习方法四(图2-43)：两人搭档位于两边底线进行对拉练习,一人使用正手平击球技术,另一人使用反手切削球技术进行对拉,练习一定数量后两人交换继续进行练习。要求平击球

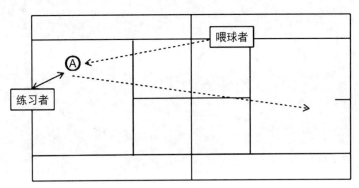

图2-42　练习方法三

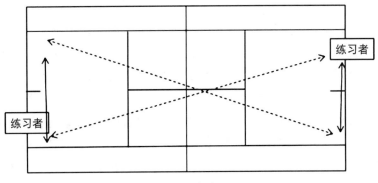

图2-43　练习方法四

具有一定的速度和力量,从而到达发展切削球防守性的目的。练习后期可加入 V 字、8 字、N 字或随机等路线变化。

第三节 发球与接发球技术

一、发球技术

(一)平击发球技术

1. 技术特征(图2-44)

平击发球技术是指使用拍面中心击打球的后上方,发出不带任何旋转发球的技术。它的特点是力量大、速度快、不带任何旋转,同时球的飞行路线较直,落地后弹起速度快,前冲强烈,给对手极短的时间进行接发。

手机扫描二维码
观看更多网球教学视频

图2-44 底线平击发球技术

2. 动作要领(图2-45)

(1)握拍:平击发球一般采用大陆式握拍,握拍时要注意放松,不要过于发力。

(2)准备姿势:以右区发球为例,身体放松侧身站立于端线外中场标记旁,左肩对着发球区,双脚自然分开与肩同宽,左脚与底线约成45度,右脚与底线平行,两脚脚尖连接的延长线指向发球区。右手持拍,拍头指向前方,左手持球,将球自然地放在持球手的拇指、食指以及中指三指上,无名指和小指自然屈于球的后部,注意持球不要发力将球握在手中。

(3)抛球引拍:发球时抛球与后摆同步进行,持球手将球轻轻托住,球拍拍面靠在球上,手心空出掌心向上。当球拍向后下方引拍时,持球手同时下降到右腿处,紧接着球拍从身后向头上方做大弧度摆动,转体、屈膝、展肩,持球手轻柔地将球向上平稳托起,球离手的最佳时机

图2-45 底线平击发球动作要领

是在上的最高点。抛球时需注意应尽量避免勾手、甩腕等动作,减少球在空中的旋转。

（4）击球:当球抛离手掌后,球拍继续上摆至一定高度,肩、肘关节放松,以肘为轴,小臂、手、拍头依次向背部下吊,同时屈双膝并伴随身体后展呈"弓形"。准备击球时,在屈膝、背弓的基础上自下而上地依次踝关节、背部发力。挥拍击球时肘关节有一个引导小臂、球拍下吊至背后再以肘关节为轴带动小臂、球拍向击球点摆动的过程。当球下落到击球点时,持球手臂与球拍几乎在一条直线上,手腕内旋带动小臂做鞭打动作,击球点在身体的右前方,以球拍的中心击球的后中部。

（5）随挥:球发出后发球动作并没有结束,此时应顺着身体和挥拍的惯性做收腹、转肩和收拍的动作,由大臂带动拍子收向持拍手的异侧体旁,完成发球动作。

3.练习方法

练习方法一:稳定的抛球技术是发出高质量平击球的基础,练习者站在端线中点处单手持球,持球方法采用手指持球,手臂伸直,以肩关节为轴向上抛球,抛球过程中应尽量减少球的旋转,抛球后手臂保持不动,以能接到下落的球为标准。为保持抛球稳定性,练习过程中抛球前抬起头,眼睛看着击球点进行连续抛球练习。

练习方法二:练习者位于底线中点处,单手持拍,不持球,从发球的准备姿势开始进行空拍练习,练习过程中想象真实发球场景。初始练习阶段每次练习后回想技术动作标准,练习后期可以进行连续的空拍无球练习。

练习方法三(图2-46):在充分练习前两种方法的基础上将二者进行结合练习。练习者位于底线中点处,进行有球的平击发球练习。练习初始阶段不要求有效发球,只需准确击球即可,待能够稳定击球后进行进阶练习,要求每次发球尽量进入发球区。练习过程中注意进行技术动作的回想,及时发现自己的错误动作并进行调整。

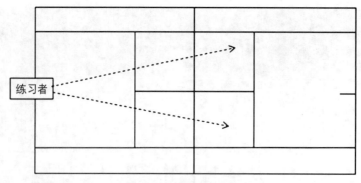

图2-46　练习方法三

练习方法四(图2-47)：练习者位于端线中点处进行上手平击发球技术练习，练习前在场地对面发球区内使用标志物(桶、帽等)设置相应的限制区域，练习者进行固定落点的发球技术练习。练习过程中注意保证每组练习的次数，加深对肌肉记忆的刺激。

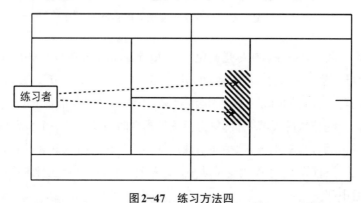

图2-47　练习方法四

（二）切削发球技术

1. 技术特征(图2-48)

切削发球是一种以右侧旋转(略带下旋)为主的发球法。就是由球的右上往左下切削击球。由于切削发球的飞行轨迹及弹跳方向所定，该发球不但球速快，威胁大，而且容易提高发球命中率。为此被世界各国多数运动员所采纳。

手机扫描二维码
观看更多网球教学视频

2. 动作要领(图2-49)

（1）握拍：切削发球一般采用东方式反手。

（2）准备姿势：切削发球的姿势与平击发球相同。以右区发球为例，身体放松侧身站立于端线外中场标记旁，左肩对着发球区，双脚自然分开与肩同宽，左脚与底线约成45度，右脚与底线平行，两脚脚尖连接的延长线指向发球区。右手持拍，拍头指向前方，左手持球，将球自然地放在持球手的拇指、食指以及中指三指上，无名指和小指自然屈于球的后部，注意持球不要发力将球握在手中。

（3）抛球及引拍：发球时抛球与后摆同步进行，持球手将球轻轻托住，球拍拍面靠在球上，

图2-48　切削发球技术

图2-49　切削发球动作要领

手心空出掌心向上。当球拍向后下方引拍时,持球手同时下降到右腿处,紧接着球拍从身后向头上方做大弧度摆动,转体、屈膝、展肩,持球手轻柔地将球向上平稳托起,球离手的最佳时机是在上升的最高点。抛球时需注意应尽量避免勾手、甩腕等动作,减少球在空中的旋转。

（4）挥拍击球：打出切削球的关键之处在于挥臂击球技术环节。当球抛离手掌后,球拍继续上摆至一定高度,肩、肘关节放松,以肘为轴,小臂、手、拍头依次向背部下吊,同时屈双膝并伴随身体后展呈"弓形"。球进入击球点时右臂迅速向前上方挥动球拍,同时蹬腿、直腰,垫脚尖,身体从屈到伸,转体转肩的同时身体重心移到前脚。击球的高度应尽可能在伸展击球的最高点,击球时拍面与击球路线呈一定角度,拍面的触球点在球的右中部或右中下部,击球时有扣碗动作,触球时使前臂、手腕、拍柄近似于一条直线。

(5)随挥:球发出后顺着身体和挥拍的惯性做收腹、转肩和收拍的动作,由大臂带动拍子收向持拍手的异侧体旁,完成发球动作。

3.练习方法

练习方法一:按照切削发球技术的环节,依次进行准备姿势、抛球后摆、挥拍击球以及随挥动作的练习。熟悉后进行完整动作的切削发球练习,每次练习后进行技术动作回想。也可以结合平击发球技术的空拍练习交替进行,按照一比一的比例进行混合练习,练习过程中注意握拍方法的转换以及击球瞬间球拍角度的不同,体会切削发球与平击发球的不同。

练习方法二(图2-50):练习者位于底线中点标志处,结合抛球练习进行单人有球练习,初期要求发球尽量过网,后期尽量进入发球区。在提高抛球稳定性的同时体会切削发球的击球时机以及击球部位。

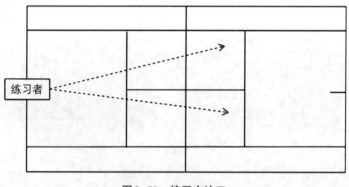

图2-50　练习方法二

练习方法三(图2-51):在切削发球技术具备一定的成功率的基础上进行打点练习。练习者位于底线中部标志处,面向场内进行发球练习,练习前在对面场地内设置标志物A和B,进行不同角度以及不同深度的打点练习,练习以不同角度落点练习为主,初始阶段进行连续固定落点练习,后期可进行内外角交叉练习。

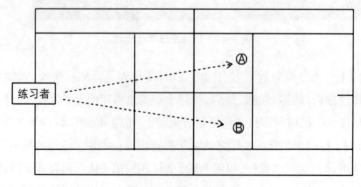

图2-51　练习方法三

练习方法四（图2-52）：将平击发球与切削发球的练习结合起来，在练习过程中尽可能模拟技术运用的真实场景。练习者位于底线左（右）区中部，每次携带两颗球进行平击发球与切削发球的混合练习，先使用平击发球技术，再使用切削发球技术，要求每次发球尽可能有效。技术熟练后进行不同发球区混合发球技术练习，更好地提高发球技术在真实情境当中的应用能力。

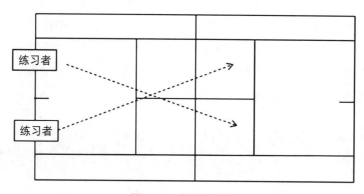

图2-52　练习方法四

（三）上旋发球技术

1. 技术特征（图2-53）

上旋发球是以上旋为主、侧旋为辅的发球法。由于球的上旋成分多于切削球，使球产生一个明显的从上向下的弧形飞行轨迹过网，发力越强，旋转成分越多，弧形就越大，命中率也越高；落地后高反弹到对方的左侧，迫使对方离位接球，给对方造成很大压力，同时为发球上网带来足够的时间。

图2-53　上旋发球技术

2. 动作要领（图2—54）

（1）握拍：上旋发球采用大陆式握拍或东方式反手握拍法。

（2）准备姿势：两脚自然分开与肩同宽，侧身左肩对网，前脚与端线约在45°角，重心落在后脚上。球自然着落在持球手食指、中指和无名指指跟部位，大、小拇指轻抚球的两侧，切忌用力将球握在手里或捏在手里，拍头指向前方，持球手与球拍中部靠拢。

（3）抛球引拍：在准备动作的基础上，持球手靠近持球手同侧的大腿，然后从腿侧自下而上将球抛起。在整个动作过程中手臂保持伸直，掌心向上，用食指、中指和无名指三指将球平稳托起抛出。大约高至头部上方时，手指自然松开，让球垂直上升；右手握拍与左手同时一起先向下摆，当握拍手摆至肩高时，转肩抬肘弯臂，使拍头垂于背后如搔背状，同时身体向右转动，两膝向前屈，挺髋，下颌抬起，使全身呈背弓形。

图2—54 上旋发球动作要领

（4）击球：挥拍击球时肘部有一个引导小臂、球拍下吊至背部再以肘部为轴带动手臂、拍摆向击球点的过程。上旋发球的击球部位应在球的后部，当球拍和球接触后，拍头迅速刷球的后部，将球向上托起，最后通过手臂的内旋将球包裹送出。上步挂拍后迅速用蹬腿、转髋、转肩的力量将球拍朝上打，直至持拍手臂完全伸直，此时，拍面与地面垂直，与球网平行，击球时，拍面将球向上向前挥击出去，球送出后，手指握紧球拍，做压腕动作。

（5）随挥：击球后，保持连续完整的向前上方伸展的随挥动作，右手挥拍继续做弧线运动。到达击球点后球员应顺着身体及挥拍的惯性做收腹、转肩和收拍的动作，最终落到身体左侧。发球后迅速调整位置，准备接对方的回球。

3. 练习方法

练习方法一：练习者在发球线后蹲下，左手抛球，右手持拍由下而上挥动，将球击入发球区内，待基本掌握后向后移动2—3米做同样练习，最后移动至底线练习蹲下发球。通过降低发球难度的方法提升发球过程中对旋转的控制能力。

　　练习方法二(图2-55)：练习者位于发球线中点，面向球网进行完整的上旋发球练习。练习初始阶段不要求球速及落点，认真体会上旋发球的击球部位以及发力方式，待熟练后可逐步增加发球速度，直至能在底线发出有效的上旋发球。

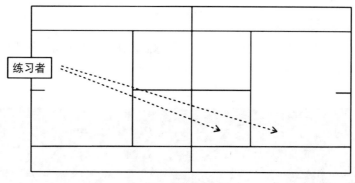

图2-55　练习方法二

　　练习方法三(图2-56)：在进行一定练习，上旋发球具备一定水平的基础上进行打点练习。练习者位于场地底线，使用上旋发球技术向对面场地内发球，要求尽量打中标志物或落在标志区。练习后期可将标志物置于发球区内，同时增加不同落点变化进行练习。

　　练习方法四(图2-57)：将上旋发球技术与其他两种发球技术进行混合，按照搭档口令要

图2-56　练习方法三

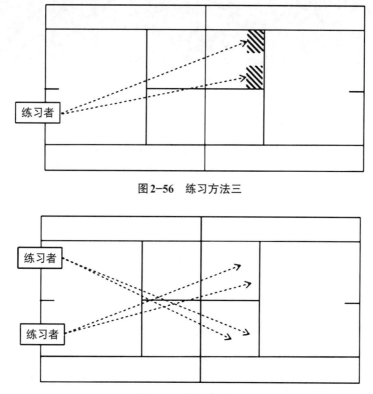

图2-57　练习方法四

求或者固定顺序进行发球练习,练习过程中认真体会三种发球技术在握拍、发力方式、击球部位及时机等方面的不同。注意此方法适合于对三种发球技术均掌握较好的练习者,初学者使用此方法练习会产生技术前移的干扰,因此不推荐初学者使用此方法练习。

二、接发球技术

(一) 技术特征(图2-58)

接发球技术是指在比赛中,为应对对方的发球而使用的一种技术,其特点是反应时间短、动作速度快、基数形式多变。

图2-58　接发球技术

(二) 动作要领(图2-59)

(1) 握拍:接发球技术一般采用大陆式握拍或西方式混合握拍。

(2) 准备姿势:不同于正反手技术,接发球由于其面对的情境不同,准备姿势在接发技术当中具有重要的地位。接发球通常面对的是对方的大力发球,来球球速快的同时可能附带不同旋转,因此需要更快的反应及更短的准备时间。保持着两脚平行站位,两脚开立幅度比正反手击球时略宽,降低身体重心,右手持拍者一般右脚稍前,两膝微屈,上体稍前倾,脚跟提起,将球拍置于体前,头部抬起,眼睛注视对手,准备判断来球位置。

(3) 引拍:由于接发球准备时间较少,因此在正常引拍的基础上减小了引拍幅度。需要注意的是接对手二发时可以适当增加引拍幅度,从而增加击球的攻击性。

(4) 挥拍击球:接发球挥拍击球时根据来球的不同情况采用不同的击球技术,平击、上旋、切削等技术要根据来球情况及自己击球目的灵活运用。

(5) 随挥:接发球随挥技术与正反手击球技术随挥一致,需要注意的是随挥完成后要根据场上情况及时进行移动,切忌站在原位。

1. 准备姿势   2. 转肩引拍

3. 挥拍击球   4. 随挥

图2-59　接发球动作要领

（三）练习方法

练习方法一（图2-60）：进行移动步法练习时，应根据不同的距离采用不同的练习方法。对离自己较近的球，采用开放式步法；对离自己稍远的球，采用交叉步或封闭式步法；对离自己较远的球，先用同侧脚移动，再用交叉步或者封闭式步法击球；对于较高和较深的球，先后退移动再采用交叉步或封闭式步法击球。快速的移动能力在面对不同角度、速度和旋转的发球时极为重要，同时移动能力也是网球运动当中重要的能力之一。

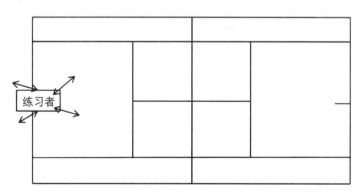

练习者

图2-60　练习方法一

练习方法二（图2-61）：两人搭档进行练习，练习者位于底线中点标志处站立，面对球场，喂球者使用正手击球技术喂球，练习者使用双手进行移动接球练习。遵循由易到难的原则，初始阶段进行固定路线接落地弹起球练习，练习后期可加入不同力量、角度和旋转的喂球，达到一定接球准确率后进行接空中球练习。练习一定数量后练习者与喂球者进行交换。

练习方法三(图2-62):练习者两人搭档进行练习,练习者与发球者位于场地两端底线,发球者使用平击发球技术发球,发球者在发球有效的基础上尽量加大发球力量,接发者站在对应接发区进行连续的接发球练习,要求接发球尽量不出界。练习过程中练习者有意观察对手发球,判断发球落点及速度。练习后期可在发球者一侧设置标志物,要求接发者将接发球击入对应的区域内。练习一定数量后双方进行交换。

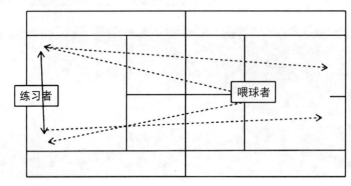

图2-61　练习方法二

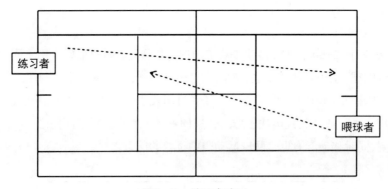

图2-62　练习方法三

第四节　截击球技术

一、正手截击球技术

(一)技术特征(图2-63)

正手截击球技术是指在己方前场靠近球网附近区域使用的技术,主要形式是指在对方回击球未落地前抢先进行击球从而完成得分。由于其靠近网前,球飞行的速度较快、反应的时间较短,因此具有难度高、攻击性强等特征。

手机扫描二维码
观看更多网球教学视频

(二)动作要领(图2-64)

(1)握拍:正手截击球技术通常采用大陆式握拍。

网球运动教程

图2-63　正手截击球技术

1. 准备姿势　　　　　　　　　　　　　　　2. 转肩引拍

3. 挥拍击球　　　　　　　　　　　　　　　4. 随挥

图2-64　正手截击球动作要领

（2）准备姿势：相较于底线击球技术来说，在网前截击所用的时间仅有其一半，因此截击球的准备动作十分重要。在理想状态下，球员应位于发球线和球网之间的中部，采用大陆式握拍，两脚开立与肩同宽，膝关节弯曲，随时准备向球移动，身体稍向前倾，后背挺直，抬头的同时脚、肩、髋关节面对球网保持身体平衡。握拍位置在胸部高度，球拍靠近身体，指向反手一侧，两肘之间距离略宽于肩，肘关节外张，眼睛注视对手，随时准备移动截击。

（3）引拍：在网前截击球时使用交叉步向前移动迎球，判断来球时要积极提前向击球点前迎，转换握拍的同时转肩转髋，向前使用交叉步移动；由于截击球需要极短的准备时间，因此截击球的引拍时间较短，甚至没有引拍时间，大部分截击球可以依靠球自身的速度进行回击，当球到达击球点前只需调整拍面使其正对击球方向，依靠身体移动的力量而不是后引的力量去击球。如果来球速度较慢时，可以适当增加小幅度后引动作，以提供额外的击球力量。

（4）挥拍击球：使用最理想的正手截击技术时，拍头要在腰部以上，肘部弯曲，击球点在身体前方，截击球发力依靠的是蹬腿转肩与送肩，击球瞬间拍面打开方式要依据来球情况以及自己想要的截击效果进行调整。一般来说，打较高的截击球拍面较为前倾，打较低的截击球拍面较为上仰。

（5）随挥：由于截击球基本没有引拍或有极小的引拍，因此随挥动作应短而紧凑。截击完成后需要迅速回位，回位方向一般处于截击球落地位置的同侧半场，恢复握拍的同时恢复准备姿势，为后续的击球做准备。

（三）练习方法

练习方法一：先按照技术动作分解的环节进行徒手练习，熟练后进行连贯动作练习，连贯练习的基础上加入侧身截击、远距离截击以及追身球截击三种方式的截击练习。练习过程中先进行无拍的徒手练习，体会步法移动方式以及转体的动作，熟练后再做持拍练习，巩固截击技术动作。

练习方法二（图2—65）：两人搭档进行练习，练习者双方位于球网两侧2—3米的距离，一人进行3—5次颠球练习后将球送过球网，对方接球后同样颠球3—5次，再将球送过球网，循环进行此练习，尽量保证不失误。练习过程中注意送球速度要慢，高度及距离适中，当出现失误时及时反思失误原因并进行相应的调整。练习后期可逐渐减少颠球次数，加大送球距离。

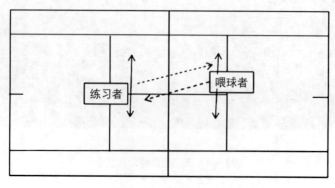

图2—65　练习方法二

练习方法三(图2-66)：两人搭档进行练习,练习者位于发球线中部,喂球者位于网前用手喂球,练习者使用正手截击技术将球击入对面场地内固定的区域。练习初始阶段进行单个区域固定练习,熟练后可加入不同区域交替练习;同时,使用球拍喂球,增加球速。喂球者注意观察练习者动作并对其进行矫正,练习一定数量后双方进行交换。

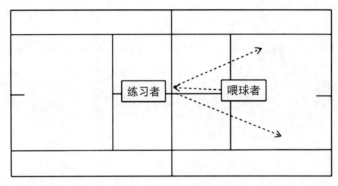

图2-66　练习方法三

练习方法四(图2-67)：在固定截击球练习的基础上进行移动截击技术的练习,练习者位于发球线中部,喂球者位于对面半场发球线上用球拍向练习者正手一侧小角度喂球,练习者移动击球后立即回到原位。需注意的是练习初期喂球速度及频率要建立在练习者已有水平的基础上,练习后期可加大角度、增加喂球速度、规定落点区域以及加入不同深浅角度喂球的综合练习,发展练习者移动中使用正手截击技术的能力,练习一定数量后进行交换。

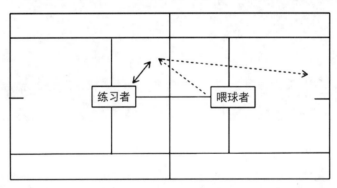

图2-67　练习方法四

二、反手截击球技术

(一) 技术特征(图2-68)

反手截击球技术是指在己方前场靠近球网附近区域使用的技术,主要形式是指在对方回击球未落地前抢先进行击球从而完成得分。由于其靠近网前,球飞行的速度较快、反应的时间较短,因此具有难度高、攻击性强等特征。

图2-68　反手截击球技术

（二）动作要领（图2-69）

（1）握拍：反手截击球技术采用大陆式握拍或东方式反手握拍。

1. 准备姿势　　　　　　　　　　　　2. 转肩引拍

3. 挥拍击球　　　　　　　　　　　　4. 随挥

图2-69　反手截击球动作要领

（2）准备姿势：面对球网，两脚开立稍比肩宽，两膝微曲上体稍前倾，重心落在前脚掌上；右手握拍，左手扶住拍颈置于体前，拍头略高于手腕不遮住视线，身体放松，眼睛注视前方随时准备向左转体，向前移动击球。需要注意的是，对于初学者较为适宜采用东方式反手握拍法，熟练后可改用大陆式握拍法。

（3）引拍：反手截击球引拍时身体重心移向左脚，向左转体的同时带动右臂向左上方做小幅度的摆动，左手扶拍颈，手腕固定，拍头翘起。

（4）挥拍击球：击球时右脚向左前方跨出，重心前移，击球时两手如同在拉一个橡皮筋，右肩和前臂在身体左侧前方向下切击，切击的同时左手松开拍颈朝切击相反方向后拉，维持身体平衡。击球时球拍向着击球方向做简短的撞击动作，用肩和前臂动作向下击球，击球手前送，非持拍手向后运动，击球点位于身体左侧前方，击球时拍面角度根据具体情况进行调整，击球时手腕固定，手部自然伸直。

（5）随挥：击球后，球沿着击球方向与运动轨迹做简短的随挥动作，随挥后立即回复到准备姿势并准备移动进行下一次击球。

（三）练习方法

练习方法一：练习者徒手位于网前3—5米位置做准备姿势，喂球者位于对面半场网前用手向练习者反手一侧喂球，练习者使用反手截击动作使用手背击球，要求尽量能够准确击球，练习后期可加入角度及不同深度变化，进行一定练习后双方进行交换。练习过程中练习者着重体会反手截击技术动作以及击不同角度、深度球时脚步移动的变化，达到向持拍击球过渡的目的。练习熟练后使用球拍进行相同练习。如图（图2-70）。

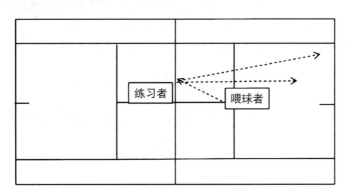

图2-70　练习方法一

练习方法二（图2-71）：两人搭档进行练习，练习者位于发球线中部，喂球者位于网前用手喂球，要求喂球平稳，路线固定，练习者使用反手截击技术将球送过球网。练习初始阶段不做落点规定，但要注意保证技术动作的标准和完整，熟练后可进行固定区域以及变换区域练习，同时使用球拍喂球，增加球速，喂球者注意观察练习者动作并对其进行矫正，练习一定数量后双方进行交换。

练习方法三（图2-72）：两人搭档进行练习，练习者位于发球线中部，喂球者位于对面半场中部或底线位置，使用球拍朝练习者左侧或右侧喂球，练习者移动到位使用正手或反手截击

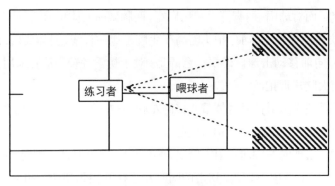

图2-71 练习方法二

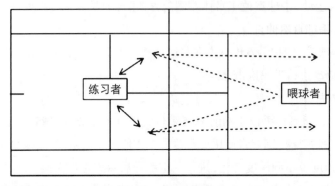

图2-72 练习方法三

技术击球过网,击球后立即回到原位,喂球者再向相反方向喂球,依次进行轮换,练习一定数量后双方进行交换。练习中要注意喂球频率要在能保证技术动作准确稳定的基础上逐渐增加角度、加快频率,后期可进行随机角度喂球练习,发展练习者在移动中使用正反手截击技术的能力。

练习方法四(图2-73):两人搭档进行练习,一人位于网前3—5米,另一人位于底线中点标志处,底线练习者使用正手或反手平击技术,练习者使用正反手截击技术进行对拉练习,练习一定数量后双方交换位置及击球方式进行练习。练习过程中需注意截击后及时回位,并尽可能进行多回合对拉,截击技术练习者注意尽量控制落点和路线,在保证一定对拉回合和技

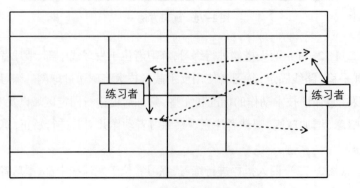

图2-73 练习方法四

术准确性的基础上可以适当加快球速进行练习。

第五节　挑高球与高压球技术

一、挑高球技术

（一）技术特征（图2-74）

挑高球技术是指把对方回击球向空中挑起，球在飞行过程中越过对方前场队员，以缓解本方压力或者直接造成得分的技术。挑高球技术多用于应对对方抢攻或者网前进攻时使用，通过挑高球将对方掉回底线同时为己方争取应对时间。

图2-74　平挑挑高球

（二）动作要领（图2-75）

（1）握拍：挑高球技术一般使用大陆式握拍法。

（2）准备姿势：不论是正手挑高球还是反手挑高球，其站位及准备姿势都与地面击球相同，进行准备动作时身体面向球网站立，两脚分开与肩同宽或稍比肩宽，两膝自然微曲，上体上向前倾，身体重心落在前脚掌上，右手呈正手击球握拍动作，左手扶住拍颈，拍头指向对面，拍面与地面垂直，注意力集中，眼睛盯住来球，做好击球准备。

（3）引拍：当判断来球需要使用挑高球技术时，及时侧身，转髋转肩，向后下方引拍的同时使用交叉步或小碎步进行移动，眼睛盯住来球。

（4）挥拍击球：挑高球击球动作与正手击球动作相似，同时拍面上仰更加开放。击球时手腕绷紧击打球的下部，也可以打下旋球，击球时尽量延长球拍与球接触的时间，手和球拍向前上方送出。

| 1. 准备姿势 | 2. 转肩印拍 |

| 3. 挥拍击球 | 4. 随挥 |

图2-75　平挑挑高球动作要领

（5）随挥：击球后球拍顺着球的飞行路线继续做随挥动作，在身体前面高处结束，随挥完成后迅速回复到准备姿势并进行移动准备下一次击球。

（三）练习方法

练习方法一：练习者单手持拍进行无球的挑高球技术练习，练习过程中着重体会挥拍击球环节手臂及球拍运行轨迹的变化。

练习方法二（图2-76）：练习者位于底线附近进行单人原地挑高球练习。练习者单手持拍，另一手持球，自然前伸进行挑高球技术练习，要求球的落点在场地之内，也可上抛待球落地后打挑高球或上抛后凌空打挑高。练习后期加入标志物，使用挑高球技术将球挑至标志物

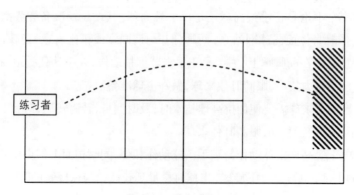

图2-76　练习方法二

附近。

练习方法三(图2-77): 练习者位于底线中点标志处,喂球者位于对面半场发球区中线处依次朝练习者所在半场左侧边线、底线中点、右侧边线处喂球,练习者使用挑高球技术击球,击球后立即回位,练习一定数量后双方交换进行练习。初始练习阶段注意喂球的稳定性以及频率,练习后期可设置标志物同时加快喂球频率,或进行随机方向的喂球,发展练习者在移动中挑高球技术的稳定性以及对落点的控制能力。

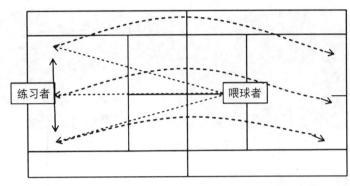

图2-77　练习方法三

练习方法四(图2-78): 两人搭档进行练习,练习者A使用挑高球技术,练习者B使用正手平击(截击、高压)技术进行连续的对拉练习,每种技术练习一定回合。要求正手击球速度快,力量大,挑高球落点在场地内,练习一定数量后进行交换。初始阶段进行固定路线的练习,练习后期加入不同路线与落点的变化,练习过程中注意安全要素,避免受伤。

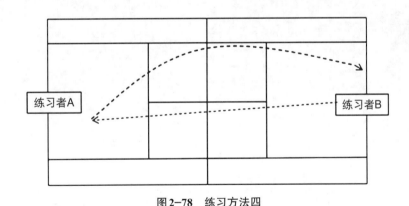

图2-78　练习方法四

二、高压球技术

(一) 技术特征(图2-79)

高压球技术一般是指在中前场区域,将飞行路线较高的来球在头部上方"扣"向对手的一种击球技术。其动作原理与发球技术类似,但与发球技术不同,高压球技术需要充分判断来球信息,迅速移动到位的同时将球用力扣向对方场地内。

图2-79　高压球技术

（二）动作要领（图2-80）

（1）握拍：高压球技术与发球技术相同，采用大陆式握拍。

（2）准备姿势：高压球与发球技术的区别在于高压球是击打移动中的高球，因此就存在着步法移动的环节。当对手打出挑高球时，立即转身向（前）后撤（上）一大步，然后利用小碎步

图2-80　高压球动作要领

或者交叉步迅速调整位置,移动到来球的下方。

（3）引拍:侧身转体的同时,持拍手上举至头部并向后引拍,非持拍手上举指向击球位置,为击球提供参照,重心在两脚的前脚掌上,双膝弯曲随时准备击球。需要注意的是移动击球时要先引拍再进行移动。

（4）挥拍击球:凌空高压球的击球动作与发球一样,击球点在右眼的前上方,近网高压球击球点稍靠前,便于完成下扣的动作,远网高压球击球点稍靠后,击球时向前下方挥击,击球时起跳采用同侧脚起跳,落地时对侧脚先落地。

（5）随挥:击球后应顺势将球拍收于持拍手异侧的腿侧。如果击球点过于靠后或者较偏,发力方式较为复杂时,随挥动作可以使用扣腕或者旋腕动作完成,不需勉强做随挥动作,避免受伤。

（三）练习方法

练习方法一:练习者单手持拍,想象来球做原地无球的持拍模仿练习;练习者单手持拍,依次移动至标志盘做出移动高压球技术模仿练习,练习后及时回位。

练习方法二（图2-81）:练习者单人位于发球线附近进行练习,单手持拍,另一手持球向上抛球做原地高压球击球练习,开始阶段使用较小力量击球,主要体会技术动作以及击球位置和时机。熟练后可向各个方向抛小角度球,练习在不同身体位置击球的技术。

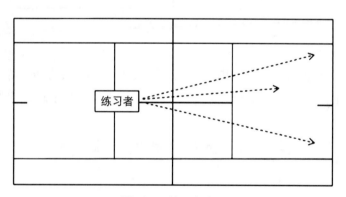

图2-81　练习方法二

练习方法三（图2-82）:两人搭档进行练习,练习者位于中线附近,喂球者在对面场地网前喂球,练习者向前移动使用凌空高压球技术击球,击球后继续向前用球拍触球网,此时喂球者再次喂出较浅的高球,练习者迅速向后移动,到位后使用后退高压球技术击球,击球后原地准备,依次按照凌空—后退—落地的顺序练习,练习一定数量后进行交换。（针对某一技术有明显缺陷的练习者可调整练习比例进行针对性练习）喂球时需注意适当控制球的高度和喂球频率,使练习者在保证技术准确性基础上充分移动,练习过程中击球练习者击球力量可逐渐加大,当练习者所在的半场有球时及时停止练习,将球清出场外继续进行练习。

练习方法四（图2-83）:结合挑高球技术进行高压球技术的练习。两人搭档进行练习,练习者A使用挑高球技术,练习者B使用高压球技术进行对拉练习。挑高球需控制飞行高度及路线,高压球控制球速及落点,对拉一定的回合数后练习者A进行大力扣球,结束对拉后双方

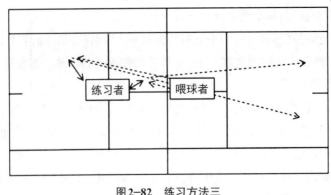

图2-82　练习方法三

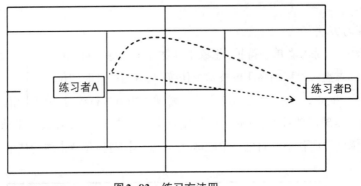

图2-83　练习方法四

进行交换继续练习。熟练后可进行固定路线的对拉，如V字、N字、8字等。练习过程中注意场内有球时及时停止练习将球清出，同时练习者B（挑高球）需注意高压球飞行路线，避免受伤。

第六节　放小球和反弹球技术

一、放小球技术（图2-84、2-85）

（一）技术特征

放小球是现代网球比赛中应该受到重视的打法之一，因为它有"突然袭击"的效果，应用相当广泛。放小球技术良好的选手能够从网球场的任何位置放出小球，有时候还能够使球旋转得很强烈，落地后不但不向前跳，还向后跳回网，从而起到防不胜防的目的，因此它是一种调动、干扰、牵制对方的有利武器，值得重视。

最有利的时机是对手把球打到前场或发球区以内时；另外，对手的第二发球较软时也是一个好机会；当然如果自己的放小球技术较好的话，在比赛中只要对手离开场地较远，就可以放小球。比如，打一个大角斜线拉开对手，而对手的回球较软或较浅时，就可以放直线或斜线小球。只有遇到那些前后移动速度较快的对手时，才不宜使用这种方法。此外，需要注意放小球后一定不要待在底线后面，因为对手也会回敬小球，所以当放完小球后一定要跟进到发

图2-84　放小球技术（反手）

图2-85　放小球技术（正手）

球区附近最为有利。

（二）动作要领（图2-86）

当准备放小球时，击球前的准备动作与正、反拍抽球动作相同，球拍后引，侧身对网，拍头高于设想的击球点。侧身还击来球，击球时拍面稍开，动作柔

手机扫描二维码
观看更多网球教学视频

1. 准备姿势   2. 转肩引拍

3. 挥拍击球   4. 随挥

图2-86 放小球动作要领

和，触球点在球的下部，使之产生下旋，并以适当的前推或上托动作把球击出，使球有适当的弧线落在对方球场近网处。击球后身体重心向击球方向跟进，用自然协调的动作来完成随球动作。

在比赛中配合运用放小球，可以更有效地发挥自己特长技术的攻击性，使对方不能专心于防守，打乱对方的站位、击球节奏，而使自己各项技术得到充分发挥。在对方体力大幅度下降的情况下，运用放小球战术可以摧垮对方的意志，加快对方体力的消耗。教练员要提高对这一技术训练重要性的认识。改变在比赛中放小球是不正规、不实在的战术这样一种观点，提倡运动员在适当的时机大胆应用这一技术。所以在我们的训练中要有专门时间，应用专门手段进行这一技术的练习。

（三）练习方法

练习方法一：站在原地，将球抛起，高于头顶约0.5米；用反拍切球方式，让拍面沿半圆的轨迹凌空切球；注意不要让球落地，重复上面的动作。如果一开始的感觉不准，不好控制球的话，也可以先让球落地，待它反弹后再切球，随后重新抛球，尝试凌空直接切到球。

练习方法二：自己抛球待落地反弹后，用下旋方式切球。注意要将球控制在自己一侧的球场内，别过网，且落地后能产生向后反弹的效果。

练习方法三：站到球场中间区域，自己抛球待落地反弹后，用下旋方式将球切过球网。注意要让球过网后落在距离球网2到3米内，且落地后能产生向后反弹的效果。

二、反弹球技术（图2-87、2-88）

（一）技术特征

反弹球是一项由被动变主动的过渡性技术，主要是用来回击对着脚下打来的球，或在发球上网或随击球上网的冲上网途中，来不及到位打截击球面被迫还击刚从地面弹起的低球。它的击球特点是固定球拍角度，借助球的弹起一瞬间的力量进行还击。为了采取场上主动并为网前截击得分创造条件，必须掌握好反弹球技术。

图2-87　反弹球技术（正手）

图2-88　反弹球技术（反手）

（二）动作要领

（1）正、反拍反弹球握拍与网前截击握拍相同，采用东方式反拍握拍法或大陆式握拍法。

（2）当判断来球需要打反弹球时，迅速下蹲，重心下降。如正拍反弹球，应转体右脚向前跨步，并弯曲；反拍反弹球则相反。此时身体前倾，保持平衡，后摆动作视球过来的球速及准备时间快慢而定，一般是转体时已完成了后摆动作。

（3）击球时眼睛必须看球，手腕与前臂紧固，拍面略开，随身体重心前移，拍子由下向上作反弹击球，同时使球略带上旋。

手机扫描二维码
观看更多网球教学视频

（4）随挥动作不宜太长，能达到引导出球方向就可以。

（三）练习方法

反弹球技术动作中的重要环节是低重心、交叉跨步深蹲后腿膝关节几乎触地、身体保持平衡、眼睛盯住来球在球弹起瞬间击球、拍头不要下垂，这几个要领要反复地练习。练习时从准备姿势、原地挥拍练习、场上定位的多球练习、结合向前跑动的练习……逐步增加难度上网的步法和截击球一样，注意步法的节奏，即上网的前冲步法应该快，当对方挥拍击球时，应注意判断，同时放慢前冲速度。已判断出对方的击球方向时，应有一个两脚开立的跳步，然后衔接的是向左或向右的跨步击球动作。这是上网步法的特定要求，需要专门的练习，再逐步结合对方接发球破上网击球的综合练习，把截击球与反弹球有机地结合在一起，提高实战能力。

绝大多数的反弹球产生在单双打比赛中运用发球上网战术时，有经验的对手破坏上网进攻常把球打到对方的脚下或两侧，迫使对方从低处向上回击出反弹球，难度是极大的，因此它属于被动过渡性技术。因为击球点低且多在中场，很难加力进攻，只能推深或控制落点为下次进攻做准备。也可以这样讲，反弹球是在被迫的情况下才使用的。如果判断准确及时，宁可加快上网速度截击凌空低球或突然放慢前冲速度待球落地跳起在高点时加力进攻。但有时来不及这样处理，只好使用反弹球，它是一项技巧性很高的技术，尤其当今网球战术朝着积极快速进攻的方向发展，发球上网战术在单双打比赛中广泛使用，反弹球技术显得重要。

课后思考与讨论

※ 正手击球技术在网球技术学习当中有何重要性？为什么？

※ 如何根据不同的正手击球技术选择合适的击球站位？

※ 反手击球技术运用过程中，双手分别起到何种作用？又是如何发力的？

※ 练习发球技术前为什么要先掌握抛球技术？抛球应当具备哪些特征？

※ 在发球技术的运用过程中，当处于不同的发球区，或一发以及二发时，应当如何选择相应的发球技术？其依据是什么？

※ 接发球技术学习的基础是什么？

※ 为什么说截击球技术的练习过程中脚步移动起到至关重要的作用？

※ 面对不同高度的截击球时，应当从哪些方面进行调整？

※ 网球技术的学习过程中，是通过哪些因素调整击球的落点以及旋转的？这些因素之间又有何内在联系？

※ 网球技术的练习过程中，单人练习和多人练习时分别有何主要练习方法？

※ 根据自身的技术特点和学习进度，制定一份适合自身的技术学习计划。

第三章　网球运动战术

本章提要

学习目标

※ 领会最新网球战术思想和原则，建立良好的战术意识。

※ 学习并掌握网球单打、双打常见战术及其训练方法。

※ 学会运用网球战术理论和方法进行常规教学、训练、比赛指导。

重难点

※ 网球战术意识的建立和培养。

※ 网球实践中战术理论的合理运用。

关键词

战术意识　战术思想　战术原则　战术打法

　　"战术"一词来源于军事领域，是指指导和进行战斗的方法。战术反映了战斗的规律，是军事学术的组成部分，从属于战略、战役，又对战略和战役产生一定的影响。战术通常含有"法"与"术"的意义，其中"法"既指具体的方法、办法，又有标准、法则、规范的含义；"术"则有方术、计策、计谋的含义。在中国近代军事理论当中，人们称战术为"战斗之法""运用军队之方术"或"战场内指挥团队之计策"等。在一些欧美国家，则称战术为"布阵的艺术"或"指挥战斗的艺术"等。虽然关于战术意义的界定说法各异，但都说明战术是指导战斗的原则和方法。

　　在体育运动领域，关于战术的概念和定义有很多，专家学者众说纷纭，各抒己见："战术是根据比赛双方的情况，正确地分配力量，充分发挥己方特长，限制对方特长，为战胜对手而采取的合理有效的计策和行动""战术是运动员（队）在比赛中为表现高超的竞技运动水平或战胜对手而采取的计谋或行动"等。实际上体育领域中战术是一个多层次、多方位、多内涵的较为复杂的概念体系。它主要涵盖战术指导思想、战术风格、战术意识、战术技巧、战术打法等。其中战术指导思想是一名运动员或一个运动队在制定训练和比赛战术计划方案时的主导思想、基本原则和方针策略。战术风格是指一名运动员或运动队在战术运用方面所展示出的战术素养。战术意识是运动员在快速多变的比赛中，观察、分析、判断对方的企图和行动，从而采取正确有效行动的思维活动。战术技巧是指含有战术企图的技术运用，是实施战术打法的具体方法手段。战术打法是指在比赛中为实现某种战术意图而具体采取的战术活动表现方式,也是战术技巧和方法的综合运用。

在网球比赛当中,战略是运动员正常比赛的指导思想,是根据不同的比赛对手所制定的比赛方案。而战术是指运动员在比赛中为赢得比赛或期望的结果而采取的策略和行动。是在比赛当中经常运用的手段,也是网球比赛战略指导思想的具体体现,是根据网球竞赛规则、网球运动规律、比赛双方具体情况、自然条件以及临场情况变化,合理地运用个人技术,达到取得比赛胜利所采取的有目的、有组织的行动。网球比赛的战术包括组织与实施比赛的各个方面,诸如发球与上网、正手与反手、深球与浅球、上旋与下旋、加力与放小球等。在比赛中,按照场地位置可以将网球战术分为发球战术、接发球战术、底线战术和网前战术;按照战术风格可分为防守反击型打法、底线攻击型打法、全场型打法、发球上网型打法;按照攻防意识可分为进攻战术和防守战术;按照比赛类型可分为单打战术和双打战术等等。本教材主要介绍比赛中一些最典型的最为常用的单打战术和双打战术。

第一节　网球单打的基本战术

单打战术是指运动员在网球单打比赛中为赢得比赛或期望的结果而采取的策略和行动。在战术运用上要根据自己的技术特点及场上情况灵活采取不同的战术打法。其基本原则是:向空当回球;向对手身后回球;利用角度打开空当;迫使对手全场跑;适应对手;适应环境。

单打战术按场上位置划分,主要分为发球战术、接发球战术、底线战术、中场战术和网前战术。

一、发球战术

发球是比赛第一分的开始,也是进攻的开始,只有发好球才能在比赛中首先占据优势。发球质量的好坏,主要取决于三个指标:一是速度,二是落点,三是旋转。只有三者的完美结合才能发出高质量的球。一般来说,比赛中的第一次发球通常采用速度快、力量强的平击发球,发向对方场地的内角或外角,以加强攻击性,创造较好的得分率;第二次发球通常采用旋转强烈、稳定性强的上旋球、侧旋球,发向对方场地中路或弱处,保持较高的成功率。

手机扫描二维码
观看更多网球教学视频

发球的战术原则:

(1)争取一发发出 ACE 球。

(2)将球发向对方弱的一侧。

(3)提高发球的成功率。

(4)发出落点多变、旋转多样的球。

(一)外角发球上网战术

1.战术目标

通过大力外角发球,利用发球速度和力量压迫对手陷入被动,创造有利的击球时间和空间,从而获得上网最佳战机,最终得分。

2. 战术示范

示范(1): 发球运动员S选择一区大力平击发球。发出的球落在对方场地右区外角,扩大接发球运动员R的击球范围,使其回球的稳定性下降;此时发球队员应抓住机会,及时上网,将回球击向对方反手外角。如图3-1。

示范(2): 发球运动员S选择一区大力平击发球。发出的球落在对方场地左区外角,扩大接发球运动员R的击球范围,使其回球的稳定性下降;此时发球队员应抓住机会,及时上网,将回球击向对方反手外角。如图3-2。

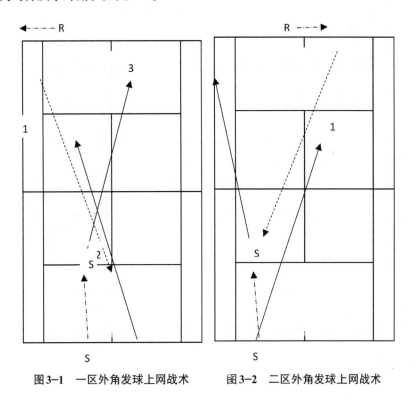

图3-1　一区外角发球上网战术　　　图3-2　二区外角发球上网战术

3. 适用范围

(1) 适用于比赛的第一次发球;

(2) 第二次发球接发球方在占先区时(以右手握拍为例)。

4. 应变方案

当第一次强力发球失误时,在第二次发球时首先要保证发球的稳定性,减小发球的力量,二发要发角度深的球。如果对方识破了发外角球的意图,并已将注意力集中在接外角球上,此时应果断偷袭内角。当对方的移动速度很快,接强力球稳定性高的时候,要注意使发球的线路多变,变换发球的位置和目标,适当与发追身球和内角球交替运用。

(二)内角发球上网战术

1. 战术目标

通过一区或二区强烈旋转内角发球,限制对手回球角度和进攻性,将回球击向直线或对手较弱的一侧,获取得分机会。

2.战术示范

示范(1):发球运动员S在二区发内角球,发出的球落在对方场地二区内角,限制接发球运动员R的击球范围;发球队员及时上网,把球回到对方场地一区的边线附近。如图3-3。

示范(2):发球运动员S在一区发内角球,发出的球落在对方场地一区内角,限制接发球运动员R的击球范围;发球队员及时上网,把球回到对方场地二区的边线附近。如图3-4。

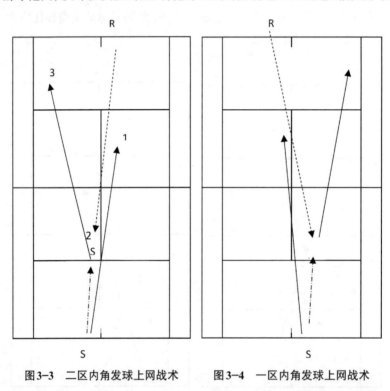

图3-3　二区内角发球上网战术　　　图3-4　一区内角发球上网战术

3.适用范围

(1)适用于比赛的第一次发球;

(2)第二次发球接发球方在平分区时(以左手握拍为例)。

4.应变方案

当第一次内角球发球失误时,在二发时切忌用过大的力量,一定要保证发球的成功率。当发出的内角球没能给对方造成威胁时,稳住阵脚,力争将每一个球击出深度,打大角度斜线,让对方多跑动,当对方回出浅球时,就可以上网截击。

(三)外角发球抢攻战术

1.战术目标

通过一区或二区大力外角平击发球,创造有利的击球时间和空间,快速抢攻,从而获得得分机会。

2.战术示范

示范(1):发球运动员S选择一区大力平击发球,发出的球落在对方场地右区外角,把接发球运动员 R 逼出场外,然后快速抢攻,回击对手左区直线空当。如图 3-5。

示范(2): 发球运动员 S 选择二区大力平击发球,发出的球落在对方场地左区外角,把接发球运动员 R 逼出场外,快速抢攻,回击对手右区直线空当。如图 3-6

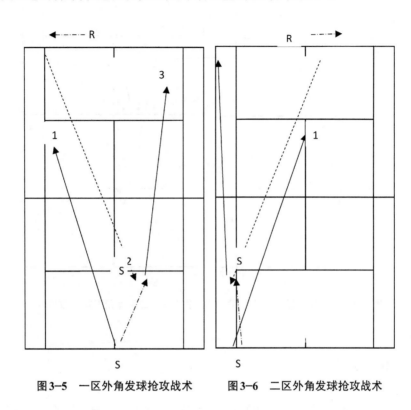

图 3-5　一区外角发球抢攻战术　　图 3-6　二区外角发球抢攻战术

3.适用范围

适用于比赛的第一次发球。

4.应变方案

当观察到对手识破使用发外角球抢攻战术后进行调整时,发球方迅速进行相应的调整。如对手站位开始向边线附近移动时,可以在发球过程当中增加球的旋转,同时调整发球角度,通过发球路线变换和旋转给对方增加心理压力。

(四)内角发球抢攻战术

1.战术目标

通过一区或二区大力内角平击发球,创造有利的击球时间和空间,快速抢攻,从而获得得分机会。

2.战术示范

示范(1): 发球运动员 S 选择一区大力平击发球,发出的球落在对方场地右区内角,限制接发球运动员 R 回球线路,然后快速抢攻,回击对手左区斜线空当。如图 3-7。

示范(2): 发球运动员 S 选择二区大力平击发球,发出的球落在对方场地左区外角,限制接发球运动员 R 回球线路,然后快速抢攻,回击对手右区斜线空当。如图 3-8。

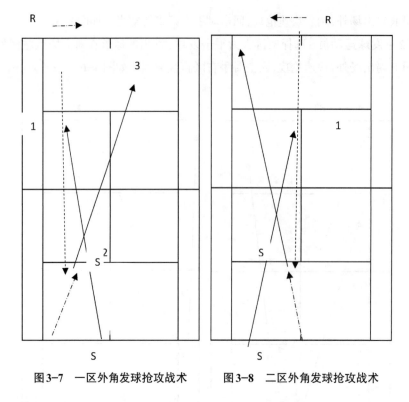

图3-7 一区外角发球抢攻战术　　图3-8 二区外角发球抢攻战术

3. 适用范围

适用于比赛的第一次发球。

4. 应变方案

当观察到对手识破使用发外角球抢攻战术后进行调整时,发球方迅速进行相应的调整。如对手站位开始向边线附近移动时,可以在发球过程当中增加球的旋转,同时调整发球角度,通过发球路线变换和旋转给对方增加心理压力。

(五)练习方法

1. 俄罗斯轮盘

练习目的:提高发球的稳定性以及落点的准确性。

练习方法:练习者从L1点向一区的内角区和外角区依次发球,如果两次发球都成功则移到L2点发内、外角球,都成功后再移到三,依次到L4、L5、L6点发球。任何一次发球失误都必须从L1位置重新开始,目标是12次发球均成功。这个练习方法是初学发球者提高发球稳定性的常用方法,也是一个极好的热身运动,每次练习时间10—15分钟。如图3-9。

2. 发内角接回头球

练习目的:先将对方引到场地中央,然后打回头球。

练习方法:练习者发内角球,接发球者向场地中央移动,接着发球队员迎前将球打到对方的身后。这种发球练习方法具有一定战术目的,是运动员提高发球进攻能力的必修课。如图3-10。

3. 发外角接回空当

练习目地:练习发大角度的外角球及下一拍的回球。

网球运动教程

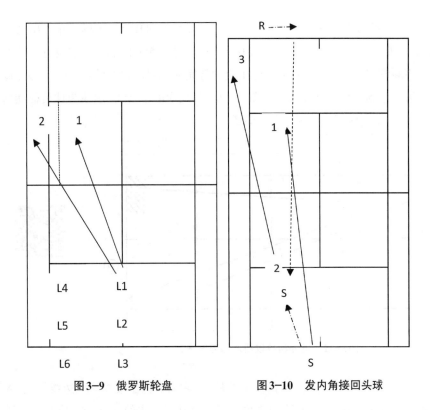

图3-9　俄罗斯轮盘　　　　　　图3-10　发内角接回头球

练习方法：发球队员发大角度的外角球，接发球员回斜线球到对方场地深处，发球者再将来球大力抽回空当。这种发球练习方法适用于有一定水平的球员。

4.发球抢攻战术练习

练习方法一：两人搭档进行练习，练习者A位于底线后，使用平击发球技术将球发至对面半场外角标志物1附近，A完成发球后B使用下手发球技术向A所在位置发球，练习者A接B发球后使用平击球技术将球击至标志物2附近。完成击球后练习者A回到初始位置继续进行练习，每组练习10—15次，每2—3组练习后AB双方进行交换。如图3-11。（实线为击球路线，虚线为球员移动路线，AB代表练习者双方，①②代表标志物1和2）

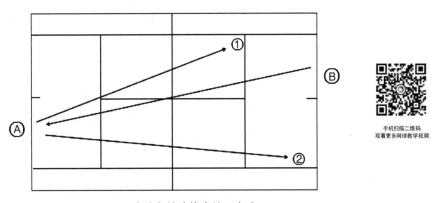

图3-11　发外角抢攻战术练习方法1

手机扫描二维码
观看更多网球教学视频

练习方法二：练习者A位于底线后使用平击发球技术向B所在半场外角发出大角度外角球，练习者B迅速移动后完成接发球，A接B回击球将球击至B的弱侧完成得分。练习过程当中练习者B不断调整自身站位，由A进行相应调整完成练习。每组练习10—15次，每两组练习后移动至另一半场继续进行练习。如图3-12。(实线为击球路线，虚线为球员移动路线，AB代表练习者双方，阴影区域为练习得分球落点)

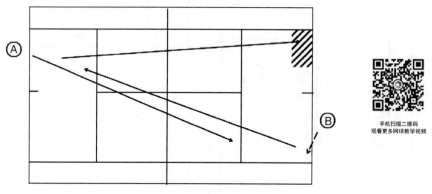

图3-12　发外角抢攻战术练习方法2

练习方法三：练习者A位于左半区发球线后，练习者B位于接发球区边线附近，A使用平击发球技术向B所在位置发球，B使用进攻性接发球技术回击给A进行对拉练习。要求练习者B接发球具有一定的进攻性，同时练习者A需要在3—4回合内抢攻完成得分。如图3-13。(实线为击球路线，虚线为球员移动路线，AB代表练习者双方)

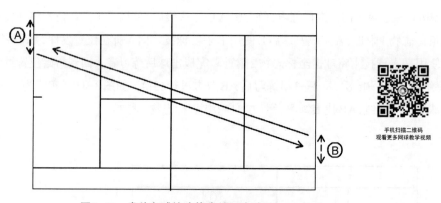

图3-13　发外角球抢攻战术练习方法3

练习方法四：两人搭档进行发内角球抢攻战术练习，练习者A位于左区底线后向标志物1发内角球，发球后练习者B使用下手发球技术向A发球，A使用正手平击球技术将球击至标志物2处。每组练习10—15球，每练习2—3组双方进行交换。如图3-14。(实线为击球路线，虚线为球员移动路线，AB代表练习者双方，①②代表标志物1和2)

练习方法五：两人搭档进行发内角球抢攻战术练习，练习者A位于底线后向B所在半场发球区发内角球，练习者B接A发球并回击，练习者A使用正手平击球技术将球击向练习者B

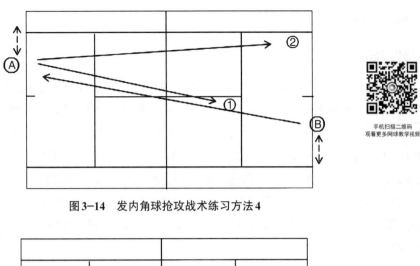

图3-14　发内角球抢攻战术练习方法4

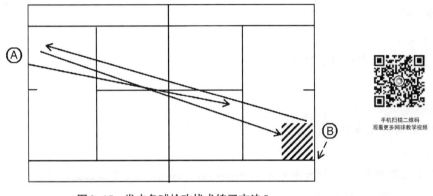

图3-15　发内角球抢攻战术练习方法5

的反手一侧,由练习者B进行回击,直至练习者A抓住空当完成得分。如图3-15。(实线为击球路线,虚线为球员移动路线,AB代表练习者双方,阴影区域代表练习过程中得分球落点)

练习方法六:多人分组进行练习,练习者分为AB两组,从中挑出接发球技术较好者充当B组队员。A组队员位于右区底线后向练习者B所在半场发内角球,由B组第一名队员完成回击,同时A组第一名队员接B回击球将球击向标志物1或2处,击球后迅速返回队尾,由下一名队员继续进行练习。如图3-16。(实线为击球路线,虚线为球员移动路线,A1A2A3代表练习

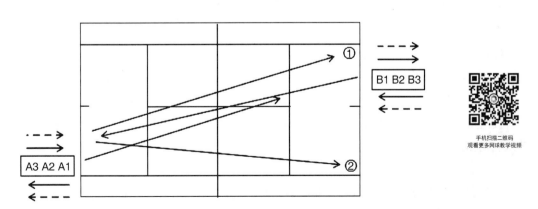

图3-16　发内角球抢攻战术练习方法6

二、接发球战术

接发球是对发球队员发出的球进行的还击动作，在态势上属于被动的技术，受发球方的制约。因为接发球的准备时间相对较短，所以要在对手发球时做到提早判断、预测来球趋势。可以通过观察发球者的动作和发球习惯，预测对方的发球路线、速度和旋转，提前做好预判断。在对方发出球后，要根据球的线路、落点和旋转及时选择恰当的回击策略。接发球时，有三个重要要素：在正确的位置上等球、快速的步法移动和简短的后引拍动作。接发球时保持双脚移动，有助于球员做分腿垫步后迅速朝来球方向移动。击球时身体重心靠前。在接强有力的发球时，做简短的后引拍动作，击球时身体的重心在前脚上，击球点在身体侧前上方。

接发球的战术原则：

（1）保证接发成功率。

（2）集中注意，提前做好准备。

（3）击向对手的弱点。

（4）回中路的深球。

（一）对付外角发球战术

1. 战术目标

针对对方的外角发球，尽量将球沿斜线回到对方场地深处，使其难以展开第二轮进攻，从而形成相持，瓦解对方的优势。

2. 战术示范

示范（1）：当对方发出外角球，并准备上网截击时，接发球队员应该及时移动，将球击向对方反手深处位置，以防对方上网截击。如图3-17、3-18。

示范（2）：为保证回球不出界，应尽量回斜线球。斜线球多从球网的中间通过，球网中间的高度要比两侧低约15厘米，同时斜线的距离长，球不易出界，落点也相对开阔。

3. 适用范围

适用于接一区、二区的外角发球。

4. 应变方案

在接外角发球时采用这种战术，可以使接发球者从被动中走出，转入攻势。特别是当本方的底线对攻能力优于对手时，成功地回出斜线深球，几乎就等于破发成功。

（二）对付内角发球战术

1. 战术目标

接内角发球要首先将球回小斜线球，使对手疲于奔命。也可以选择按来球路线直线回击，转入底线相持。

2. 战术示范

示范（1）：当对方发出内角球时，接发队员应及时调整位置，用自己的优势手去接球，如正手。

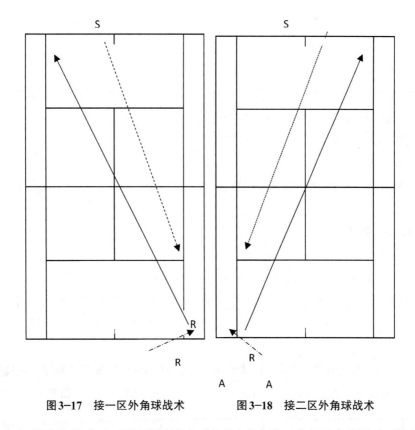

图3-17 接一区外角球战术　　**图3-18 接二区外角球战术**

示范（2）：接内角发球时，要回小斜线球，保证回球有效。或是回直线深球，将球尽量击到对方脚下，使对方没有充分的进攻准备空间。如图3-19、3-20。

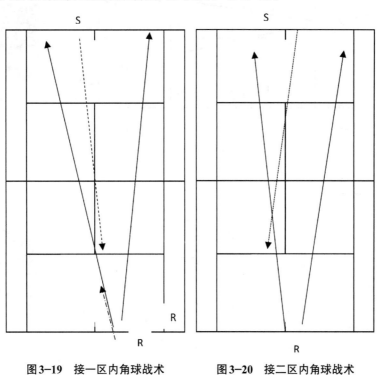

图3-19 接一区内角球战术　　**图3-20 接二区内角球战术**

3.适用范围

适用于接一区、二区的内角发球。

4.应变方案

小斜线、直线两种回接方法可视情况交替运用,以达到迷惑对方的目的。如果对手的内角发球较软,还可以对其施压,直接占据进攻态势。

(三)接二发抢攻战术

1.战术目标

利用发球方二发较弱,进行接发球抢攻,获取得分机会。

2.适用范围

一区或二区接较弱二发。

3.战术示范

示范(1):当接发球方B观察到发球方A的二发较弱,球的速度慢、力量小时,接发球方B使用进攻性抽击球攻击对手的弱点,直接得分或迫使发球方A回低质量球,从而陷入被动。如图3-21。(实线为击球路线,虚线为球员移动路线,AB代表比赛双方,阴影区域代表接发球得分落点)

示范(2):当发球方A的二发较弱,球的速度慢、力量小时,接发球方B使用进攻性抽击球抽击斜线,直接得分或迫使发球方A回低质量球,从而化被动为主动。如图3-22。(实线为击

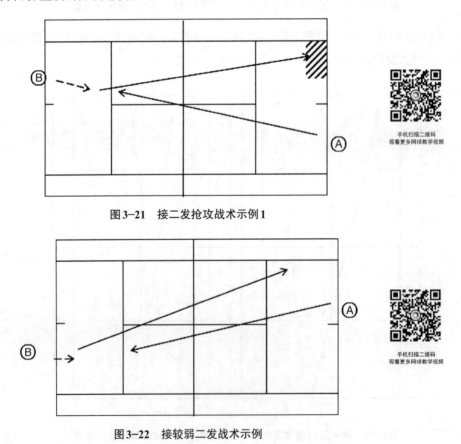

图3-21 接二发抢攻战术示例1

图3-22 接较弱二发战术示例

球路线,虚线为球员移动路线,AB代表比赛双方或练习者双方)

4.应变方案

当对手观察到己方的战术意图并进行调整时,有以下两种情况:通过增加一发的成功率避免二发失误或落入我方节奏;通过增加二发的进攻性从而阻挡我方战术执行。当出现第一种情况,对方放慢一发速度而增加成功率时,己方可以尝试主动进攻对方一发;当出现第二种情况,对方增加二发进攻性时,由于对方自身及水平特点以及心理压力,将降低二发的成功率,此时己方应继续坚持使用此战术,从而拖垮对手的心理防线,为赢得胜利奠定基础。

(四)对付发球上网

1.战术目标

利用回击低球、挑高球、直线或斜线穿越球,迫使对手网前被动,失去最佳得分机会。

2.适用范围

接发抢攻;接发上网;接发挑高球。

3.战术示范

示范(1):发球方A使用发球上网战术时,接发方B回击低球增加A截击的难度,A上网后截击低质量球,B抓住时机朝A身后打出穿越球完成得分。如图3-23。(实线为击球路线,虚线为球员移动路线,AB代表比赛双方,阴影区域为得分球落点)

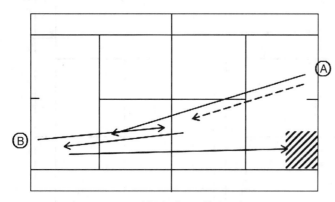

手机扫描二维码
观看更多网球教学视频

图3-23 对付发球上网战术示例1

示范(2):当发球方A使用发球上网战术时,接发球方B通过接发回击挑高球,将球调至A的身后迫使A上网后返回底线,从而增加接球难度的同时加剧发球方A的体力消耗,为后续战术运用打下基础。如图3-24。(实线为击球路线,虚线为球员移动路线,AB代表比赛双方,阴影区域代表挑高球落点)

(五)对付大角度的外角发球战术

1.战术目标

接大角度的外角发球采用回沿边线的直线深球,迫使对手在快速移动中救球,无法回击有威胁的球。

2.战术示范

示范(1):预测出对方要发大角度的外角球时,站位要及时向场地边线靠前移动,尽量减

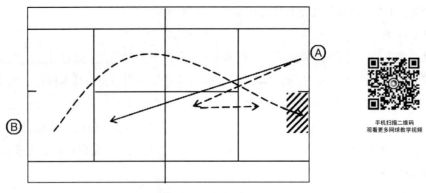

图3-24 对付发球上网战术示例2

少被对方调动的跑动距离,争取击球先机。如图3-25。

示范(2):对于大角度的外角球,常会出现接发移动不到位的被动状态,这时可以采用击球范围较大的切削击球技术,一方面能减少跑动,提高回球成功率;另一方面下旋球会打乱对方的进攻节奏,迫使对方向前移动把球拉得很高,有利于接发球员转守为攻。如图3-26。

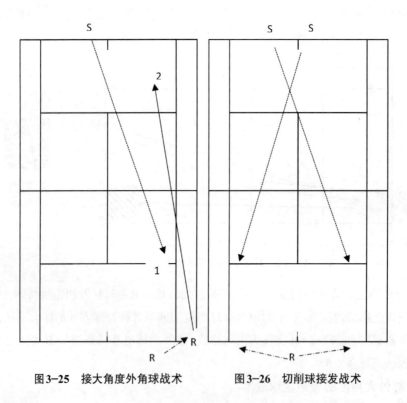

图3-25 接大角度外角球战术   图3-26 切削球接发战术

3. 适用范围

一区和二区的外角大角度发球。

4. 应变方案

接外角大角度发球,可以采用回斜线球和回直线球相结合的战术,但是直线球的技术难度更大,应该在有把握时才采用此战术,避免吃发球。

（六）接发球战术练习方法

1. 多人接发练习

三人一组，一人站在底线接发球位置准备接发球，其他两人依次站在后面做模仿练习。要求站在后面的队员每次接发球的模仿练习要做完整。

2. 接发球回深球练习

在网上拉一根超过网口高度约1—1.5米的绳子，用稳定的过网高度来减少失误，并确保落点深度。教练发球，接发球队员必须将球回到后场深处的阴影部分。如图3-27。

3. 接发球上网练习

教练在底线发出力量较小、角度较平的球。接发队员要及时抓住机会，回击出底线深球，并上网截击。要求教练要发出落点多变的球。如图3-28。

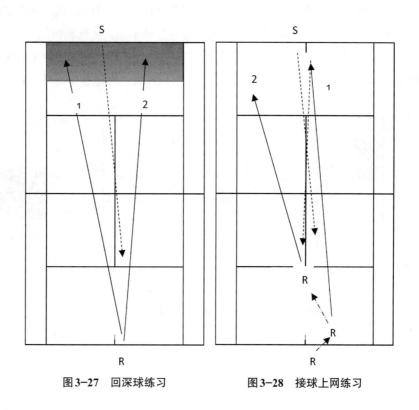

图3-27　回深球练习　　　　　图3-28　接球上网练习

4. 接二发抢攻战术练习

练习方法一：多人配合进行练习，挑选出一名队员充当发球者角色，其余队员位于底线后进行接发球练习。发球者A发出速度慢、力量弱的球，接发球方第一名队员使用进攻性接发球技术向发球方反手侧完成抽球，击球后回到队尾由下一位队员进行练习。每完成一个循环交换发球队员，当所有队员依次充当过发球队员后交换发球区继续进行练习。如图3-29。（实线为击球路线，虚线为球员移动路线，A代表发球队员，练习者代表除发球队员之外的练习者，阴影区域为练习击球落点）

练习方法二：练习者两人搭档进行练习，发球者A位于底线后向B发出速度慢、力量小的

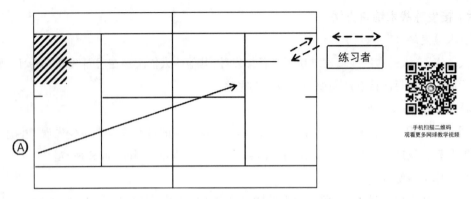

图3-29　接二发抢攻战术练习方法1

球,接发球方B使用进攻性接发球技术回击球,同时积极向中前场移动,接A回击球使用正手技术或截击球技术完成得分。练习过程中发球方可在发球中加入速度较快的一发,发展接发球方的应变能力,每组练习6—10次,每两组练习双方进行交换。如图3-30。(实线为击球路线,虚线为球员移动路线,AB代表练习者双方,阴影区域代表练习过程中击球落点)

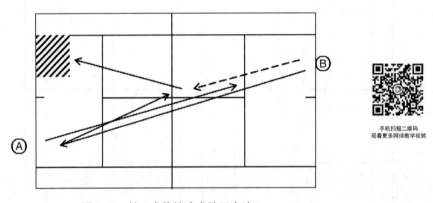

图3-30　接二发战抢攻术练习方法2

5. 对付发球上网战术练习

练习方法一:练习者多人搭档进行练习,一名队员充当发球者角色,其余队员位于底线后进行接发球练习。发球者A发出速度较快、力量较大的球,接发球方第一名队员将球回击至底线标志区内,击球后回到队尾由下一位队员进行练习。每完成一个循环交换发球队员,当所有队员依次充当过发球队员后交换发球区继续进行练习。如图3-31。(实线为击球路线,阴影区域为标志区)

练习方法二:练习者两人搭档进行练习,练习者A位于底线后使用平击发球技术向B发球,发球后迅速向网前移动,练习者B接发球后观察B的位置,打出穿越球或者挑高球完成得分。练习过程当中发球方可发出不同速度、角度的球,同时在上网过程中穿插底线战术,练习接发球者的战术应对能力。如图3-32。(实线为击球路线,虚线为球员移动路线,AB代表练习者双方,虚弧线代表挑高球飞行路线,阴影区域代表挑高球落点)

网球运动教程

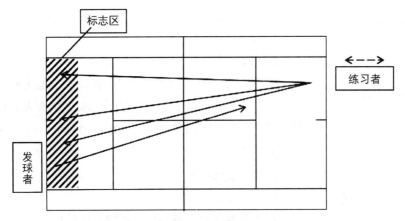

图3-31 对付发球上网战术练习方法1

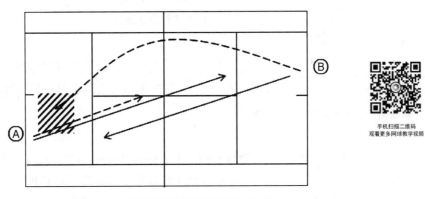

图3-32 对付发球上网战术练习方法2

手机扫描二维码
观看更多网球教学视频

三、底线战术

底线相持是在网球比赛中经常出现的现象,是网球比赛中最为重要的一个组成部分。这种相持现象常出现在势均力敌的一组选手中,球员要么保持击球的稳定性,比谁更晚出现失误以获得比分。但大多数时间,双方球员都会利用战术手段的变化来获得在相持中的优势,从而得分。

底线相持的战术原则:

(1)球打得越深越好,迫使对手远离场去击球。

(2)多打斜线球,迫使对手出浅球。

(3)多利用自己的优势技术,如正手抽球、正手侧身直线球。

(4)改变击球线路,充分利用整个场地调动对手,使对手脱离防守位置。

(5)尽量回对方的弱势一侧,导致其回球失误。

(一)斜线相持回大角度球

1.战术目标

当比赛双方队员处于底线斜线相持时,要尽量回稳定的斜线大角度球,把球打得又深又远,稳定地用斜线深球压制对手,使对方跑动去回击球,导致其打出较浅的球,迎上大角度斜

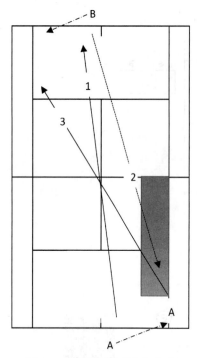

图3-33 斜线相持回大角度球

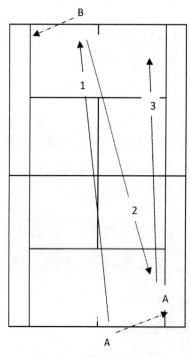

图3-34 斜线相持变线进攻

线球将其拉出场地，以便于自己组织进攻反击，为下一拍致胜创造条件。

2. 战术示范

当双方处于斜线对峙的状态，保持回击稳定的斜线球。当B打出落点位于边线附近的浅球时，A要及时向场内移动，打出大角度的斜线球。如图3-33。

3. 适用范围

适用于底线两角。

4. 应变方案

回击斜线大角度球，应该根据场上的实际情况，结合直线球和小球等战术交替使用。

（二）斜线相持变线进攻

1. 战术目标

当比赛双方队员处于底线斜线相持时，先用斜线深球与对手周旋，一旦对方来球变浅，就可以灵活地改变回球的线路。

2. 战术示范

当双方处于正手斜线对峙时，A回出一个大角度的斜线球，对方队员B跑出去接球后身后场地的空当就显露了，此时变换回球路线，击向对方的身后，不断调动对方跑动，以便能获得该球的胜利。如图3-34。

3. 适用范围

适用于底线两角。

4. 应变方案

如自身底线相持能力优于对方，要全场贯彻这个战术，压制对方。反之，则应扬长避短。

（三）侧身攻中路直线球

1. 战术目标

当对方来球的落点靠近底线的中点时，本方队员回球的落点就变少了。这时应选择侧身攻中路的直线球，一方面可以保证回球的安全性；另一方面，角度深的中路球，还会缩短对方回击的准备时间，导致对方出现慌乱失误。

2. 战术示范

A、B处于底线对攻时，当B打出中路浅球时，A果断迎上侧身回出斜线球。如图3-35。

3.适用范围

适用于场地中线附近的浅球。

4.应变方案

侧身攻中路直线球战术应该和攻中路深球战术交替使用。

（四）侧身攻边路直线球

1.战术目标

当对手用正手回边线直线球时，迅速侧身攻击对手的斜线空当，为下一拍创造机会。

2.战术示范

A、B处于底线对攻时，在B打出正手边线球的情况下，A改变身体站位而打出正手大斜线球，对手会来不及跑动接球，从而在对手的失误中占据优势。如图3-36。

3.适用范围

适用于攻击左边场区的边路直线球。

4.应变方案

侧身攻边路直线球战术应与侧身攻中路直线球战术交替使用。

（五）底线战术练习方法

1.底线进攻型战术练习

练习方法一：球员A与球员B进行底线对攻的过程当中，球员A通过主动进攻对方的反手将对手逐渐调离场地，球员A在击球过程当中主动向前移动，寻找时机使用正手技术向球员B的正手位打出大角度球，迫使球员B未能回位击球从而失分。如图3-37。（实线为击球路线，虚线为球员移动路线，AB代表比赛双方，阴影区域代表截击球落点）

练习方法二：球员A与球员B在底线对攻过程当中，球员A先回击底线深球将球击向球员B的右区边线附近，然后积极移动接B回击球后同样打出底线深球将球击至球员B的左区边线附近，迫使对手在底线做对角线跑动，增加其体力消耗。如图3-38。（实线为击球路线，虚线为球员移动路线，AB代表比赛双方）

练习方法三：球员A与球员B在底线对攻过程当中，球员A通过不断地抽击球底线深球进攻对方的弱侧，同时主动向网前移动，当球员B回击出速度较慢、飞行路线较高的球时，球员A抓住机会使用截击球技术将球击向对手空当，完成得

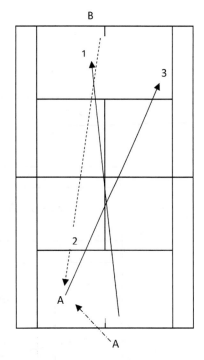

图3-35　侧身攻中路直线球

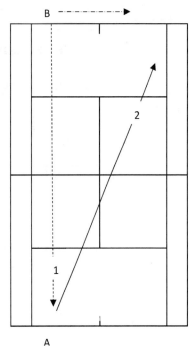

图3-36　侧身攻边路直线球

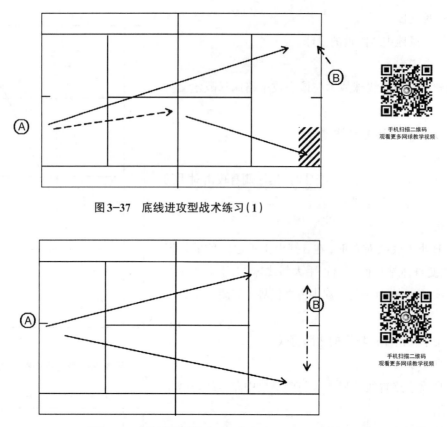

图3-37　底线进攻型战术练习（1）

图3-38　底线进攻型战术练习（2）

分。如图3-39。（实线为击球路线，虚线为球员移动路线，AB代表比赛双方，阴影区域代表得分球落点）

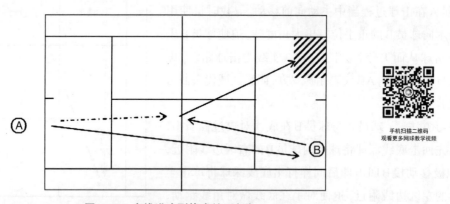

图3-39　底线进攻型战术练习（3）

　　练习方法四：球员A向球员B右侧边线击出大角度底线深球，球员B在击球后主动向底线中部移动，此时球员A抓住球员B移动的时间差将球击向球员B右侧边线，由于此时球的落点位于球员B身后，球员B无法及时转身击球从而球员A得分。如图3-40。（实线为击球路线，虚线为球员移动路线，AB代表比赛双方，阴影区域代表回头球落点）

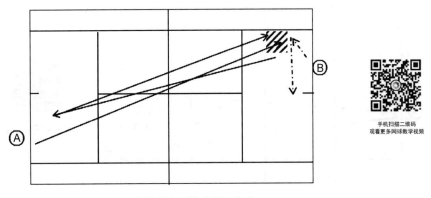

图3-40 底线进攻型战术练习（4）

2. 底线防守型战术练习

练习方法一：练习者三人搭档进行练习，练习者A位于底线中部，练习者B与练习者C分别位于对面半场底线边线处。练习者B先使用多球向练习者A喂球，练习者A接球后将球击向标志物1处；同时，练习者C向练习者A喂球，练习者A接球后将球击向标志物2处，每组练习15—20次，每组练习后三人进行位置轮换。练习过程中要求练习者使用正手技术击出力量大、速度快的球，同时发球者B与C需注意来球，避免受伤。如图3-41。（实线为击球路线，虚线为球员移动路线，A代表练习者者，BC代表两名发球队员，①②代表标志物1和2）

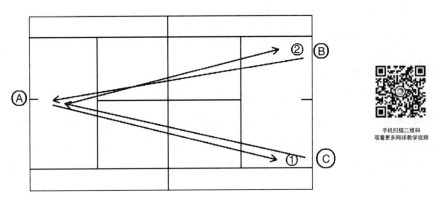

图3-41 底线防守型战术练习（1）

练习方法二：练习者两人搭档进行练习，练习者A与练习者B分别位于场地两端底线后，练习者A发球后两人进行对攻，练习者A将球击向练习者B反手一侧的外角，练习者B击球后积极向底线中部移动，练习者A接练习者B回球继续将球击向同一位置。练习过程当中B不断调整自身移动距离和站位，发展练习者A的应变能力，每组练习10—15球，每两组练习双方进行交换。如图3-42。（实线为击球路线，虚线为球员移动路线，AB代表练习者双方）

练习方法三：AB两人一底线一网前，B隔网送截击球给A，A回击B反手位低球，双方相持练习直至一方得分。练习过程当中要求底线回击球角度大、飞行路线低，网前截击球准确有力，每组练习15—20次，每一组完成后双方交换位置。如3-43。（实线为击球路线，虚线为

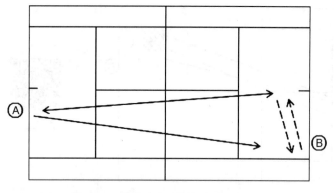

图3-42 底线防守型战术练习方法（2）

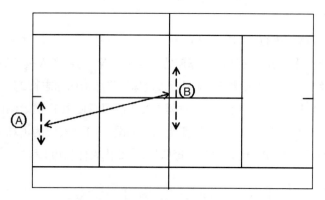

图3-43 底线防守型战术练习方法（3）

球员移动路线，AB代表练习者）

　　练习方法四：AB配合练习，A位于底线，B位于对方半场发球线后向A发球，发球后主动向网前移动，A使用挑高球将球回击底线标志区内，B同时快速向后移动接球。练习过程当中，发球者发球后可主动向底线移动或留在中场区域进行回击，发展练习者的战术应对能力。（实线为击球路线，虚线为球员移动路线，AB代表练习者，虚弧线代表挑高球飞行路线，阴影区域代表标志区）

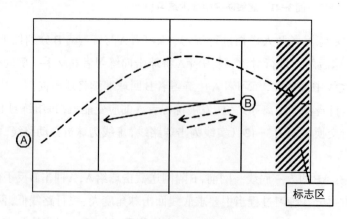

标志区

图3-44 底线防守型战术练习方法（4）

3. 底线多球练习

练习者站在底线准备接球，教师站在球网后面向学生的正手方向喂定点多球，要求学生分别回正手边线球、中路球和斜线球。练习者站在底线准备接球，教练站在球网后面分别向学生正反手喂不固定位置的球，学生要分别打出正反手的直线球和斜线球。如图3-45。

4. 斜线深球练习

两人一组，一人将球发给对方后，开始进行斜线进攻（正手），要求必须将球击到阴影区域，每一次击球后都要回位，切不可站在同一点击球，10—15分钟后换至另一区做相同练习。通过练习这样的正反手斜线球，可以提高击球的稳定性和深度。如图3-46。

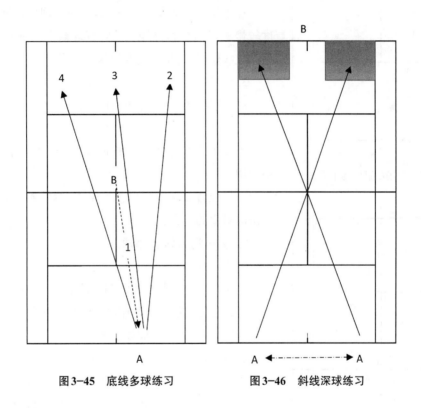

图3-45　底线多球练习　　　　图3-46　斜线深球练习

四、中场战术

中场是一个宽阔的区域，必须对其实行有效的控制，步法和身体的平衡是确保稳定回击的关键。要确保将球回到场内，大多数情况下是回直线，并随上。中场回球距离短，要通过旋转来控制回球的深度。中场抽球、随上球或是过网急坠球，击球动作都要保持一致，造成对手无法预先做出判断。中场击球时，击球点高于网口应选择回击制胜球。当不得不在网下回球时，则应选择回球削上。中场放小球虽令人赏心悦目，但具有很高的风险。打中场位置的球一般都是上网之前的最后一次击球，为网前击球赢得优势地位。

中场战术原则：

（1）击出直线球并保证不出界。

（2）向对手薄弱一侧击球并随球上网。

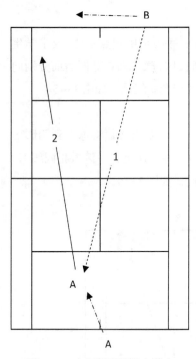

图3-47 中场削直线随上截击

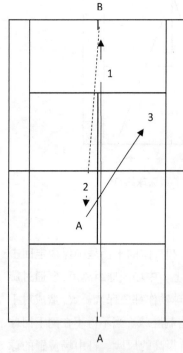

图3-48 中场直线放小球

（3）选择直线随球上网，力求快速封堵网前位置。

（4）观察对方的回球意图，谨慎放小球。

（5）当对手在底线处于极其被动的位置时，果断上网，一击制胜。

（一）中场削直线随上截击

1. 战术目标

中路直线切削球随上，限制对手的回球角度。

2. 战术示范

在中场时可以削直线球，迫使对方回出过网较高、速度较慢的球，这时要果断上网，将球截击到对方身后的端线或边线位置，打出深而低的球。如图3-47。

3. 适用范围

适用于中场，当球低于网口时。

4. 应变方案

中场削直线球随上截击战术应与直线放小球战术交替使用。

中场位置要尽量削出直线深球，然后随球上网，将回球击向对手的空当。

（二）中场直线放小球

1. 战术目标

多次运用中场削直线球随上截击战术，对方习惯这种打法后，往往会向空当处补位。此时反其道而行，放直线小球，使其因不知变向而处于被动。

2. 战术示范

当A多次削出中场直线球时，对方可能会倾向空当处补位，这时A应该出其不意地放出直线小球。如图3-48。

3. 适用范围

适用于中场，当球低于网口时。

4. 应变方案

作为削直线深球随上截击战术的补充，伺机放小球占优势或直接得分。

（三）以直线深球破低位球

1. 战术目标

对低于网口的球，降低重心截向对手场地的直线深处，并向前将对手回球击向其空当。

网球运动教程

2. 战术示范

当对方打出过网较低的球时,这时不能盲目下压球拍,以防球坠网。应将球拍尽量平行于球网截击,截出深角度的追身球,以抑制对方的回击。也可以低截击打空当,或是打角度刁的轻吊截击球。如图3-49。

3. 适用范围

适用于接网前的低球。

4. 应变方案

直线深球战术要结合其他网前战术使用,如网前小球。

(四)发外角球上网回空当

1. 战术目标

通过发大角度的外角球将对手逼出场外,然后封向网前,将来球截向其空当得分。

2. 战术示范

当A处于发球位置时,可以用发大角度的外角球,迫使对方远离场地去回击,然后果断上网,将回球截击到对方相反方向的边线。如图3-50。

3. 适用范围

适用于发球上网。

4. 应变方案

发外角球上网回空当应与发内角球战术交替运用。

(五)主要练习方法

(1)定点击球法:教练员站在底线喂球,学生成一路纵队站在中场区域准备接球,每名学生接一个球后,到队尾排队,准备下一次击球。如图3-51。

(2)接不同高度的球:练习者和陪练者斜线对攻4—6板后,陪练回浅球给练习者。练习者根据球的弹起高度来选择用抽球或削球回击。这个练习是正反手交替练习,应根据实际情况选择正手或反手,球反弹到网口高度就可以攻球,若低于网口则要选择削直线球随上。

(3)三步上网法:学生站在底线准备接球,教练站在网后喂三个球,第一个球要求学生在底线打给教练,教练再网前截击,学生再把截击的球打给教练并上步到中场位置,争取将教练再次截击过来的球打成死球。每个学生有三次机会。如图3-52。

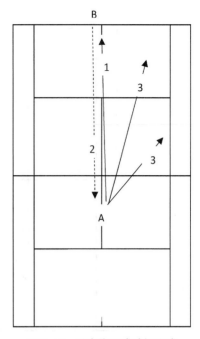

图3-49 以直线深球破低位球

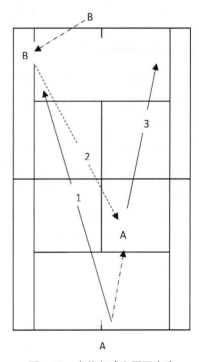

图3-50 发外角球上网回空当

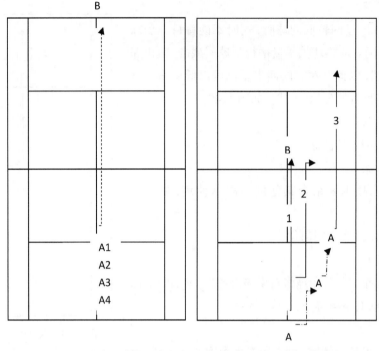

图3-51　定点击球练习　　　　图3-52　三步上网练习

五、网前战术

网前战术是指在己方半场中前场附近使用的战术,网前战术的运用需要与发球战术及底线战术相结合,通过发球及底线战术的运用为己方上网创造时机,在中前场区域使用截击球、高压球及放小球技术完成得分。网前战术的制定和运用主要由以下几项要素构成:移动速度、击球时机和落点变化。由于中前场区域距离对手较近,因此击球主要以快速截击球为主,在对方底线击球后迅速移动并使用截击技术完成得分,同时根据不同情况穿插高压球及放小球技术。网前球是一种极具攻击性又极具挑战性的技术打法,要想在网前获得优势,除了有上网击球时的保障,网前的发挥才是得分的关键所在。

网前的战术原则:

(1)网前应尽量拦出直线球,没有一击制胜的把握时不要轻易拦出斜线球。

(2)网前截击力求截出深而低、有速度、有角度的球。

(3)网前截击一定要快刀斩乱麻,争取三次内截击成功。

(4)主动迎前截击,斜线移动封堵网前球。

(5)警惕对方的击球意图,防备穿越球或挑高球。

(一)以直线深球破低位球

1.战术目标

对低于网口的球,降低重心截向对手场地的直线深处,并向前将对手回球击向其空当。

2.战术示范

当对方打出过网较低的球时,这时不能盲目下压球拍,以防球坠网。应将球拍尽量平行于球网截击,截出深角度的追身球,以抑制对方的回击。也可以低截击打空当,或是打角度刁的轻吊截击球。如图3-53。

3. 适用范围

适用于接网前的低球。

4. 应变方案

直线深球战术要结合其他网前战术使用,如网前小球。

(二)发外角球上网回空当

1. 战术目标

通过发大角度的外角球将对手逼出场外,然后封向网前,将来球截向其空当得分。

2. 战术示范

当A处于发球位置时,可以发大角度的外角球,迫使对方远离场地去回击,然后果断上网,将回球截击到对方相反方向的边线。如图3-54。

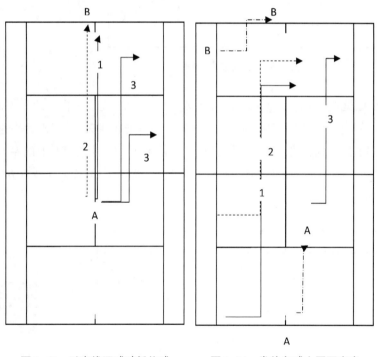

图3-53 以直线深球破低位球　　图3-54 发外角球上网回空当

3. 适用范围

适用于发球上网。

4. 应变方案

发外角球上网回空当应与发内角球战术交替运用。

(三)网前应对普通回击球

应对普通回击球是指己方球员在网前区域应对对手的正常回击球时使用的战术,除挑高球外回击球一般分为高于球网或低于球网两种类型,应对不同高度的来球时通过不同深度及路线变化的击球完成得分。

网前战术示例：

示范（1）：球员A与球员B比赛过程中，球员A将对手压制在底线的同时移动到网前中部，使用截击球技术将球击至球员B的左侧边线附近，球员B试图回击直线球打出穿越，球员A快速移动的同时将球截击至1或2处完成得分。如图3-55。（实线为击球路线，虚线为球员移动路线，AB代表比赛双方）

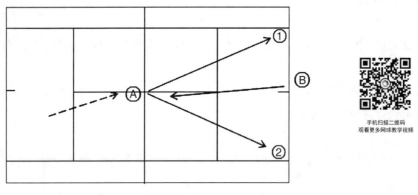

图3-55　网前战术示例1

示范（2）：球员A在中前场区域将球击向球员B的左侧，球员B向A的左侧回击斜线球，球员A快速向前移动至发球区中线附近向球员B右侧截击底线深球，截击后快速向左前方移动上网，接球员B回击的直线球，使用截击技术打出斜线球将球击至球员B的左侧边线附近完成得分。如图3-56。（实线为击球路线，虚线为球员移动路线，AB代表比赛双方，阴影区域代表得分球落点）

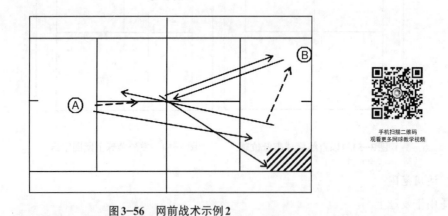

图3-56　网前战术示例2

（四）网前应对挑高球

应对挑高球战术是指在使用发球及底线战术的同时，通过速度快、力量大的击球迫使对手无法及时移动到位，而使用挑高球进行防守，抓住时机在网前或中前场使用高压球技术完成得分的战术。挑高球根据其飞行路线及高度主要分为较深的挑高球与较浅的挑高球，应对不同深度的挑高球需要在准确判断的基础上快速移动到位,使用高压球技术击向对手弱侧或者空当从而完成得分。

网前战术示例:

示范(1):球员A在网前使用截击球技术向球员B击出底线深球,球员B位于底线后使用挑高球技术回击较浅的挑高球,球员A准确判断后使用高压球技术向B的空当击球或回击大力高压球使球越过B的头顶完成得分。如图3-57。(实线为击球路线,虚线为球员移动路线,AB代表比赛双方,虚弧线代表挑高球飞行路线,阴影区域代表高压球落点)

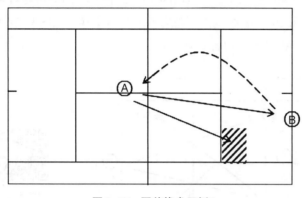

手机扫描二维码
观看更多网球教学视频

图3-57 网前战术示例1

示范(2):球员A在中前场向球员B的右侧击出底线深球,球员B位于底线后使用挑高球技术回击较深的挑高球,球员A准确判断后快速向中后场移动使用高压球技术向球员B的左侧空当击球完成得分。如图3-58。(实线为击球路线,虚线为球员移动路线,AB代表比赛双方,虚弧线代表挑高球飞行路线,阴影区域为得分球落点)

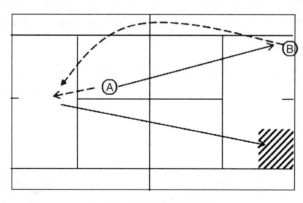

手机扫描二维码
观看更多网球教学视频

图3-58 网前战术示例2

应用时机:网前战术的运用需要在其他战术运用的基础上,通过进攻性击球为己方创造时机的同时及时向中前场移动,通过速度快、力量大的截击球或高压球完成得分。网前战术的运用时机一般在己方移动能力较强、截击球技术较高时进行运用,击球时务必使用进攻性击球,在三拍之内完成得分。

应对方案：网前战术的运用对象一般是底线技术较差的对手，若在比赛过程中发现对手底线击球能力较强时，应在快速移动的同时保持身体重心，随时准备向两侧或后场移动；当己方发现网前战术不能快速进行得分时需要调整心态，采用其他的战术进行应对，避免因急于进攻而主动失误或自乱阵脚。

（五）网前战术练习方法

练习方法一：练习者两人搭档进行练习，练习者A位于网前，练习者B位于对面半场底线中部，使用多球向球员A喂出高于球网的球。喂球时先向标志物1处喂球，练习者A快速移动向2处进行斜线截击，击球后迅速回到原位，练习者B再向标志物3处喂球，练习者A使用截击球技术将球击向4处，每组练习20—30次，每两组练习双方进行交换。如图3—59。（实线为击球路线，虚线为球员移动路线，AB代表练习者双方）

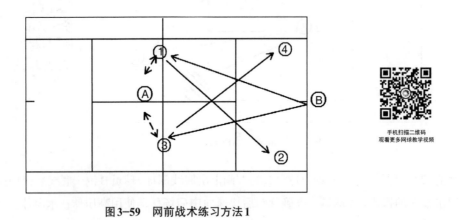

图3—59　网前战术练习方法1

练习方法二：练习者两人搭档进行练习，练习者A位于网前使用下手发球技术向练习者B发球，练习者B位于底线附近向A回击，练习者A移动后继续向练习者B进行截击展开对拉练习，对拉过程中注意及时的移动，尽量增加对拉回合数。如图3—60。（实线为击球路线，虚线为球员移动路线，AB代表练习者双方）

练习方法三：练习者两人搭档进行练习，练习者A位于发球线后向底线的练习者B发球，练习者B使用挑高球技术回击较浅的挑高球，练习者A发球后快速向网前移动，接B挑高球将

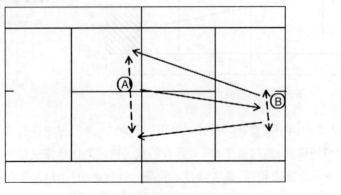

图3—60　网前战术练习方法2

球回击至B的空当或大力击球使球弹起后越过B的头顶,击球后回到原位继续进行练习,每组练习15—20次,每两组练习双方进行交换。如图3-61。(实线为击球路线,虚线为球员移动路线,AB代表练习者双方,虚弧线代表挑高球飞行路线,阴影区域代表高压球落点)

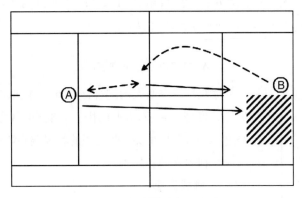

图3-61　网前战术练习方法3

练习方法四:练习者两人搭档进行练习,练习者A位于发球线后向底线的练习者B发球,发球后向网前移动,练习者B使用挑高球技术回击较深的挑高球,练习者A准确进行判断并快速向中后场回退,接B挑高球将球回击至B的空当。练习过程中要求B在保持挑高球击球深度的同时穿插少量较浅的挑高球,练习者击球后回到原位继续进行练习,每组练习15—20次,每两组练习双方进行交换。如图3-62。(实线为击球路线,虚线为球员移动路线,AB代表练习者双方,阴影区域代表高压球落点)

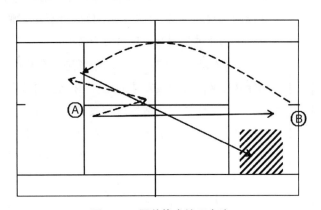

图3-62　网前战术练习方法4

第二节　网球双打的基本战术

网球双打虽然同单打一样,也是运动员运用技术、战术、心理与对方进行较量,但由于双打是每方两名运动员参与比赛,因此双打与单打相比有许多不同的特点,体现在:① 双打趣味性更高;② 双打的运动强度小;③ 双打能扬长避短;④ 双打讲究配合。

双打是一对球员对另一对球员的比赛。通过创造空当并把球击向对手的空当，并且能阻止对手利用自己空当的队伍，将会打败那个不了解彼此弱势和强势以及双打球队阵型的队伍。一支善于思考、交流并且作为一个整体而不是各自为战的队伍将取得成功。双打中，运用的战术原则如下：① 始终保持回球成功率；② 攻击较弱球员；③ 孤立对手网前球员；④ 控制网前；⑤ 向场地中间击球；⑥ 正确击球；⑦ 团队作战。

一、双打比赛的基本阵型

网球双打讲究两人的配合，学生可以根据本方的优势和劣势在发球或接发球时采用适合自己的战术阵型。在比赛进行中，学生可以根据比赛的状况调整阵型，选择对自己最有利的阵型和战术。

（一）雁式阵型

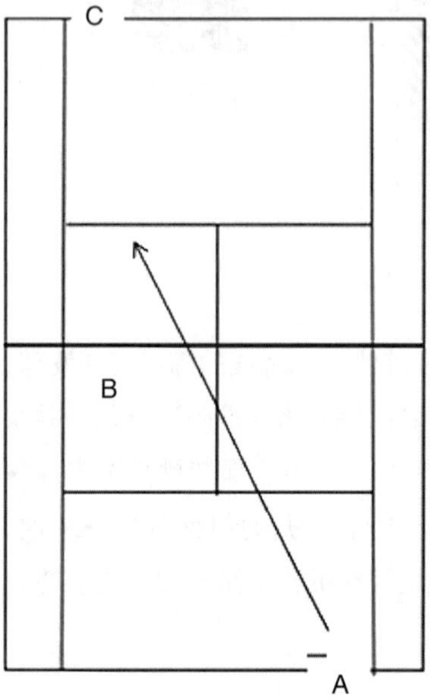

雁式阵型是发球方两人前后分区站位的一种阵型，也是双打比赛当中最常见的一种阵型。如图3-63。发球员A应站在底线中点与双打边线的中间或略偏右20—30厘米的位置上，同伴B站在左侧网前距网2—3米、距左侧双打边线和发球区中线之间的位置上，B的站位以保护边区为主、兼顾中路（因为如果边区空当过大被接发球员C以直线穿越则无法补救，而中路来球可由发球员A在网前拦截）。这样的发球局阵势给对方C的感觉是：网前B已摆好抢网进攻的架势，不但要接好球，还要尽量避开B的抢攻。采用此种阵型时发球员A应考虑：

（1）发球后上网占据右区半场进攻有利位置，A可与同伴B在网前封住接发球的角度，在网前进攻。

（2）发球员A的站位应使发球落点有更灵活的选择余地，既可以用大力侧上旋发球将球发至边区外角拉开对方，也可以变化落点攻击对方中路内角（右手持拍者的反拍），通过发球落点的变换为接发球方施加压力。

（3）发球员A与网前同伴B保持合理的距离，即使战术变化需要抢网交叉换位，A向左前跑动距离也比较适中。

（二）双底线阵型

双底线阵型是指发球员及同伴都位于底线后的阵型。如图3-64。这种阵型的优点和缺点同样明显，优点是防守能力强，缺点是进攻能力较弱，同时在处理对方放小球时需要较大的跑动空间。发球方网前技术较弱时常采用

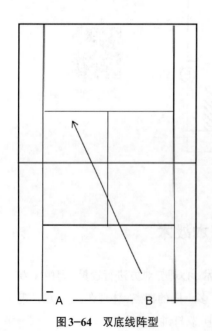

图3-63　雁式阵型

图3-64　双底线阵型

此阵型，两人各自负责自己所在半个场地的防守，如果实力不均，可由能力较强的队员承担更多区域的防守。

（三）澳式阵型

澳式阵型是指发球方发球员A在发球时，其同伴B位于同一半场网前拦截的一种阵型。如图3-65。这一阵型通常在接发球员正手斜线进攻能力较强时使用。发球员在左区发球时尽量发内角球，使接发球员采用反手接球，回击直线球，而自己移动到右区使用正手技术进攻。

这种站位，给对方一个信号，"斜线球接发球行不通，请回直线球"，发球员A为便于上网封住左半区，应站在接近中点的右侧底线后（像单打右区发球站位），发球后冲至A'处，与网前同伴B共同组织网前的进攻。B在网前的站位以封住回击的斜线为主，并适当向中区调整与发球后上网的A在网前截击对方的来球。

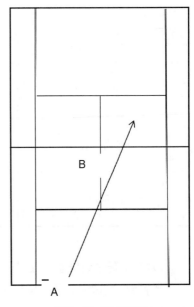

图3-65　澳式阵型

（四）I字阵型

I字阵型是指发球方运动员发球时站位靠近底线中点标志，同伴位于网前中线上，发球方二人成一条直线的阵型。如图3-66。运动员发球后，二人根据事先的商定迅速移动。使用此种战术时为避免发球击中同伴，同时掩盖进攻意图，网前球员通常采用半跪或俯身姿势。使用该阵型时，接发球方知道发球方网前队员会移动，但不知向何处移动，从而给接发球造成更多的疑惑和心理压力，从而降低其接发球质量，同时发球方阵型的变化有可能打乱接发球方的战术布置，从而造成心理压力或使其击球路线混乱。

（五）发球和接发球时的阵型变化

发球方在发球时可以采用4种阵型，接发球方在接发球时可以采用2种阵型，双方可能采用的对阵形式将是8种，见表3-1。这些阵型的变化从比赛的开始阶段就确定了双打战术的多样性。

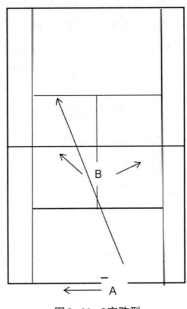

图3-66　I字阵型

表3-1　发球和接发球的对阵形式

发球方阵型	接发球方阵型	对阵形式
雁式阵型	雁式阵型	雁式阵型VS雁式阵型
		雁式阵型VS双底线阵型

发球方阵型	接发球方阵型	对阵形式
双底线阵型	雁式阵型	双底线阵型 VS 雁式阵型
		双底线阵型 VS 双底线阵型
澳式阵型	双底线阵型	澳式阵型 VS 雁式阵型
		澳式阵型 VS 双底线阵型
I字阵型		I字阵型 VS 雁式阵型
		I字阵型 VS 双底线阵型

（六）比赛中的阵型与变化

比赛中，发球方队员发球后可上网也可以留在底线，接发球员接球后可上网也可留在底线，根据发球时同伴的最初站位，比赛双方都可以变化3种阵型，即双底线阵型、双上网阵型、雁式阵型，因此对阵形式可能出现9种：雁式阵型对雁式阵型、双底线阵型对双底线阵型、双上网阵型对双上网阵型、双上网阵型对雁式阵型、双上网阵型对双底线阵型、雁式阵型对双上网阵型、雁式阵型对双底线阵型、双底线阵型对雁式阵型、双底线阵型对双上网阵型。如图3—67。运动员在比赛中由于攻防的转换和实际需要，随时可能改变比赛阵型。

二、双打比赛的发球局战术

（一）双打发球局的站位

发球局的站位应贯彻"以我为主、以攻为主"的指导思想，从有利于发球局的战术意图出发来决定两人的位置，通过比赛观察对方技战术情况再做调整。现以高水平的双上网战术为例：

1. 常规站位（异侧前后站位）

（1）右区发球的站位。

发球员A应站在底线右侧中点与双打边线的中间或略偏右20—30厘米的位置上，同伴B站在左侧网前距网2—3米、距左侧双打边线和发球区中线之间的位置上，B的站位以保护边区为主，兼顾中路（因为如果边区空当过大被接发球员C以直线穿越则无法补救，而中路来球可与发球员A在网前拦截）。这样的发球局阵势给对方C的感觉是：网前B已摆好抢网进攻的架势，不但要接好发球，还要尽量避开B的抢攻。如图3—68（1）所示。

（2）左区发球的站位。

发球员A在左区双打边线与中点之间略偏左的位置。这样的站位可以更有利地发出拉开对方的外角球，因为大多数的右手持拍者从左区向对方的发球区外角发球时需要从站位上调整，即使在站位上向左多调整一些，也不会影响发向对方中区内角的球，因为右侧上旋大力发球的飞行路线可以很容易地发到这一点。像右区发球站位一样，同伴B在网前右区，站在距网

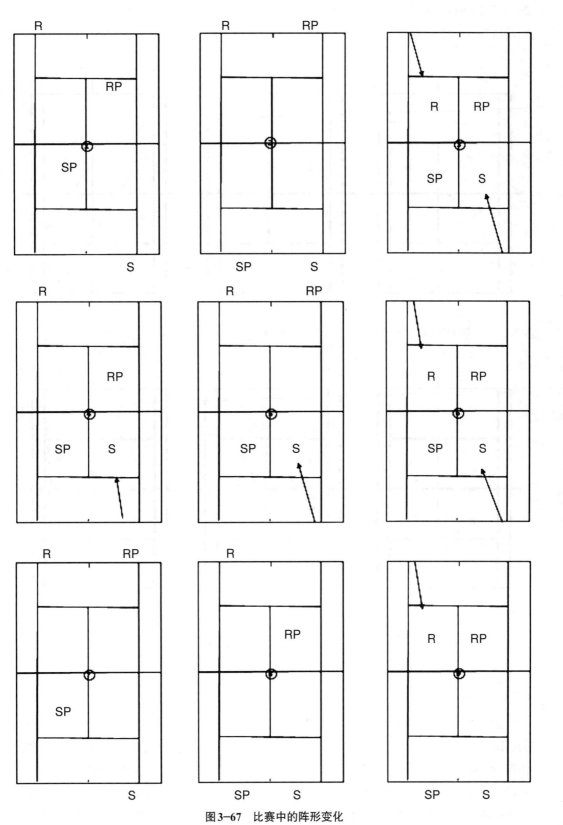

图 3-67　比赛中的阵形变化

2—3米、距中线与右侧双打边线之间,以确保右侧不被直线穿越为主,兼顾中路,并与发球员A在网前默契配合占据优势。如图3-68(2)所示。

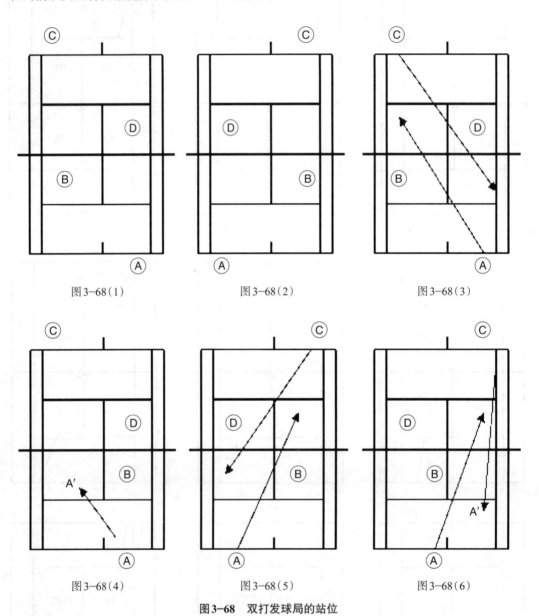

图3-68(1)　　　　　　　图3-68(2)　　　　　　　图3-68(3)

图3-68(4)　　　　　　　图3-68(5)　　　　　　　图3-68(6)

图3-68　双打发球局的站位

2.非常规站位(同侧前后站位)

(1)右区发球的站位。

在右区发球时发现接发球员C擅长回击小斜线球,如图3-68(3)所示,因为接回的球特别斜,不但网前同伴B无法拦截,发球员A冲上网后也很难处理,造成网前的被动。一旦出现此情况,可调整为图3-68(4)所示的同侧站位的方法。应该提醒的是:这种同侧站位必须有平时的训练基础和默契的配合才能使用,因为这种站位不仅对方看着别扭,我方不经过长时间训练也不习惯。首先,发球员A的上网路线与封网角度不同,网前同伴B的抢网路线也不同,由谁保护中路和后场高球都应做相应的调整和部署,尤其在对方迫于无奈接回很多意想不到的球时,要防止自己乱了阵脚,因此需要专门的训练和准备。

（2）左区发球的站位。

与右区相似,如果发现对方D在左区接发球擅长打破网小斜线球,如图3-68(5)所示,使我方上网进攻受阻,网前同伴很难抢到,而且A上网后也很难处理前场的低斜线,则只好改变为左区的同侧站位,以封堵小斜线的接发球,如图3-68(6)所示。

3. 特殊的站位

为了达到战术目的或扰乱、迷惑对方,无论是发球员或他的网前同伴,都有许多特殊的站位方法:

（1）发球员的特殊站位。

发球员A为把接球员拉出场外回击,把发球站位向外侧延伸,接近单打边线,但此站位务必需要网前同伴的配合,因为,他稍一疏忽就容易被对方直线接发球破网;发球员A上网也应防范小斜线过网的来球,对方在边线外侧回击球的角度极大。这样站位的发球目的在于拉开对方,可攻击中路空当得分,但B与A因距离较远,全交叉换位抢网难度太大,且对方回击的面积大,落点变化多,不宜过多运用。由于发球员A向外站,必然引起接发球员注意防范外角落点,如果为了迷惑对方,以此站位发球员A可以发对方的内角,令对方防不胜防。

与此相反的变化站位是发球员向中点靠近,有利于发球攻击中路,让B封住网前截击。这种站位有两大优点:攻击中路,对方接球没有回击角度,便于在网前拦截;两人距离较近,容易抢网换位。即使靠近中点发球也同样可以变化发外角落点,虚虚实实,让对方捉摸不定。但这些变化务必与网前的同伴默契配合,有时第一发球与第二发球的站位也可以变化,以扰乱对方。

（2）网前同伴的特殊站位。

网前同伴的站位变化对接发球员的干扰与影响是很大的,因为双打与单打不同,接球员除了要应对发球员强有力的发球外,他一抬头就看到网前人,还要防范网前人的抢攻,网前人站位的变化必然引起接球员的注意。

网前同伴B向外侧站,接球员C不敢打直线,但A发球后,B迅速向中路抢截,可达到出其不意的效果。网球同伴B的特殊站位与发球员A的默契配合,虚虚实实,可以把发球局战术提高到一个高水平。

（二）双打发球局战术分类

1. 发球双上网战术

双打比赛中发球的攻击力不仅表现在力量和速度上,准确多变的落点再配合同伴在网前的抢攻给对方的威胁不可低估。我们主张在站位不变的情况下发出不同的落点变化,这是最理想的。因为这样可以不暴露落点变化的意图,但事实上很难做到。因此为了战术的需要,变化的站位为准确刁钻的落点和提高成功率带来良好的效果,仍可以在发球局战术中运用。

不管右区或左区的发球站位,越靠近底线中点发向发球区的内角越有利。把球发向中路使接发球打不出角度,给网前同伴的抢网创造了条件。如果需要全换位抢网,这样的站位最近,换位最方便。与此发球站位相反,越靠底线两侧站,甚至靠近单打延长线,如图3-69(1)所示,将球发向外角更为有利。如果再加上些侧旋转,落点可以更斜,把对方拉出场外回击,使中间出现了空当,但这样的发球网前同伴必须有所准备,如果你抢网过早过快,很容易被接发球的对方直线破网,如图3-69(2)所示。

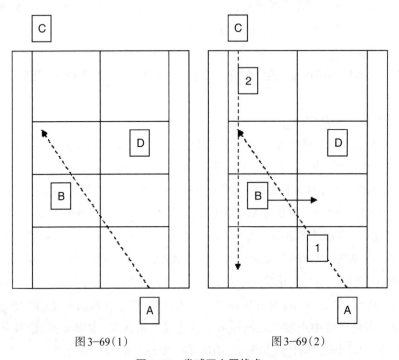

图3-69(1)　　　　　　　　　图3-69(2)

图3-69　发球双上网战术

大多数的发球员不愿在站位上做文章,他们多采用常规站位,即在中点与双打线之间,这样既隐蔽又可以灵活地变化落点,虽然没有变化站位来的方便,但通过平日刻苦的训练,基本上可以解决落点变化的问题。

发球局双上网战术的常规打法:

(1)如果接发球方站位是一前一后的,如3-70(1)所示。

发球员A发球上网至A1处去处理低截击球(包括反弹球)以斜线深区为主。即回击给接球员,落点深可以争取更多的上网时间,而且对方破网距离远又不易打出角度;当两人都站到网前有利的位置,对方反击破网很被动;如果接发球质量不高,即使B没有抢截,发球员A快速冲至近网可直接攻击C或大角度扑击直接得分。

(2)如果接发球员同伴D感到压力也退至底线,这表明对方在接发球局不准备与你争夺网前,你可以用以下的对策,即坚决运用双上网战术。首先,仔细观察对方两人破网反击能力(包括正反拍及中路来球的处理能力),集中攻击薄弱环节或发挥不好者。回击中路深区,可造成两人配合上的失误。中路的落点使对方破网打不出角度,对方谁接中路球则谁就会暴露外侧的空当,可快速攻击之,如图3-70(2)所示。回击短而低的球迫使对方跑上来破网,只要你俩站好位置做最好准备封住角度,对方跑上来处理低的破网球难度很大,而且出现了空当便

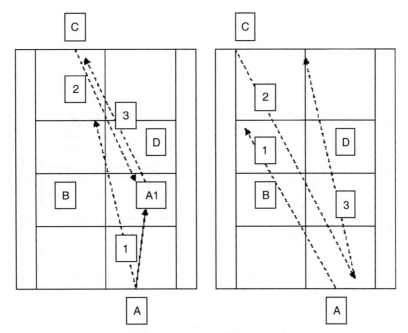

图3-70（1）　接发球方一前一后站位　　图3-70（2）　双上网对挑高球的处理

图3-70　发球局双上网战术的常规打法

于攻击,打破对方两人死守的局面。

（3）双上网时中路球的处理。

如果双上网时略有前后,应优先让站位靠前者打,因为靠网近攻击点高,杀伤力大;若两人平行站,球距两人相等,应正拍截击抢打,因正拍一般更具有攻击力,两人配合默契不会给对方可乘之机,切忌两人都看着对方。

（4）双上网对挑高球的处理。

对方不时挑起高球说明对方对双上网有压力,企图缓解双上网进攻的速度与气势,对付高球应冷静、沉着、果断,应注意:

一般以左右半场分工,左区由左边队员处理高球,右区高球由右边的队员负责,除非冲得过快高球过头,被迫换位,但是有经验的对方会反扑过来,局势可能变化。

双上网遇到难度很大的深区高球时可快退高跳把球推过去,然后再顺势上网还可保住网前的优势,尽量不让高球过头。

对付又深又高的来球不要急于一拍打死对方,因为对方两人防守场区,压不出角度,很难得分,要将球高压至对方薄弱环节,待对方挑起质量不高的球再攻死对方（高压要有角度或攻击空当）。

如果接发球的同伴抢得凶怎么办? 如图3-70（2）所示:发球员A上网后中场截击一般是回击斜线,一旦对方接发球质量较高,打在A的脚下,接发球同伴D大胆拦截,这是近代高水平双打破发球局的重要战术。此时,别无选择,A在中场大胆果断地变直线以破败D抢网反攻。

两人在网前应保持3.5米的距离,随着截击球落点的变化,两人站位也应变化,如图3-71

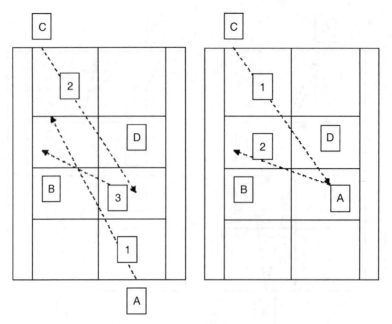

图3-71 双上网对挑高球的处理

所示,封住直线破网的同时,也要注意小斜线与挑高球。

发球局战术应根据场上战局的变化及时调整和改进,边打边商议,即使双方都保持发球局的胜利打到局数六平,打平局决胜的小分时,发球分比发球局更微妙,需要更严谨和精确的配合,不慎丢失一分就会前功尽弃,导致全盘失利,因此应加倍重视。

当第一盘结束时,两人应及时总结比赛情况。若需要调整发球顺序,应及时向裁判提出。双打是两人紧密配合、协同作战的项目,应充分调动两人的技战术特长,扬长避短,相互鼓励。在比赛中,两人同时进入最佳状态当然是最理想的,但遗憾的是,这种情况并不多,经常出现的是一人发挥得好、另一人一般,但不久发生逆转,高水平稳定性好的双打能及时调整技术和气氛,把两人的状态都激发起来,进入最佳的境地;与此相反的是,较差的双打搭配中发挥较好的队员不但没有把同伴带起来,反而因同伴失误而士气低落,这是需要注意和警惕的。

2. 发球局的抢网战术

所谓抢网战术是指网前队员利用同伴发球的有力进攻在网前抢截对方接发球的战术。由于网前队员距网近,他可以抢截高于网的来球,并打出大角度攻击力极强的截击球,得分率很高,对对方威胁大,使接发球方不仅要对付发球的攻击,还要承受抢网的巨大压力。发球员利用变化多端的发球与网前抢截的巧妙配合,破坏接发球的节奏和习惯,使接发球的质量下降以致频频失误,抢网战术的使用率和效果与双打发球局战术有着紧密的关系。

抢网战术的种类可分为:一般抢网、全换位抢网与特殊站位抢网等。

(1)一般抢网。

此种抢网是在判断来球的方向后,抢到球网中央的吊带附近,抢打后仍回原侧准备。此种抢网最常用,网前队员与发球员默契配合可以抢截到许多质量不高的接发球,抢截攻击的落点如图3-72(1)所示,打向接发球员同伴的脚下,如果他迫于挨打的压力退至底线防守,抢截的攻击点可打出角度或攻击中路。

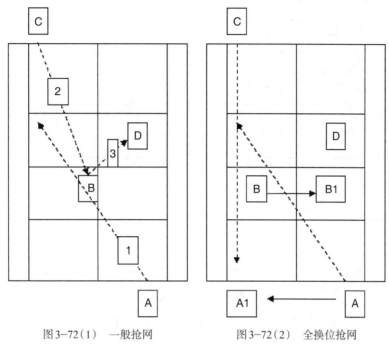

图3-72(1)　一般抢网　　　　图3-72(2)　全换位抢网

图3-72　抢网战术

（2）全换位抢网。

网前队员抢网后与发球员交叉换位,如图3-72(2)所示。即原先左区的队员换至右区,右区的队员到左区。此种抢网需要坚决果断、默契合作,网前的队员多在背后给发球的同伴做手势（暗号）,让发球员为他的全抢网创造有利的条件,例如发球的攻击点应该是对方不易打出角度而且是比较薄弱的环节,发球员补位上网不但要快,并要截击准确。这种全换位抢网虽然风险很大,但抢截成功会给对方产生巨大的心理压力,对发球方则起到"鼓士气、震威风"的作用,即使抢截失误也会吓对方一跳,达到搅乱对方接发球习惯的目的。

（3）特殊站位抢网。

这种网前队员的特殊站位虽不多用,但一旦使用会起到干扰接发球的作用。如图3-73(1)所示。网前队员B站在发球员A的前方几乎挡住发球线路,但他蹲得很低,由于与发球员有默契熟练的配合并不影响发球,当球发出后,他可以向左前方封抢直线球,攻击对方C、D空当;另一种换位抢法,B封抢斜线,发球员A上左侧网前,同样在左区发球也可以与网前同伴有类似的配合,正由于特殊的站位与巧妙的配合,有时会达到意外的效果。

运用抢网战术后引起接发球的变化有以下两种:

① 迫使对方接直线或攻击网前队员B,如图3-73(2)所示,说明对方已感到压力,企图变换接法破坏你的抢网战术,需要防备。

② 接发球发被迫挑高球,多是直线高球越过网前队员的头,既可防抢又可抑制双上网的

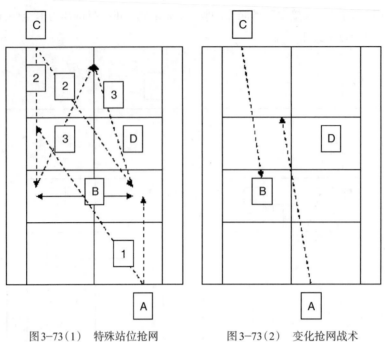

图3-73(1) 特殊站位抢网   图3-73(2) 变化抢网战术

图3-73 抢网战术

前冲速度,接发球击高球说明对方已感到网前的压力,你即使高压失误也不能动摇上网进攻的信心和勇气。

3.发球局前后站位战术

发球局前后站位的战术,即发球员的同伴在网前,发球员发球后不上网,如图3-74(1)所示,形成一前一后的阵势,这种发球局的战术虽然不是很积极、先进,但有广泛的群众基础,因此值得研究。

(1)发球局前后站位的几种形式:

①如图3-74(2)所示,图为右区发球后前后站位的示例,发球员A发球后不上网,接发球员C接球后也不上网,接球员同伴D则逼至网前与B处于相当的位置,A与C对角线抽击,B与D在网前捕捉抢网的时机。

②如图3-74(3)所示,图为左区发球后前后站位的形式,当左区发球时,发球员A发球后不上网,接发球员C接球后也不上网,接球员的同伴D逼近网前,A与C在底线对角线对抽,B与D在网前伺机抢网进攻。图3-74(3)与图3-74(2)相仿,只是方向相反,正拍位改为反拍位,这是双打前后站位最基本的阵势,以下是两种变化形式。

③如图3-74(4)所示,图3-74(4)的前后站位形式是由图3-74(2)变换来的,当A与C在右区对角抽击时,D逼网太近又抢得很凶,A挑直线高球过D的头,C向左追高球与D换位,于是出现了图3-74(4)的对阵形式,A与C直线对抽,B与D在一侧隔网相对,捕捉抢网的时机。

④如图3-75所示,图3-75的前后站位形式是由图3-74(3)变换来的,当A与C在左区对角线对抽时,D逼抢太凶,A挑直线高球过D的头,C向右侧追高球与D换位形成了图3-75的

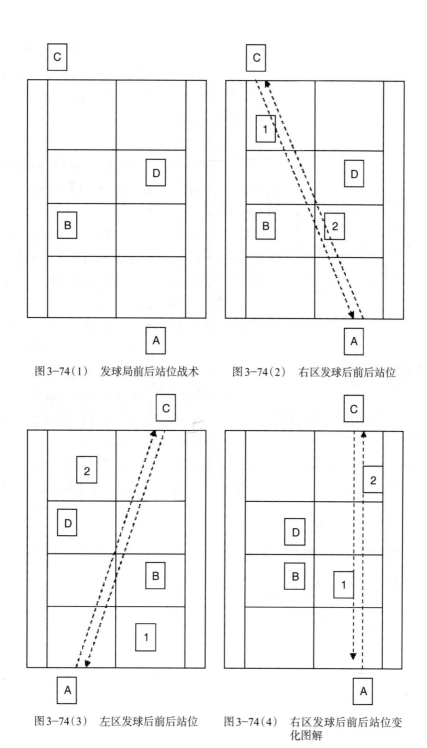

图3-74(1) 发球局前后站位战术　　图3-74(2) 右区发球后前后站位

图3-74(3) 左区发球后前后站位　　图3-74(4) 右区发球后前后站位变
化图解

图3-74　发球局前后站位图解

对阵形式,A与C直线对抽,B与D在网前伺机抢网进攻。

从以上四种对阵形式可以看出,图3-74(2)与图3-74(3)是从右区和左区发球开始的最基本的形式,由于挑高球过头而引起对阵形式的变化。A挑过D可以变为图3-74(4)与图3-75的形式;如果C挑过B头,则引起A与B的换位;如果A与C挑斜线高球过D于B的头,

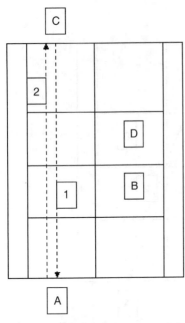

图3-75 左区发球后前后站位的变化图解

又可以还原。在前后站位的变化中可以发现对方的弱点与配合中的破绽，以己之长攻彼之短是战术最基本的原则，发挥我方的优势攻击对方的薄弱环节在双打的前后站位中是大有文章可作的。

（2）发球局前后站位战术的弊端：

如前所述，双打发球局的双上网战术占据了网前进攻的优势。如果发球员不利用发球上网抢攻的机会，会出现以下的情况：

① 接发球方减轻了心理的压力。如图3-76（1）所示，只要接球员C回击球躲过网前队员B的抢网，接球员的同伴D顶上去，则双方处于对等相持的局面，发球方全无优势可言。因为双打接发球方的最大压力和困难是既要接好发球又要对付双上网的进攻，发球员A一旦不上网，接发球方的压力一下子减轻许多，只对付B抢网的办法很多，而网前同伴B则会感到吃力，有"孤掌难鸣"之感。

② 如果接发球方经验丰富且实力较强，C接球抢攻并迅速与D双上网反扑，逼迫B只好退至底线与A并肩防守，会出现非常被动的局面。如图3-76（2）所示。

这两种情况会造成发球局取胜的困难。一旦丢失发球局，接发球局时对付双上网的对方则更加吃力，必然造成失利的后果，所以发球局前后站位战术很难攀登高水平。不少网球专

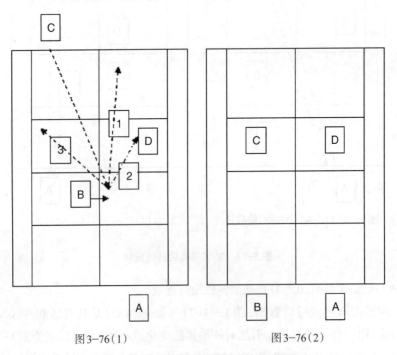

图3-76（1）   图3-76（2）

图3-76 发球局前后站位战术的弊端图解

家和教练指出,发球局双上网战术是双打战术的发展趋势,双打两人左右应保持3.5米的距离,攻则一起上网,守则同步退下,一前一后只是一种相持与过渡的阵势,遇到强劲的对手,势必被压至底线处于守势,但鉴于不少运动员和广大爱好者尚不具备发球局双上网的条件,从实际情况出发研究这种过渡性的战术并力争取得较好的效果也是必要的。

三、双打比赛的接发球局战术

由于发球的攻击力和双打网前战术质量不断提高,高水平的双打发球局得胜率很高,因此要取得比赛的胜利,就必须在接发球局的技战术上有所突破,无论发球方有多大的威力,也要千方百计地争破对方的发球局,不然则难以取胜。双打接发球局的技战术质量影响双打的水平,双打的默契配合不仅表现在发球局,更表现在接发球局的紧密合作,因为发球局在进攻态势上占有优势,而接发球方处于守势,只有组织好接发球局的防守反击能力,使对方无懈可击,才能扭转被动局面,出奇制胜,何况在接发球局的技、战术中还有许多反攻的契机很值得研究。因此高水平的双打搭配,除了有强劲的发球局攻势外,都非常重视接发球局的训练,培养严密的防守和反攻的能力,与发球局相辅相成,组成优异的双打组合,不然发球局与接发球局强弱不均,就无法提高水平。

(一)双打接发球员的站位

站位左或右的位置,如图3-77(1)所示。双打接发球员的站位左或右的位置比单打更向外侧,原因是双打的发球员站位一般在底线中点至双打边线之间,比单打发球员的站位靠外,这样的站位增加了发球的角度,更容易发向外角拉开对方,因此接发球员应相应外移,从理论上讲,应站在对方可能发到的外角与内角落点连线的角分线上(应该说明一点,发向外角的球

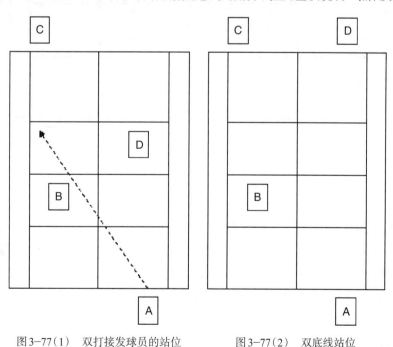

图3-77(1) 双打接发球员的站位　　图3-77(2) 双底线站位

图3-77 接发球局战术

角度越大,侧旋成分越多,往往不是一条直线而是弧线)。如果观察发现发球员A没有能力发出大角度的侧旋球,接发球员C可以放弃大角度的外角往里站,可以均衡有效地在身体两侧用正反拍接发球;左区接发球员D的站位也是同样的原理,只是右手持拍的发球员走向外角,很难发出大角度的侧旋转,如果发球员是左手持拍就可能发出向外侧旋转的球,迫使你跑出场外回击,此时你应向外站,好有所准备。

双打接发球员站位的配合:

(1)双底线站位:如图3-77(2)所示,接发球员C接球时同伴D在另一侧准备(D接球时同伴C在另一侧准备),此种站位多在以下几种情况下使用:

对方的第一发球攻击力很强,接发球员接球被动时,同伴退下来配合防守比较有利。

发球方的发球与抢网配合默契,屡屡得手时,同伴退下来共同防守。

对方采用同侧站位或特殊站位,接发球员不是很适应时,同伴还是先退下来较好,以便鼓励接发球员大胆还击,往往奏效。如图3-78(1)所示。

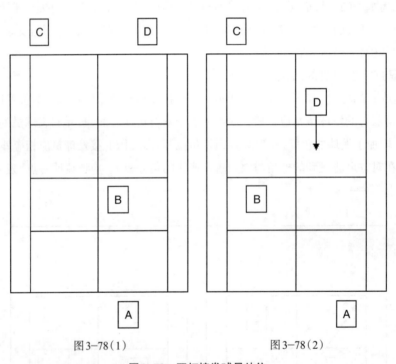

图3-78(1)　　　　　　　　图3-78(2)

图3-78　双打接发球员站位

(2)一后一前站位:如图3-78(2)所示,接发球员在底线附近接球,同伴站在另一侧发球线附近准备,这种站位在态势上是积极而灵活的,使发球方有压力。一旦接发球得手,站在发球线的同伴即刻冲上去抢网反攻,这是当前接发球局最常见最积极的站位,即使接发球员被动挑起高球,同伴也来得及后退。此种站位多在以下几种情况下使用:

接对方较弱的发球,多是第二发球。

准备抢攻,包括接发球配合抢网进攻。

关键分(包括局点、盘点和赛点)有意给发球方制造压力,在反攻的气势上压倒对方。

网球运动教程

双打比赛中的第一个发球局很重要,因为发球方占据了进攻的有利位置,强有力的发球伴随着抢网的配合,取胜的把握相当大;而第一个接发球局也同样重要,在比赛刚开始双方不太了解的情况下,如果两人紧密合作,战术得当,抢下对方的发球局,这无疑在气势上压倒对方,为比赛打开了好局面。

（二）双打接发球局战术分类

1. 接发球局双底线战术

（1）接发球局的站位。

接发球员 A 与同伴 B 都退至底线后,如图 3-79 所示,两人保持 3.5 米左右的距离,同时守住双打场地。

（2）接发球与破网的要求。

接发球应尽量避开 D 的抢网,把球回击到发球员 C 的一侧,准备他的上网截击,与 B 组织破网反击;除了 D 抢网太凶可以接直线或挑高球抑制对方的抢网进攻外,一般都回击斜线或短斜线,尽量减少接发球的直接失误。接较弱的第二发球时,可加力抢攻,给双上网的对方予以还击。接发球后的双底线破网应注意以下几点:

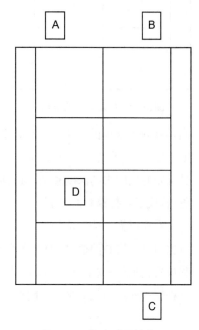

图 3-79　接发球局的站位

组织破网反击首要的是两人紧密协作守住场地把球回击过网:不少接发球方常犯的通病是破网越打越低,结果不是被对手攻死,就是自己无故打下网失误。在双打的失误中,下网失误比出界失误更可惜,因为双打场地宽,对角线也长,一般加力的上旋破网球不易出界,尤其双打网前抢截时,经常误接出界球,有时关键分也出差错,把球回击过网就是把矛盾交给对方,让对方犯错误。

连续破网攻击点的选择:攻击站位偏后者,因为后者距网较远,他无法做出决定性的截击,也很难打出大角度;攻击弱者或表现欠佳、紧张失常者;攻击中路是双打破网回击的最佳选择,造成对方漏接和同时抢截失误极为多见;回击边区球,尤其是从边线外回击的球。

破网和挑高球结合运用。只有把破网与挑高球技术紧密结合运用得当,才能真正发挥双底线对双上网战术的巨大威力。配合挑后场质量高的高球的目的是让双上网的对方有后顾之忧,一旦对方不靠近网,就很难打出有攻击力和大角度的截击球,极大地削弱了双上网战术的威力并迫使对方频频失误。

2. 接发球局的双上网战术

（1）接发球方的站位。

可采用图 3-80 的站位,这种站位对发球方具有挑战性,因为接球员 A 一旦抢攻得手,同伴 B 在网前就有可能捕捉到反攻的机会。当代高水平双打配对在接发球时多采用此种反抢战术,而且配合得熟练、默契,根据发球与接发球对抗的情况,B 的站位可以调整。

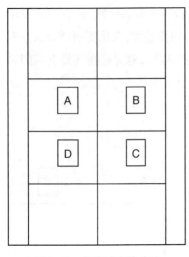

图3—80 接发球方的站位

（2）接发球的要求。

避开对方的抢网：提高接发球质量的首要目标就是避开D的抢网，而高水平的双打发球局不仅发球员C的发球具有强劲的攻击力，而且同伴D的抢网配合默契、积极，这对接球员A的要求是很高的，他不仅要准确地把球回击到对方的场区，而且要避开对方凶猛的抢网，不然同伴B在中场势必被动挨打。

回击的落点：双打接发球回击的落点是很多的，但为同伴抢网创造有利条件的接发球落点，最好是在发球员C冲上网时的脚下，迫使他下蹲从下向上回击（低截击和反弹球），这样的还击对接发球方十分有利。发球员C不能发力进攻，球的飞行路线是从下方向过网的上方飞行，为同伴B创造反抢的时机，有经验的发球员遇到这种接发球会及时采取对策，调整他的上网速度，或加快抢高点进攻或放慢节奏待球反弹高处时再迎击，尽量避开反弹球和低截击，接发球员A则变化回击的深度和角度迫使上网者被动回击，这种进攻与防守、控制与反控制的斗智斗勇，构成了双打精彩的场面。

在探讨为创造反抢的接发球回击落点时，还有以下几种情况：接发球回击重而深的球，虽然也可以躲避D的抢截，但对高水平的发球员C威胁不大，他可以借力截击后仍抢占网前的有利位置，使接发球方感到被动。另一种接发球回击尽量利用双打的边区，如图3—81（1）所示，这种回击深点对发球员C上网至C1处有直接得分的威胁，但他若判断准确至C2处还击，回击

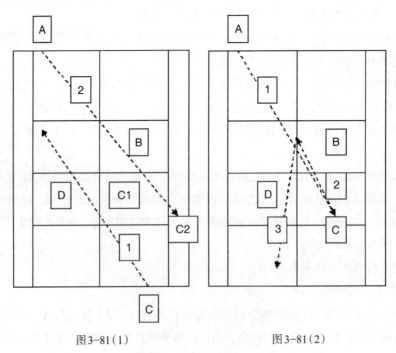

图3—81（1）　　　　　　　　图3—81（2）

图3—81 接发球的要求图解

短斜线或变直线的可能性极大,对B反攻抢截不利;接球员A挑高球过网前队员D成功,就不仅是同伴B抢网了,A也同时随球上网,在网前捕捉进攻的有利时机。

反抢时机的掌握:当接发球员A的回击球落在发球后冲上网的C队员的脚下,使他被迫下蹲由下向上还击,同伴B迅速迎上去封住回击的来球路线果断抢截,向对方的空当或D攻击,接球员A在B向右交叉抢截的同时,向左补位,在网前封住场区,如图3-81(2)所示。

这种接发球反抢的战术在当代高水平的双打比赛中经常出现,它把双打接发球战术推向新水平,发球方为了摆脱困境,有时改为同侧站位,变化发球员的中场截击的路线,大胆变直线以抑制B的抢截;B为此可以给接球员A做暗示,提高抢与不抢的默契程度,虚虚实实,干扰对方,使发球方的双上网战术感到极大的压力。

左区的接发球反抢战术与上述相同,方向相反,因为左区的接发球有不少关键分,所以更加重要,如果接发球员与同伴配合熟练而默契,会为取胜创造良机。

这种挑战性很强的接发球局反抢战术对接发球破网、抢网、近网对拦等高难技术要求是很高的,从发球局抢网发展到接发球局抢网,把双打战术推向新水平。

四、网球双打战术练习方法

(一)双打发球战术练习方法

1. 一区发外角球抢网

发球员位于一区发球时,发球方采用雁式阵型,发球员A发外角球,迫使接发球员C向边线移动完成接发球,由于接发难度较大,C只能回直线球或小角度斜线且回击球质量较低,此时接发球同伴B在网前及时移动,抓住时机使用截击球技术向CD位置中间截击深球完成得分,如图3-82。

2. 一区发内角球双上网

发球员A在一区时发内角球,此时内角的落点是接发球员C的反手位,使对方很难直接穿越得分。当C使用反手技术接发时,A回击较深的斜线球,增加对方处理球难度,同时及时上网占据有利位置,抓住时机使用截击技术得分,如图3-83。

3. 二区发外角球

发球员A在二区是发内角球,此时内角的落点是接发球员C的反手位,使对方很难直接穿越得分。当C使用反手技术接发时,A回击较深的斜线球,增加对方处理球难度,同时及时上网占据有利位置,抓住时机使用截击技术得分,如图3-84。

4. 二区发内角或中间

二区发内角球或中间时很难直接得分,因此需要发球员A发球后及时上网,发球方将接发球员C的接发球拦得较深,争取到优势为己方球员得分创造机会,如图3-85。

5. 发球双上网抢攻

发球员发球后及时上网,在网前完成截击,如图3-86。

(1)如对方接发球回击较深的斜线球时,发球员或发球员同伴应回击较深的斜线球,增加对方处理球难度,为己方上网争取时机,当两人都处于网前有利位置时,使用截击技术攻击接

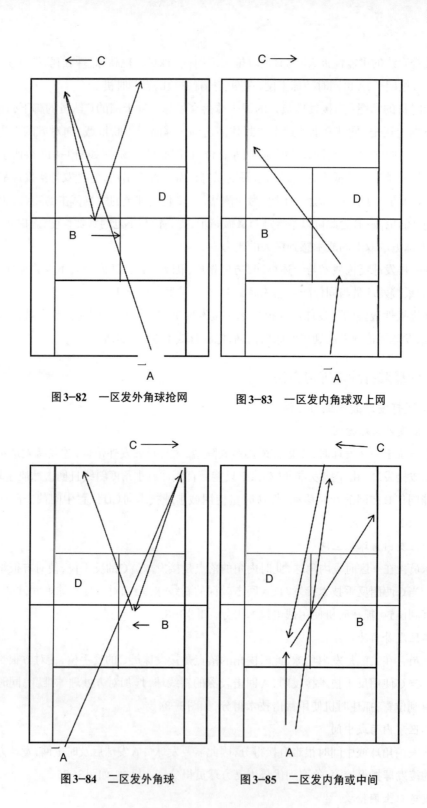

图3-82　一区发外角球抢网　　　图3-83　一区发内角球双上网

图3-84　二区发外角球　　　　图3-85　二区发内角或中间

发球方反手或大角度斜线得分。

（2）如接发球员回击直线球或角度较小的斜线球时，接发球员同伴及时横向移动完成抢网截击。

6. 发球抢网练习

发球方发球员A使用多球向接发球员前方1处发大角度外角球,发球后接发球员C使用多球向网前接发球同伴B附近任意位置连续喂球,由B移动抢网完成得分。练习过程中接发球员C喂球需在保证一定高度的基础上向B附近任意位置喂球,每次发球后喂球3—5次即可进行下一次发球。

在上述练习的基础上要求发球方同伴B向标志物处抢网斜线截击。如图3-87。

7. 发球深度练习

在发球过程当中,较深的发球能够增加接发球员接发的难度,迫使其回击低质量接发球,从而能为己方发球员上网创造更好的时机。

练习者A位于发球线后,使用多球向对面场地底线附近标志物1和2处轮流发球,每两个球为一次,连续成功10次为一组练习。每次或每组发球失误计数清零,直至连续成功10次。练习过程中练习者B在对面场区内使用球框捡球,A完成练习后由B进行练习,2—3组练习后交换发球区继续进行练习。如图3-88。

8. 发球上网截击底线深球练习

练习前在喂球者A所在底线内设置标志物,在发球员所在半场发球线前设置3个标志物,

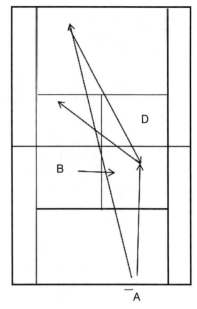

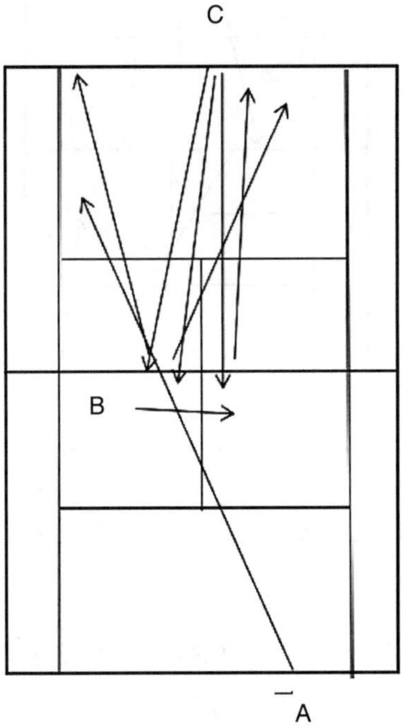

图3-86 发球双上网抢攻

图3-87 发球抢网练习 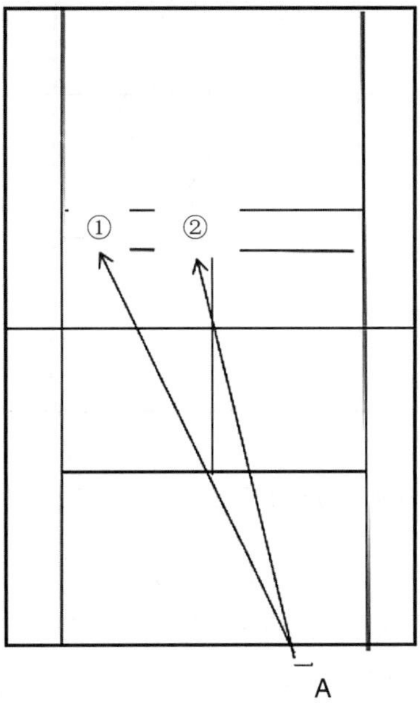　　**图3-88 发球深度练习**

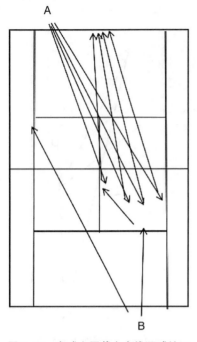

图3-89　发球上网截击底线深球练习

喂球者A与发球员B侧后方放置球框,如图3-89。

单次截击:发球员B在底线发球后立即向前移动上网,喂球者A依次向1、2、3处喂球,由发球员使用截击技术向底线标志物内截击,截击后立即回到原位。

二次截击:在单次截击练习的基础上,在标志物1前方靠近发球区中线位置设置标志物4,发球员完成单次截击后喂球者继续向4处喂球,发球员继续向前移动向标志物内完成截击。

9. 发球上网截击底线深球配合练习

发球方发球员A在底线后发球并向前移动上网截击,接发球员C回击斜线球,发球员A将回击球截击到底线,接发球员C继续回击斜线球,发球员A侧向移动实施二次截击。练习过程以比赛的形式计分,比赛过程中只允许使用上述战术,如图3-90。

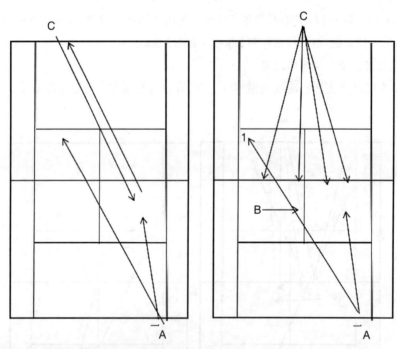

图3-90　发球上网截击底线深球配合练习　　图3-91　发外(内)角球双上网练习

10. 发外(内)角球双上网练习

发球员A在底线后向1处发大角度外角球后立即上网,喂球者C在底线中点处向网前任意位置喂球,由发球方球员A、B完成制胜截击。练习过程中A发球失误时继续在原地发球,成功后立即上网并做分腿垫步动作;喂球者C可在喂球过程中加入适当比例的低位截击球和中场挑高球，A和B根据情况使用截击技术或高压技术完成得分。

发内角球双上网练习可按照同样的方法进行。如图3-91。

（二）双打接发球战术练习方法

1. 接一发打斜线

接一发打斜线球时，需要提前观察对手的发球习惯以及发球特点，选择准确的站位，在接发球时注意力集中及时侧身，使用正手技术抽击大角度斜线完成得分。抽击直线球时需向正在上网的发球员脚下或外角一侧抽击，如图3-92。

2. 接一发打直线

当观察到发球方发球员同伴积极抢网截击时或站位过于靠近中线或技术较差时，可使用接一发打直线战术，接发球员C接A一发后抽击直线球，完成得分。因此战术具有突然性，适合与接一发打斜线战术交替作为偷袭的后备战术进行使用，如果连续使用会使对方网前球员提前预判完成抢网。当对方网前球员技术水平较高、反应较快时也需谨慎使用此战术。如图3-93。

3. 接二发打斜线

当发球方发球员A发二发时，由于二发一般速度较慢、力量较小，接发球方可选择进攻性的接发战术。接发球员C接二发后向对方脚下或外角回击较深的斜线球，迫使发球员A打出低质量回击，接发球方及时上网完成截击。如图3-94。

4. 接二发打直线

当发球方接发球同伴B反手技术较差或站位过于靠近中线，或接发球员A正手击球技术水平较高时，可使用接二发打直线战术。由于二发在力量和速度上的弱势，接发球员C提前预判，及时到位向B反手一侧靠边线方向抽击直线球，完成得分。当发球方同伴B水平较低时，频繁使用此战术可以增加其心理压力，从而降低其网前截击球质量，造成其接球方向选择的疑惑，此时再根据时机使用接二发打直线战术能够更好的得分。如图3-95。

5. 接发球挑后场

当观察到发球方经常使用发球双上网抢攻战术时，可使用接发球挑后场战术。当发球员

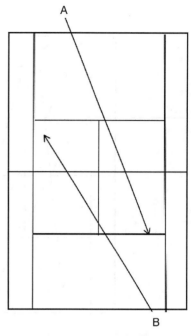

图3-92 接一发打斜线

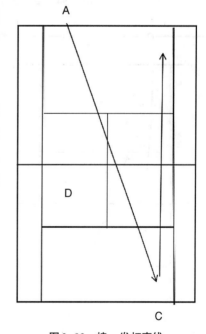

图3-93 接一发打直线

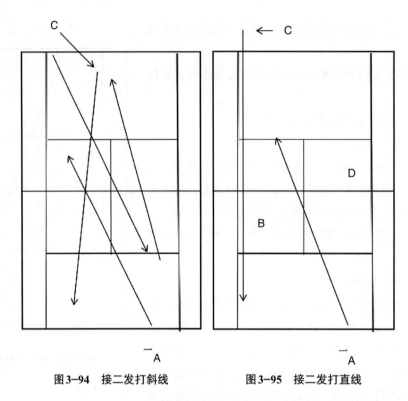

图3-94　接二发打斜线　　　　　　　图3-95　接二发打直线

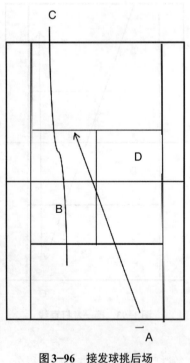

图3-96　接发球挑后场

A发球后，接发球员C接发球向发球员同伴B身后挑高球，迫使B移动到后场回击，此时较深的挑高球需要B进行长距离移动，且回击质量较低，此时接发球方及时上网使用截击球技术或高压球技术完成得分。使用此战术需要接发球员具备较好的挑高球技术水平，同时在比赛中后段使用，由于双方运动员体力消耗较大，长距离移动能够更多地消耗发球方体力或使其失误从而直接得分。对方移动能力强或高压球技术较好时应谨慎使用此战术。如图3-96。

6. 接一发打斜线喂球练习

发球员A在底线后使用多球依次向标志物1、2处发球，接发球员B在对应接发区1、2标志物中间接发，使用正手技术向标志物3抽击斜线球。每球练习两次，每10次为一组，2—3组后双方交换进行练习。练习过程中接发球员B需集中注意力提前移动到位，抽击球要求准确有力，每次练习后及时回复到原位做接发球准备动作。如图3-97。

练习进行到一定程度后发球员A可向1、2处随机喂球，接发球员继续使用正手技术抽击斜线球。

7. 接一发打斜线配合练习

发球员A在底线后向接发球员B发球，接发球员B接发球后使用正手技术向发球员A所在位置抽击斜线球，A接回击球继续向B回击。用比赛的形式进行该项练习，当某一方得5分之后双方交换角色继续进行练习。如图3-98。

8. 接一发打直线喂球练习

发球员A在底线后使用多球依次向标志物1、2处发球，接发球员B在对应接发区1、2标志物中间接发，使用正手技术向标志物3抽击直线球。每球练习两次，每10次为一组，2—3组后双方交换进行练习。练习过程中接发球员B需集中注意力提前移动到位，击球要求准确有力，每次练习后及时回复到原位做接发球准备动作。如图3-99。

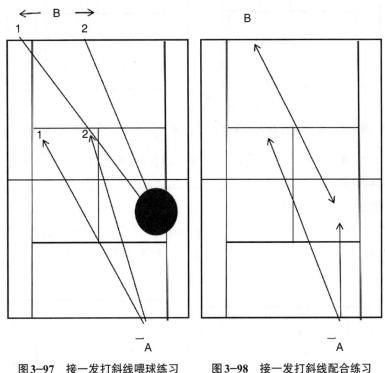

图3-97　接一发打斜线喂球练习　　　图3-98　接一发打斜线配合练习

练习进行到一定程度后发球员A可向1、2处随机喂球，接发球员继续使用正手技术抽击直线球。

9. 接一发打直线配合练习

发球员A在底线后向接发球员C发球。接发球员C接发球后使用正手技术向发球员同伴B所在位置抽击直线球，B使用截击技术向C所在位置截击。用比赛的形式进行该项练习，当某一方得5分之后依次交换角色继续进行练习。如图3-100。

10. 接发球挑后场练习

练习前在发球员所在底线处设置限制区3，在接发球区内设置标志物1、2。

发球员A用多球使用平击发球技术依次向1、2处发球，接发球员B使用挑高球技术将球挑入限制区3内。练习后期发球员A可随机向对应发球区任意位置发球，接发球者B继续使

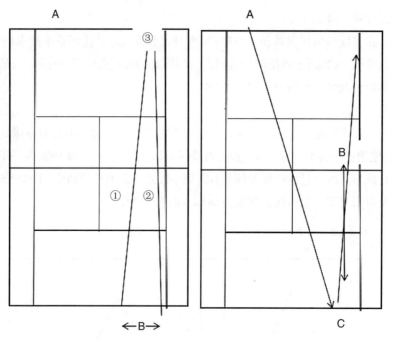

图3-99　接一发打直线喂球练习　　　　图3-100　接一发打直线配合练习

用挑高球技术向限制区内挑高球。每组练习10—15次（失败不计次数），练习2—3组双方交换进行练习。如图3-101。

11.接发球挑后场比赛练习

发球方AB与接发球方CD采用常规阵型进行比赛，比赛过程中只允许使用发球技术和挑高球技术以及高压球技术，其余规则均按照正常双打比赛规则进行。如图3-102。

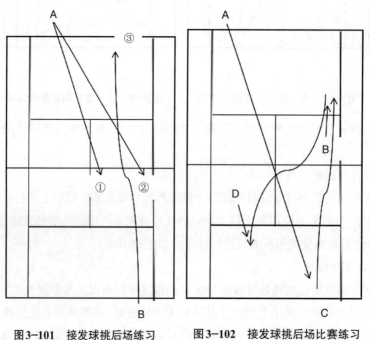

图3-101　接发球挑后场练习　　　　图3-102　接发球挑后场比赛练习

课后思考与讨论

※ 简述网球比赛战术的分类。

※ 设计底线战术练习方法,画出战术示意图。

※ 设计网前战术练习方法,画出战术示意图。

※ 设计发球战术练习方法,画出战术示意图。

※ 设计接发球战术练习方法,画出战术示意图。

※ 设计中场战术练习方法,画出战术示意图。

※ 简述双打比赛阵型分类,并画出示意图。

※ 设计双打战术练习方法,画出战术示意图。

第四章　网球运动教学

学习目标

※ 领会最新的网球教学理念、原则、阶段特点、要求及教学文件的制定。

※ 熟悉并掌握网球运动的教学方法、网球运动教学的组织与实施、网球运动教学的基本步骤。

※ 培养网球理论与实践教学的能力。

重难点

※ 网球教学理念的更新与发展。

※ 网球实践教学过程中节奏的合理掌控。

关键词

网球教学理念　　网球教学原则　　网球教学方法　　网球教学步骤

网球教学大纲　　网球课时计划

　　网球运动教学是教师根据一定的目的、计划和学生的身心特点,指导学生掌握网球理论知识、技术、技能,增强学生的体质,发展他们的认知能力及培养学生的意志品质的教育过程。从广义来说,凡是学习与传授网球知识技能的有组织活动都可以称作网球运动教学。从狭义来说,在特定条件下通过网球知识技能的学习和传授活动来实现特定教育目标的教学过程可称作网球运动教学。根据网球运动技能的形成规律和网球运动的特点,网球技术的教学过程可以划分成三个教学阶段,每个阶段的教学任务及要求都有所不同。

　　首先,是初步掌握运动阶段。此阶段是初学者在熟悉球性球感训练和学习各种新技术时都要经过的阶段。在这一教学阶段,通过教师示范、讲解,学生对技术有一个初步印象,并通过模仿练习,体会肌肉感觉,粗略地掌握动作。此阶段学生对球的落点和弹跳高度判断不够准确,引拍不够及时、充分,会出现多余动作,且动作紧张、费力、不协调。教学中教师应注意精讲多练,抓动作要点,以正确的示范和简练的讲解,使学生初步建立动作概念,多让学生自己去体会动作,不必过多强调动作细节。

　　其次,是纠正错误、改进动作阶段。此阶段主要是消除学生的各种错误动作,改进网球技术,提高动作的准确性、协调性和实效性。学生通过反复练习,逐渐消除紧张,动作质量、击球成功率都明显提高,但动作仍不够熟练,没有形成自动化。教学中教师应通过详细的示范和讲解,启发学生正确理解技术,体会动作细节,使动作日趋合理。要集中精力观察学生的动作毛病,采取针对性措施及时纠正。另外,教师应根据学生的不同情况,加强个别指导,注意因材施教。

最后,是巩固和完善动作阶段。在这一阶段,学生的动作已基本定型,能够比较轻松、准确地完成击球动作。教学中,强调反复练习,逐渐达到动作自动化,力争每一次击球都打得轻松、自如、熟练、省力。在这一阶段应注意练习手段的多样化,要采取分组分层比赛的方式,调动学生练习的积极性,增强学生兴趣。在比赛中达到技能的稳定发挥。

初学者从不会打球到熟练击球,都要经过上述三个阶段,这三个阶段是有机联系的完整过程。因学生个体的素质、学习态度等不尽相同,在不同阶段学习的时间也不同,因此,教师应善于根据学生特点,采取适当的教法,促进学生技能的提高,更好地完成网球教学任务。

第一节　网球运动教学原则

教学原则是对长期教学实践的科学认识,是教学过程客观规律的反映,是教学工作必须遵循的基本要求。在网球运动教学中,既要遵循一般的教学规律和原则,又要遵循网球教学所特有的规律和原则。正确、科学、合理地运用网球教学原则,对制定网球教学计划,优化教学过程,提高教学效果,完成教学任务等具有重要的指导意义。

一、一般教学原则

(一)自觉性、积极性原则

在网球教学过程中,学生是学习活动的主体,教师则处于主导的地位。自觉性、积极性原则是指在教师指导下,充分调动学生学习的主动性和创造性,发挥学生学习的主体作用,使学习成为学生的自觉行为。在网球教学中运用自觉性、积极性原则,应注意以下几点:

1. 明确学习目的

网球运动教学一开始,就应向学生进行学习目的教育,使学生认识网球运动的价值,增强学生学习网球运动的自觉性和积极性。教学开始时,应向学生宣布教学的目的、任务、要求、考核项目与标准。每次课开始时也须使学生明确本次课的任务、内容与要求。在学习每一动作时,应向学生讲明所学动作的作用,使学生始终能有目的地进行学习。

2. 培养学生学习的兴趣

在教学过程的各个阶段中,要根据学生的情况,提出切合实际的要求,使学生通过一定的努力能够达到。要使学生在每次课上都有新的体会,都能看到自己的进步。对基础较差、起步较慢的学生,要多鼓励、帮助,采用适合他们的教学方法,加快掌握单个动作的过程。对基础好、进步快的学生,适当提高教学要求,使他们能学到更多的知识、技术和技能。课的组织应多样化,动静交替,不同的动作练习要穿插进行,并适当采用游戏、比赛等方法,使网球运动教学成为一个生动、活泼的过程。

3. 掌握学生心理活动的规律

在网球运动教学中,教师要善于了解和把握学生心理活动的规律,有针对性地解决教学过程中出现的不良心理现象和由此引起的具体问题。刚学会打网球时容易出现不注意动作质量的冒进心理；遇到困难完不成任务时会出现悲观失望心理；纠正错误、改进动作效果不明显时易产生焦虑心理。教学中，教师应根据导致学生产生各种不良心理现象的原因，因人而异、"对症下药"，采用正确方法来消除不良心理。

4. 发挥教师的主导作用

要调动学生学习的自觉性、积极性，必须发挥教师的主导作用。教师既要为人师表，教书育人，热爱自己的工作，注意自己的言行举止，又要严格要求学生，建立良好的师生关系。在教学上应做到精益求精，上课时精神振作，口令清晰洪亮，手势清楚大方，讲解生动易懂，富有说服力和启发性。教师还应努力提高示范的质量，通过准确、优美、轻松、自如的动作示范，激发学生的学习兴趣。

（二）直观性原则

在网球技能的教学过程中，学生获取有关信息的主要途径是观察，而观察必须借助各种直观手段。直观的手段很多，除示范外，把各种声像和计算机多媒体技术广泛运用于技战术教学，都可收到较好的效果。网球教学中常用的直观方法有：技术动作示范、技术动作图片、技术动作比赛录像、助力和阻力等。通过这些直观的教学过程，使学生认清各项基本技术特点、运用范围、动作方法和要领、动作结构和动作之间的相互内在联系，使其建立正确的技术动作概念，从有意识的模仿，达到尽快地掌握技术动作的目的。

运用直观方法应注意以下几方面：

（1）在运用直观方法教学中，应让学生知道看什么和如何看。

（2）教师正确的示范，生动的讲解，充分利用动作声像教材的演示特点和作用，对提高直观教学的效果能起到积极作用。

（3）善于对学生中普遍性问题，通过正误对比的方法，启发学生的积极思维，提高他们分析技术动作的能力。

（三）循序渐进原则

循序渐进原则是指教学中根据学生的认知规律、动作技能的形成规律和人体生理机能活动能力的变化规律，正确安排教学内容和运动负荷，选择教学方法，由简到繁、由易到难、由未知到已知，逐步深化，使学生能系统地学习和掌握知识、技术和技能，逐步发展身体，增进健康。在网球运动教学中运用循序渐进原则，应注意以下几点：

1. 制定好教学文件

进行网球运动教学，必须制定切实可行的、完整的教学文件，以保证网球运动教学工作系统有序地进行。教学文件包括课程教学大纲、学期教学进度、课时计划（教案）等。教师应认真研究教材，了解教材的系统性，把握各项教材之间的关系，以便在编制教学文件时，体现循序渐进的原则，使每学期、每次课的教材前后衔接，逐步提高教学要求。

2. 安排好教学内容和组织教法

在安排教学内容和组织教法时，要由简到繁、由易到难、由浅入深，循序渐进，逐步提高，以利于学生接受。例如，初学者须先熟悉球性，然后再开始练习打球；教授某一动作前，先徒手练习,再空拍练习,再进行有球训练。进行正手或反手技术训练时,先让学生做原地击球练习,待其熟练后,再进行跑动中击球练习。

3.逐步提高运动负荷

一次课的运动负荷应从小到大,逐步上升,并保持在一定的水平上,然后逐步下降。一个季节或一个学期的运动负荷安排,也须遵循这一原则。这不仅有利于增强学生的体质和提高运动能力,也有利于运动技能的提高和巩固。初学者球性差,练习时肌肉紧张,容易疲劳,运动负荷不能太大。待身体、技术基础提高后,再逐步增加练习时间。

(四)因材施教原则

因材施教原则是指在教学中,既要面向全体学生,提出统一要求,又要根据不同学生的个体差异区别对待,把集体教学和个别指导结合起来,使每个学生的才能和身心健康都得到充分的发展。在教学中运用因材施教原则,应注意以下几点:

1.了解学生的一般情况和个体特点

在教学时,教师应通过各种途径和方法,切实拿捏学生的情况,如思想素质、意志品质、组织纪律、接受能力、身体状况、网球基础等,既要掌握教学的一般情况,又要了解学生的个体特点,以便采取不同的措施,因人施教。在网球教学开始时,一般可实行一次摸底测验,以了解学生的网球技术基础。

2.一般要求和个别对待相结合

在教学中,教师在面向全体学生的同时,还要注意兼顾两头,个别对待。对基础好、接受能力强的学生,可加快进度,提出更高的要求,以满足他们的学习欲望。在练习中,对少数基础好的学生,可以安排较长时间和较高强度的练习。对基础差、接受能力弱的学生,则应耐心辅导,适当放慢学习速度,降低练习规范,使他们能逐步达到一般要求。

(五)巩固提高原则

巩固提高原则是指在网球教学中,使学生新学的网球的基本理论、技术、技能,逐步提高和完善,建立正确的动力定型,能在学习、训练、比赛中熟练地运用,并不断地巩固和提高。课堂提问、课外练习和作业、课外辅导、教学比赛、测验以及期末考试等都是巩固和提高学生效果的有效方法。在网球运动教学中,合理地运用巩固提高原则,应注意以下几点:

1.集中安排网球课

网球课最好相对集中,每周2—3次课,以利于运动技能的巩固,避免因课与课间隔太久而发生运动技能的消退。

2.反复练习,逐步提高

在教学中,要组织学生进行反复、经常的练习。在初步掌握动作后,就应进行大量的练习,动作从量变到质变,逐步形成正确的动力定型。反复练习不是简单的重复,而是要不断提出新的、更高的要求,并经常进行技术评定,使学生看到自己的进步,激发学生学习的自觉积极性,促进运动技能的巩固与提高。

3.改变练习条件,提高练习难度

在网球运动教学中,改变练习条件对巩固提高所学知识、技术和技能可以起到良好的作用。改变练习条件，不仅可以检查学生掌握技能的熟练程度，使学生的运动技能得到进一步的发展，还可以丰富教学手段，提高学生对学习的新鲜感。例如，在学习了反手击球和反手削球后，可以进行正手击球—反手击球—正手击球—反手削球的跑动中练习，或者是在双方对打几个回合后，一方在打出落地深的回球后，随球上网截击。

（六）系统性原则

根据系统性原则，要求教学计划、教学内容、教学方法和步骤，都要根据网球运动规律和学生认识事物的规律作出科学的安排。

二、专项教学原则

依据网球运动技能的开放性和隔网对抗性理论，深入研究网球运动的特点和网球教学的实践经验，从认知策略的角度可以提出如下特有的教学原则：

（一）专门性知觉优先发展的原则

网球是以球拍为工具、用球拍击球的运动，场地、器材等要素构成了特有的运动环境。对环境和器具的感知是专门性知觉发展的过程，其中球拍对球的控制能力对网球教学至关重要，教学中常常采用大量的多球练习来优先发展这种能力，以确保技术动作的学习。因此，专门性知觉优先发展是网球运动所特有的教学原则。

（二）学习技术动作与实战对抗运用相结合的原则

网球技术的对抗性和开放性决定了其教学过程必须把实战对抗能力放在重要地位。从认知策略上来说，技术动作的学习与实战运用相结合发展，符合开放性运动技能教学的规律。学生在习得网球技能时首先建立起在移动中对抗的概念和技术实效的概念，而不是把技术仅视为固定程序的身体操作。从某种意义上来说，从实战中学和在适应中学是网球技能形成与发展的普遍规律，因此，必须把技术动作的学习与实战运用的能力培养发展结合起来。

（三）技术个性化和区别对待的原则

技术动作的规范性是网球教学普遍追求的目标。规格和规范是指动作的基本结构符合人体运动学特征，达到节省和实效的目的。由于学习者在身体形态、行为习惯、身体素质、智力和网球运动经历等方面存在区别，使得"技术的规范化"的个体表现也存在较大的差别。教学的目的是使初学者通过练习，形成符合自身条件的动作完成方式。因此，网球教学要在规范化的基础上遵循技术的个体化原则，容许学生之间存在技术动作上的细微差别。由于个体差异的存在，网球教学必须根据对象的不同来选择不同的教学方法，要照顾不同能力的对象的学习速度，贯彻区别对待原则。

第二节 网球运动教学方法

网球运动教学方法是指教师根据一定的教学目的和计划，为完成网球教学内容和任务所采用的符合学生认知规律的有效的教学手段。在教学中，通常会采用以下一些教学方法：

一、语言法

语言法是指教师正确地使用各种语言指导学生明确网球教学任务,掌握教学内容,从而加速领会网球技术技能的一种教学方法。教师通过有效的语言反馈,可以使学生从外部获得自身所做动作正确与否的信息,从而有利于学生掌握动作。其具体形式有:讲解、口令和指示、口头评定、默念与自我暗示等。

(一)讲解法

讲解是网球教学工作中运用语言法的最普遍的一种形式,即教师用语言向学生说明教学的任务、内容、要求、动作名称、动作要领等的一种方法。它在思想教育、理论和实践教学中都起着重要的作用。在网球实际教学中,教师运用语言启发学生积极思维,加深对教材内容的理解,促进对技术、技能的掌握。讲解的科学性和艺术性,是教师教学水平的一个重要标志,对教学效果有很大的影响。教师在教学过程中要不断总结经验,在语言表达上做到精益求精。在具体运用时,应注意以下几点:

1. 目的明确,有的放矢

根据教学任务和学生的实际情况,有针对性、有区别地进行讲解,注重客观效果。在理论课或专门分析、讲解技术动作时,可以较详细地讲;但在练习课上(特别是学生练习情绪很高,打得正起劲时)应尽量少讲。

2. 生动形象,简明扼要

生动的讲解,能给学生留下深刻的印象,帮助学生迅速理解动作要领,建立完整、正确的动作概念。在讲解形象化方面,教师可以充分发挥自己的创造性,通过比喻、夸张等方法,来增强直观效果。网球教学的讲解,应力求简明扼要,抓住关键。要熟练地运用网球术语来反映动作要点,以便于学生理解和记忆。

3. 与示范紧密结合

网球教学中,讲解和示范是相互补充、相辅相成的。示范主要展示动作的外部形象,讲解则能反映技术的内在要求。正确的动作示范配以生动形象的讲解,能够引导学生把直观感觉和理性思维很好地结合起来,达到更好的教学效果。

(二)口令与指示

口令与指示是指教师通过口令、命令的方式来指导网球实践教学的练习方法。比如,底线正手击球动作"准备,引拍,击球随挥"过程用"一、二、三、四"的口令来执行;教师送球练习时,当球到合理的位置时,应大声命令和提醒学生"打"。

(三)口头评定

口头评定是按一点的标准,对学生的行为表现练习完成情况以口头方式进行评价的方法。

口头评定运用很广泛,是教师对学生掌握知识、技术、技能的情况和思想作风等方面表现的一种反馈。在网球技术教学中,一般运用口头形式给学生以即时反馈者为多。即在学生做练习后马上进行指导或提出新要求。最好在完成动作后的25—30秒内。因为一般对动作的记忆大多是在大脑皮层的短时间储存,超过25—30秒就会消退25%—30%。

在口头评定学生的思想作风表现时,原则上应讲究实事求是。但对自尊心强、想得又比较多的人,应讲究方式、方法和说话的分寸。而对屡教不改,又满不在乎的人,可考虑说得适当重些。

(四)默念与自我暗示

默念与自我暗示可看作是无声的语言。在编制此类套语时,应注意目的明确并与个人实际密切结合,所用语言应尽量准确、生动、形象,以最能引起相应的联想为好。实际运用中采用暗示,小声提醒自己击球动作常用的关键性语句,如"早引拍""站稳""打""一、二、三……"等。

总之,正确有效的语言使用有利于加快学习过程的效果。使用语言法时,它对学生的反馈内容应该是积极的,而不是消极的。应该具备下列特点:

1. 有针对性而不是泛泛的

有针对性的反馈内容应包括有关运动员应如何去做、如何解决或纠正问题的简单而明确的信息。它可以使运动员了解一个错误动作的原因。例如,在练习正手击落地球时,有针对性的反馈内容(有效的)应是你的击球点应在身体的右侧前方,这样有利于发力,太后会影响你的击球效果,因此要提前挥拍;而泛泛的语言反馈内容(无效的)是:"你这次正手击球不是十分好,击球时太迟了。"

2. 建设性的而不是破坏性的

建设性反馈承认运动员动作的积极方面,并提出改进的积极方法。例如,在学习发球时,建设性的反馈内容(有效的)是:"你发球的力量很大,已经对对方造成了威胁;但是,要注意对球的落点提高控制,并增加发球的稳定性。"

3. 迅速的而不是延迟的

在学生完成动作后应尽可能快地给予有效的反馈内容。这时学生对刚完成的动作有更清楚的记忆和运动本体感觉,所以是从反馈中汲取有益东西的好时机。

4. 明确的而不是含糊不清的

检查学生是否清楚地理解了你的反馈内容显然是重要的。让学生告诉你他对你说的内容怎么想,或者他认为你想让他怎样做。如果他已清楚地理解了你的反馈,你可以强调一下反馈,"是的,这正是我的意思"。如果他误解了,你则可以澄清自己的意思。

5. 针对可改变的行为

反馈应使运动员集中在能够做到的动作改变上。例如,有的学生击球动作正确但球速不快,在这种情况下,教师应针对全身肌肉力量差这个原因反馈给运动员。因为这个问题是可以通过训练得到改进的。

6. 一次只纠正一个错误动作

一个学生一次只能对一个指令产生反应。教师应记住他观察到的所有情况并且确定哪个错误动作是最主要的。任何反馈都应一次只纠正一个错误动作,并要首先纠正最主要的错误动作。

二、直观法

（一）动作示范

动作示范是进行网球技术教学时最常用的一种方法。教师根据任务选择具体的动作为范例，使学生了解需要学习的动作形象、结构、要领和方法。它不仅有利于学生形成动作表象，而且还能引起学生的兴趣（尤其是当示范的动作非常协调、漂亮时）。因此，教师应经常研究探讨，不断提高动作示范的质量。具体运用动作示范法时，应注意以下几个方面的问题：

1. 队形组织与示范位置

进行示范时，首先要安排好学生的位置，不要让学生面对强光。教师的示范位置应使每一个学生都能看清动作，示范点要依队形的长短及场地情况而定，一般以距排面2—3米为宜。距离太近或太远都会影响示范的效果。

2. 示范面与示范速度

网球教学的示范面主要有正面、侧面和背面。选择哪个面进行示范，取决于所教动作的结构和教师的教学意图，关键在于要使学生看清重要的技术环节。示范以中速为宜，但有时为了使学生看得清楚，可以用较慢的速度进行示范。

3. 示范与观察的重点

网球教学中的示范，要做到主次分明，重点突出。在每次示范前，应根据教学内容和任务，对学生观察示范动作提出明确的要求，指明观察的重点和任务。教师可在完整示范后，进行分解动作示范或重点动作示范。不能在一次示范中要求学生什么都看，结果是什么都没看清。

4. 正误对比示范

在学习新动作时，为了使学生更清楚地建立动作概念，预防错误动作的发生，或是在纠正学生的错误动作时，为了使学生明确自己的错误所在，教师在进行正确技术示范后，可以形象地模拟一下常见的或典型的错误动作，使学生通过鲜明的对比，对正确技术和错误动作都有更明确的认识。

（二）直观教具与模型演示

充分发挥图表、模型和照片的作用。目前在网球教学中这方面做得还较欠缺，今后有待加强。真人示范往往一晃而过，直观教具可以长时间观摩，而且还可以根据情况突出某个细微的环节。

（三）电化手段演示

应充分发挥电影、录像的作用。看一次实际训练或比赛，往往印象不深；或看了这个，看不了那个；注意了这方面，忽略了那方面。而电影和录像却可弥补此缺点。特别是慢速电影，更有它的独到之处。

（四）助力与阻力

借助外力（如教师）的帮助或对抗力的阻碍，使学生通过触觉和肌肉的本体感觉，直接体会动作的要领和方法，多在初学或纠正错误动作或体会某一动作细节时运用。

如，在球网上再加一条细绳来调节学生击球的弧线，从而达到将球打深的目的；在对方球场上放置几个圆锥体，以提高学生击球的准确性。

三、分解法与完整法

在具体实施教学时，一般有两种方法可采用，即分解教学和完整教学。

（一）分解教学

分解教学是把一个完整动作的技术，合理地分成几个部分，按部分逐次进行教学，最后使学生完整地掌握动作技术。分解教学的优点在于能化繁为简，化难为易，使复杂的动作变得简单明了，从而简化教学过程，增强学生学习的信心，有利于学生更快更好地掌握复杂动作。

但是，分解教学如果运用不当，就容易造成动作割裂，破坏动作结构的完整性，从而影响正确技术的形成。因此，在进行分解教学时，必须考虑到各部分动作之间的有机联系，使动作部分的划分不致改变动作的结构；同时，要使学生明确所划分的部分在完整动作中的位置与作用。此外，在通过分解教学使学生基本掌握所授动作之后，应适时向指导完整动作练习过渡，以便使学生更快地掌握完整技术。应明确分解只是手段，完整才是目的。

（二）完整教学

完整教学是从动作的开始到结束不分部分和段落，完整地进行教学。这种方法的优点是，能保持动作的完整性，不会破坏动作的结构和各部分之间的内在联系，便于学生完整地掌握正确技术。对于比较简单的动作常采用完整教学。

（三）混合教学

分解教学与完整教学是相对而言的，对于整体来说是分解的，对于局部来说则是完整的。采用哪一种教法，应根据动作的复杂程度和学习者的接受能力而定。学习简单技术时，完整法优于分解法；而学习复杂动作时，分解法又优于完整法。动作的复杂过程，对具体学生来说也是相对的。对基础好、学习能力强者，可能是简单技术，宜采用完整法施教；而对基础差、学习能力弱者，则可能是复杂技术，宜采用分解法施教。

在网球教学中，应把分解教学与完整教学很好地结合起来。采用分解教学应以掌握完整技术为目的，通过分解练习体会动作要领，并积极创造条件向完整练习过渡。在完整教学中，亦可以用分解法来加强局部动作的练习。

网球教学中常用的方法是"完整、分解、再完整"练习法，这是一种以完整教学为主导，把分解法和完整法很好地结合起来的教学方法。在教师示范、讲解后，就让学生完整试练，初步建立完整的动作概念，然后再进行一定的分解练习，使学生初步掌握分解动作要领，接着又转入完整动作的练习。

另一种常用的方法是"分解、完整、再分解、再完整"练习法。在教学中，先进行分解练习，让学生初步体会分解动作要领后，即转入完整练习；然后再进行分解练习，改进局部技术，最后再进行完整练习。通过几次循环，达到完整地掌握动作技术的目的。

当学生水平较低、训练目标难度大（如打超身球的战术）时，最好使用混合教学法；当学生水平较高、训练目标容易达到（如侧身正手击球）时，最好使用普通教学法；当学生虽是高水平的学生，但训练目标难度极大（如两分之间的行为反应）时，最好使用分解教学法。

总之，在网球实际教学中，没有一种能适合于各种情况的方法。能够设计适合于环境和学生特点的合理的教学法的教师才是最好的教师。当选择分解和完整教学法时，教师应考虑以下几个因素：

1. 学生的水平

原则上，在训练初学者时，更多地使用分解教学法；训练高水平的学生时，更多地使用普通教学法。

2. 技能的复杂性

一般来说，当教有难度的技术动作（如发球）时，更多地使用分解教学法，当教易学的技术动作（如正手击球）时，更多地使用普通教学法。

3. 技能组合的难度

原则上，当训练关闭性技能（如技术方面）时，更多地使用分解教学法或混合教学法；当训练开放性技能（如战术方面）时，更多地使用普通教学法。

4. 结合运用

当对方是一个初学者，训练目标有难度时（如发球），最好使用分解教学法；当对方是一个初学者，训练目标容易达到时（如正手击球），最好使用混合教学法；当对方是一个初学者，训练目标很容易达到时（如上下拍球），最好使用普通教学法；当教小网球（如塑料球拍、泡沫塑料球）时，最好使用普通教学法。

四、预防与纠错的方法

教师在教新动作前，应考虑到可能出现的错误，并设法预防。但由于各种原因，学生在学习中仍会产生这样或那样的错误，教师应及时予以纠正，谨防形成错误的动力定型。预防与纠正错误动作，应先找出产生错误动作的原因，再对症下药。例如，有的学生学习目的不明确；有的学生对所学动作的技术概念不清。这可能是由教师与学生两方面的原因造成的。如教师讲解不清或教法不当，学生不虚心听讲、自以为是或本身理解错误都可能形成错误的概念，形成不正确的动作，因此应请学生讲解并示范动作要领，发现错误，及时纠正。另外，教师应经常检查提高自己的教学水平。有的学生形成不利的心理因素，如有人怕动作大，以致形成腰、腿都不会动的错误动作；从而，要从道理上讲清、用实例说明。有的学生身体素质不好，如协调性差，打球动作僵硬等，因此要有针对性地进行身体训练；还有的错误技术动作是因为教师安排的练习内容不当造成的。总之，在学生出现错误动作时，要针对不同的情况，对症下药。

五、练习法

网球教学中分为不打球的徒手动作练习（可分手法、步法及二者的结合练习）与打球练习。打球练习又可分为不上场（如垫球、拍球、对墙击球等）与上场的打球练习。上场的打球练习，又可分为单球与多球练习，也可分为单人击球练习与对打练习。在网球课的实际教学训练中，教师可以采用很多种不同的练习方法。但无论怎样，当教师设计适宜的教学方式和练习方法时,必须要考虑一些最基本的要求,如场地数量、学生人数、可使用的球数、学生的水平、练习目的、学生送球的能力(用手送、用球拍送或对打)、挡网、后挡墙和其他可提供的设备等。常见的网球练习方法如下:

(一) 多球喂球练习

教师将学生分成一排或两排,教师及助教分别给每排依次原地、发球线位置,隔网送球,学生依次轮流击球,每位学生完成击球任务后迅速跑动去捡球,立即回到队伍进行挥拍模仿练习。多球练习中应考虑的问题:

(1)球筐应放在教师不持拍的一边。这可使教师拿球方便,并提高送球效率;也容易让队员把球放进筐里。

(2)当送球时,观察学生而不要盯着球的飞行。

(3)根据每个学生的水平变化送球的速度和难度。

(4)人数越多,每个学生多球重复的次数越少。如,3名队员——每个队员连续打4次球后轮换;6名队员——每个队员连续打2次球后轮换;但如有可能将队员限制在3名以内。

(5)人数多,快速送球是可取的(如同时给两组送球)。

(6)在行列中等待打球的学生要保持运动状态(如挥拍、慢跳等)。

(二) 两人互抛球喂球练习

将学生分为两人一组,一位学生持球拍击球练习,另一位学生在一旁抛球辅助练习,练习完成两人角色互换,直至完成练习。

(三) 一人自抛自打练习

学生一手持球置于身体前方腰部高度的击球点位置,另一只手持牌并引拍击球。该练习有利于学生掌握击球点的位置,同时也便于教师观察学生的掌握进度并给予指导。

(四) 分组相互喂球练习

将学生们分为若干组,安排一名学生喂球,其他学生依次排队进行击球练习。

(1)一人击一球轮转排队练习。

(2)一人击多球轮转排队练习。

(3)要记得依次轮换喂球的学生。

(五) 对打练习

1. 无障碍的对打

每对学生面对面。学生互相打给对方或打过假想的障碍。

2. 有障碍的对打

如在球场纵向中间拉一根绳子,形成6个小球场。12个队员可同时进行练习。

3. 轮换对打

从半场到全场的对打,这个练习通常在一块球场上,可最多有6名学生对打。但可在每次对打后进行轮换,因此可有12名队员进行练习,三对选手对打并且另三对选手轮换上场。

4. 比赛式对打

这种多球练习是由教师送球给学生,并结合比赛中的情形进行练习,如教师送一个正手、一个反手、一个中场随击球、一个拦击和一个高压等。

（六）多种形式组合练习

如果能在一个班中把相同水平的选手分成一个组,那么便可使用多种练习方法。根据每种练习方法(通常在一块球场上)组成不同的活动或练习(如一个场地练习发球,一个场地练习截击,一个场地练习底线击球)。在一段时间后各组进行轮换。当训练将要结束时,每个学生都进行了各种不同形式的练习。

（七）变换练习

（1）改变记分。如重点放在良好随挥动作的记分方法。只要学生随挥动作良好,便可得一分;如随挥也好,并且打出去的也是好球,便可得2分。如随挥动作不好便不能得分。

（2）改变比赛。如在练习中组与组之间的比赛。以此来代替个人之间的比赛。

（3）变化或更改规则。如当练习发球上网时,可用12分记分制,鼓励底线队员破网穿越,以达到不使用挑高球的目的。

（4）缩小场地尺寸。如当练习发球上网时,让发球方从发球线附近开始并只用半个场地。

（5）变化目标的大小(变大或变小)以保证明显的挑战性。

（6）变化给每个队员送球的难度:送容易打的球给水平低的选手,送难度大的球给水平高的选手,以此保证全组队员的击球成功率。

（7）充分利用球场。如有9名队员练习的话,最好是将他们分为3组。教师一组一组地进行多球练习。而不要将他们编为一大组进行多球练习。

（8）练习的难度应逐渐增加,直到达到比赛的需要,不要忘记——儿童来找教师是为了打网球——让他们打比赛。

记住一个好的练习方法用的时间太长,也能变为一个坏的练习方法。

六、比赛法

比赛法既是教学的方法,又是检查教学的手段,在调动学生的积极性方面具有特殊的作用。比赛按其内容可分为专门性的技、战术比赛(如正手底线对攻比赛、发球上网比赛等)与实战性比赛;按比赛的规模与气氛又可分为内部比赛与公开比赛;按比赛的分数还可分为规则规定的比赛和特定比分比赛(如抢四局、AD后、Duece后或抢七等)。运用比赛法时,可根据不同的目的,选用不同的比赛方法。另外,还应特别注意在整个网球教学计划中比赛所占的比例。

第三节　网球运动教学组织与实施

一、网球运动教学分组

（一）混合分组

混合分组就是把网球技术水平不同的学生有目的、有计划地编在一个教学组里,即把技术基础较好者与技术基础较差者组编在一起。这种分组方式在人数较多的班级和初学阶段运用效果较好。强弱搭配,使技术基础较好者起到骨干作用,协助教师对初学者进行技术帮助。学生之间开展互教互学,有利于教师照顾全班的情况,统一组织教学,达到教学的一般要求。

但是,采用这种分组方法满足不了技术水平较好的学生的学习要求,有可能影响他们的学习积极性。因此,在教学过程中要安排一定的时间对他们进行专门的辅导,使他们在原有基础上得到提高,以便更好地发挥教学骨干的作用。

(二) 按技术水平分组

按技术水平分组是把全班学生按技术水平的高低编在不同的组里,同一组学生的水平比较一致。这种分组方式便于教师根据各组的不同情况布置不同的教学内容,选择不同的教学手段,安排不同的练习和承担不同的运动负荷。这种方法能较好地体现因材施教的原则,便于区别对待,满足不同技术水平的学生的不同要求。对于水平较高的组,教学进度可以快些,练习的分量可以大些,难度可以高些,以提高学生的学习兴趣。对于水平较低的组,教学进度可以适当放慢,难度可以适当降低,以使学生能达到一般的教学要求。另外,教师还可以根据学生掌握技术的实际情况,定期或不定期地调整组别,以调动学生学习的积极性。

但是这种分组方法不利于教师全面把握班上的情况,不利于统一组织教学活动,掌握不好容易导致顾此失彼。尤其在教学新教材时,对技术基础较差者而言,教学效果不如混合分组好。采用这种分组形式时,教师应重点辅导技术较差的学生。

上述两种分组方法各有利弊.可根据学生不同阶段的具体情况灵活采用。例如,在初学阶段可以采用混合分组,到了巩固和完善动作阶段则可以重新按技术水平分组。除了以上两种分组方法外,还可以按性别分组;对少年儿童的教学还可以按年龄分组。此外,还应加强对小组长的培训,尽可能让他们预先了解课堂进程和教师的意图,让他们当好"小老师",帮助教师维持好课堂秩序,组织好课堂教学。

二、网球运动教学顺序

初学者学习打网球,首先要从熟悉球性开始。你若是想回击一个来球,首先要从球来的方向判断球飞向哪,落点在哪,弹得有多高。这个过程对初学者相当重要。初学者若想绕开这个过程直接进入下一阶段,就会适得其反,事倍功半。

其次要练习步法。可以说任何体育活动对步法的要求都非常严格。打网球时,步法不到位,身体离球太远,会造成伸着胳膊接球的状况;身体离球太近,又没法挥拍击球,因此教师对学生步法的要求一定要严格,马虎不得,这样才能为稳定的击球打下坚实的基础。

再次是学习正手击球。一般来说,网球选手的正手一般要强于反手,正手攻击的范围和力量也更大,精度更高,更容易主动得分。初学者从正手练习,进步会比较明显,能打几个来回球后成就感很大,可充分调动起学习积极性,利于下一阶段教学的开展。

学习完正手击球后,就要进入反手击球的学习。一个优秀的网球选手,不光要有一个强劲的正手,反手同样要很出色。反手击球不仅仅是要把球平稳地打回去,在用正手把对方充分调动起来后,反手可用作直接得分的手段。

现代网球运动,越来越重视发球的攻击性。一场比赛,若选手没有强力的发球做保证的话,要赢得比赛是相当困难的。发球方若发出 Ace 球或发球直接得分的话,不仅可比较轻易地保住自己的发球局,而且对于建立信心、摧垮对手的意志也有很大的作用。

比赛中,若一方比较被动,另一方又很主动时,主动的一方若积极上网,也可以利用截击直接得分,或迫使对方失误造成失分。这样可避免底线的拉锯战,节省体力。因此,截击是教学的一个重要内容。

上述各项技术教学完成后,可根据情况讲一些如何打反弹球、高压球、挑高球或放小球的技巧。这些技巧在高水平的比赛中也经常应用。

三、网球运动教学进度安排

教学进度是教学大纲的具体化,是将大纲规定的教学内容合理地分配到每次课中。教学进度安排得是否合理,在很大程度上影响着教学效果。

(一)单一教学

单一教学是指在一定的教学时间内只教一种技术,待学生基本掌握这种技术后再转入另一种技术的教学。

单一教学是一种"集中力量打歼灭战"的方法,其特点是教学内容重点突出,能集中时间与精力解决关键性的技术环节,使学生较快地掌握一种动作。但是,采用单一教学时,教学内容显得单调,学生容易产生厌烦情绪。而且因教材内容过于集中,身体局部负担过重,容易造成疲劳。因此,在教学中应适当增加游戏,或经常变换练习方法以动静交替,使课堂教学成为饶有兴趣的、引人入胜的实践活动。这种安排适用于课时较少的学校。

(二)综合教学

综合教学是指在一段教学时间内,连续地、循环地进行多种技术的教学,即让学生在初步接触了一种技术或动作后,立即转入另一种技术或动作的学习。进行一轮各种技术或动作的教学后,再进行另一轮的教学。如此循环进行,直至全面掌握各种技术。

综合教学亦称为"平行连贯教学"。它是一种"全面接触、循环往复"的方法。其特点是,学生能够在开始学习不久,全面地接触各项技术,教学内容更新快,练习形式丰富,学生学习积极性高,能在较短的时间内掌握多种技术。进行综合教学时,课的密度、强度都较大,课堂组织要严密,对教师教学能力的要求也较高。在安排每次新的教学内容时,要注意教材内容的前后衔接和不同教材内容的分量。教材内容不宜太多,一般以2、3项为宜。由于每一轮教学类似于"蜻蜓点水",所以还要求在比较完整的一段教学时间内,有足够的课时来完成多轮教学循环。这种教学安排适用于课时较多的学校。

第四节　网球运动教学文件制定

一、教学大纲

(一)教学大纲的作用

网球教学大纲是依据学校专业教学计划而制定的课程教学纲领性文件,它反映出网球课程在学校专业教学培养计划中的地位,是网球课程组织(教研室、组)和教师个人组织网球课程教学工作的基本依据。在教学大纲中规定了课程教学的基本任务,体现了课程教学工作的主导思想,限定了教学的知识范围,确定了课程的考核标准和方法,是衡量教学任务完成情况的基本依据。科学合理地制定教学大纲可使本门课程的教学为学校的培养目标服务;同时,教学大纲的建设也是课程建设的主要内容之一。

(二)教学大纲的结构与内容

1. 说明

主要阐述大纲制定的依据和课程的性质,扼要阐明编制大纲内容的主要原则,提出教学中确保大纲完成的措施等等。

2. 教学目的要求

阐述本门课程在教育、教学及教养方面的具体任务。一般包括网球课程专业知识技能方面的要求、发展学生身体素质方面的要求和思想品德教育等方面的要求。

3. 教学内容及时数分配

阐述课程中理论、技术、战术及规则裁判法和相关的基本能力培养等不同教学内容的时数划分比例,理论教学与实践教学的比例,理论教学的题目和课时等等,通常以表格的形式来表述。

4. 教学内容纲要

是教学大纲的主体部分。它通过知识点的形式把教材中各章节的内容包括政治素质教育、体能素质教育、实际能力培养的内容详细罗列出来,并根据教学的要求,选定不同的教材。

5. 考核方法

依据教学的目的确定课程考核方法与标准。

6. 教材及主要参考书

列出本门课程使用的教材和主要教学参考书。

(三)制定教学大纲的基本要求

(1)从实际出发,体现教学计划中规定的培养目标和要求,准确地提出网球教学的总任务。

(2)根据教学任务合理地精选教材,要把主要的、基础的和先进的知识内容列入教学大纲。要主次分明,注意科学性、系统性和实用性。

(3)合理地分配教学的时数,注意理论教学与实践教学的适当比例,以确保教学任务的完成。

(4)重视考核的内容与方法,合理地确定理论知识与技术实践考核成绩在总成绩中所占的比例,使考核结果能够有效地衡量学生学习的水平。

二、教学进度

(一)教学进度的作用

教学进度是根据教学大纲所规定的任务、内容和时数分配,把教材内容具体落实到每次课中的教学文件。它是依据网球知识技能和认知学习基本规律而确定的教学内容的逻辑序列，因此，它是教学法和教学策略的反映。合理地制定教学进度对提高教学的质量与效果具有重要作用。

（二）教学进度的格式

教学实践中，通常采用的教学进度有两种格式：

（1）表格符号式：把教材内容按编号顺序逐个列入教学内容栏内，然后按出现的先后顺序在相应的课次栏内打"√"标记，科学地排列组合，从而反映出每次课的教材安排和整个教材排列顺序及数量，如表4-1所示。

表4-1　教学进度表（一）

编号	教学内容	时数	出现次数	课　　　　　次										

（2）顺序名称式：按课次的顺序将各类教材的名称填入表格的教学内容栏内，在课程类型内填写采用的组织方式，如理论讲授、实践教学和研讨等。其他事项填入备注栏。如表4-2所示。

表4-2　教学进度表（一）

课　　次	教学内容	课程类型	备　　注
1			
2			
3			
4			

（三）制定教学进度的基本要求

（1）全面安排，突出重点教学进度。要根据教学大纲的要求和运动技能形成的规律，把教材内容安排到适当的位置。要在全面考虑的基础上，增加重点教材内容出现的次数，使整个教学过程科学、合理地进行。

（2）遵循逻辑关系，合理利用迁移的原理。教材的排列要体现网球运动和网球教学的自身逻辑特点,知识单元和技术的排列要体现合理逻辑关系,还要使教材之间在学习时产生积极的迁移,防止消极的干扰。

（3）理论与实践要密切结合。理论课与实践课要合理安排,相互配合。要本着理论指导实践的精神,有针对性地安排好理论课教学。实践课的教学要采用多种形式,使学生的多种技能得到发展。

（4）注意新旧教材相互搭配。教学进度中要合理分配每次课的不同教材分量,各类教材合理搭配,充分体现循序渐进的教学原则并反映出课型种类模式。

三、课时计划（教案）

（一）课时计划的作用

课时计划是教师为完成教学任务而制定的文件之一,是教师经过备课,以课的组织形式编制的教学实施方案,是教师上课的具体依据。

（二）课时计划的基本形式和结构

（1）表格式课时计划的格式与写法多种多样,网球教学的实践课通常采用表格式课时进度（表）。表格式课时计划的特点是结构固定、简单,教学内容和组织教法一一对应。在课的部分栏内,一般应注明课的结构,使准备部分、基本部分和结束部分的内容各有侧重。教学内容与组织教法要一一对应,前后之间要相互衔接。在时间栏内要注明每个组织环节所分配的时间。（表4–3）

表4–3　表格式课时计划

班级		人数		周数		任课教师	
				课次			
课程名称		教学目标					
		教学内容					
教学过程	教学内容		教学组织、方法及要求		运动负荷		
					次数	时间	强度

场地器材要求：

课后小结：

（2）条文式课时计划一般多用于理论课的教学,除填写表格式课时计划规定的项目之外,以讲授提纲与组织教法的方式配合理论课讲稿共同使用。班级——第____次课时间——任课老师。

（三）编写课时计划的基本要求

（1）教学任务的提出：依据培养目标的要求、教学进度的安排、教材内容的性质和学生的实际情况来提出具体教学任务。要提得准确，便于检验教学的效果。不同的教材内容可提出不同的任务，如"初步掌握""基本掌握""改进提高"和"初步运用"等等。总之，要反映学生认识过程，要有针对性，符合实际，能够全面体现网球教学在教育、教学和教养方面的任务。

（2）教学组织模式的确定：针对课的任务来合理确定教学的组织模式。实践课的教学可采取常规教学或现代教学的模式，理论课可采用以讲授为主、讨论为辅的模式。通常在组织严密的情况下，问题式和讲演式也可收到较好的教学效果。

（3）教学方法的选择及合理安排：要依据教学内容、学生的实际情况和场地设备条件来选择教学方法。讲解、示范、练习、纠正错误和反馈与强化等手段在不同课中运用要有所侧重，教法要灵活多样，相互配合，防止简单枯燥。

（4）运动负荷的确定：课时计划中要对运动负荷作出估计，通过练习的安排使运动的量和强度反映出课的高低潮，有利于学生掌握网球技能和发展身体。

（5）注意课程之间的衔接：在课时计划中要体现出前后课次的衔接，学习新内容时要复习前面学过的内容，做到温故而知新。

四、教学工作总结

课程结束时，教师要向教研室和上级主管部门提交教学工作的总结性文件，它是教师自身评价教学任务完成情况、总结经验和找出差距的文字材料。在提交教学工作总结时要实事求是地反映教学过程，特别要注意总结教学规律，发现影响教学质量的新问题，为在下一轮教学中进行深入研究提出课题，使教学质量不断提高。教学工作总结一般包括以下几个部分：

（1）课程的性质和任务、教学的时数、学生的人数及所在的系和班级、教学的条件等基本情况介绍。

（2）教学过程中采取的教学改革方案或措施，并实事求是地对执行情况作出自我评估分析，总结出改革的成功之处，指出存在的问题和原因。

（3）学生学习状态的总体评价，特别要分析教学中学生的主体作用的发挥情况。同时要对学生的学习成绩作出客观的分析，必要时可进行比较，以数据和事实根据对教学过程作出准确的评价。

（4）根据本阶段或学期教学任务的完成情况和对教学中所遇到的问题的分析，对下一轮教学工作提出改革的设想和建议，必要时可建议教研室和教学主管部门组织专题进行研究。

第五节　网球运动教学效果评价

网球运动教学效果评价是对学生的网球学习情况进行阶段性的考核与反馈。一方面能反映出教学过程中所存在的问题，另一方面也能反映出学生的学习效果，为进一步改进教学方法、提高教学效果提供依据。教学评价应以多元的内容、多样的方法、多元的评价标准和评价主体构成网球课的评价体系。多方面收集信息，准确反映学生的学习情况，充分发挥评价的诊断、反馈、激励与发展功能，更有效地发掘每一位学生的学习潜力，调动学习网球的积极性，促进"教"与"学"二者的知行统一。根据《国家体育与健康课程标准》的纲领，网球运动教学效果主要从体能、知识与技能、态度与参与、情意与合作四个方面进行评价。评价方式采用定性评价与定量评价相结合、形成性评价与终结性评价相结合、相对性评价与绝对性评价相结合的多元评价方法。

一、体能评价

（一）速度测试

1.短距离冲刺跑

（1）测试设备：秒表、网球场或能进行20米冲刺的场地。

（2）测试内容：5米、10米、20米冲刺跑。

（3）测试方法：学生听教师口令起跑，尽全力向前5米、10米、20米冲刺跑。教师分别重复测试3次。

（4）测试评分：取3次测试成绩中的最好成绩。

（5）测试成绩标准：

表4-4　速度测试成绩标准

组　别	5米冲刺（S）			10米冲刺（S）			20米冲刺（S）		
	优	良	中	优	良	中	优	良	中
男子组	0.98	1.08	1.11	1.75	1.83	1.92	3.00	3.16	3.36
女子组	1.05	1.14	1.13	1.83	1.87	1.96	3.30	3.41	3.58

数据来源：国家体育总局中国青少年网球训练大纲（2012）

2.移动能力测试

（1）测试方法：被测试者将摆放在场地上的5个网球分别取回到指定位置所需要的时间。如图4-1所示。

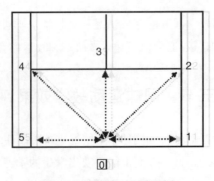

图4-1　移动能力测试图解

（2）评分标准：

表4-5　移动能力测试考核评分表

移动能力测试							时间（秒）　成绩（分）				
时间	35	34	33	32	31	30	29	28	27	26	25
成绩	6	7	8	9	10	11	12	13	14	15	16
时间	24	23	22	21	20	19	18	17	16	15	
成绩	18	19	21	26	32	39	45	52	61	76	

（二）力量测试

1. 测试设备

1千克实心球、皮尺、秒表。

2. 测试内容：

①俯卧撑；②头上掷实心球；③右侧掷实心球；④左侧掷实心球。

3. 测试方法

（1）俯卧撑：学生双下肢伸直并拢，足尖靠拢着地，双手放在双肩下着地，身体成一条直线俯卧姿势。双下肢用力，将身体推起离开地面致双臂完全伸直。学生放下身体直到下颚与胸部触地，此时从头至足趾应成直线。整个动作过程中只有手臂和肩部用力。

（2）头上前抛实心球：学生以发球姿势站在底线后，双手抱球举过头顶，放在头后。原地向前全力将球掷出，允许下肢腰部及躯干助力，但不能跨步。向前上方与地面成45度角掷出球，以获得最远掷出距离。

（3）体侧抛实心球：学生在底线后，侧身站位，双手抱球，右手在球后，左手在球下方将球放在身体右侧。双臂在身体前方伸直，全力将球掷出，允许躯干及肩旋转助力，但不能跨步冲刺或有明显屈臂动作。双臂在一个平面中移动，向前上方与地面成45度角掷出球，以获得最远掷出距离。

4. 测试评分

（1）俯卧撑：记录1分钟完成标准动作的次数。

（2）头上前抛实心球：记录掷球距离精确到厘米，可以掷球3次，取最好成绩。

（3）体侧抛实心球：记录掷球距离精确到厘米，可以掷球3次，取最好成绩。变换左右位置，测试左右两侧。

5. 测试成绩标准

表4-6　测试成绩标准

组　别	俯卧撑（次）	头上前掷实心球（米）	右侧掷实心球（米）	左侧掷实心球（米）
女子组	25	9.14	10.76	10.24
男子组	40	10.72	12.16	12.43

（三）耐力测试

1. 有氧耐力测试

（1）12分钟跑。

测试运动员在12分钟内以尽可能快的速度完成的距离，测试一般在标准的400米跑道上进行。也可以绕网球场双打线跑圈，记录12分钟跑圈数，再以每圈75米计算12分钟跑成绩。

（2）2 400米跑。

记录学生尽力跑完2 400米的时间。

表4-7　有氧耐力测试成绩标准

测试内容	12岁	12岁	14岁	14岁	16岁	16岁
	男子组	女子组	男子组	女子组	男子组	女子组
12分钟跑（km）	2.50	2.25	2.72	2.32	2.96	2.56
2 400米跑	11.42	12.40	11.10	12.25	10.44	11.41

2. 无氧耐力测试

（1）测试目的：测试学生在整场比赛中保持连续高强度冲刺的能力。

（2）测试设备：网球场、标志带、测试带、秒表。

（3）测试内容：多方向冲刺跑。

（4）测试方法：

①学生站在底线中点线前，听教师口令起跑，向球网冲刺，并用一只手触及标志桶或球网中央后折返到起始位置，全过程注视球场对面。

②第二次向右单打边线冲刺，在向右单打线与底线交点处有一标志桶，学生触桶后折返到起始位置。

③第三次，右侧小对角线冲刺，在发球线与单打线交点处放置标志桶，学生单手触桶后折返到起始位置。

④第四次，同上完成左侧小对角线冲刺，并返回到起始位置。

⑤最后，学生向左冲刺，通过左侧单打边线时教师停表计时。

⑥休息20秒，重复以上5次冲刺，共完成5组冲刺，每组休息1分钟。

（5）测试评分：记录每组冲刺跑的用时，以百分比算出最差与最好成绩差（差值/最好成绩，再取百分比）。

（6）测试成绩标准：

表4-8　无氧耐力测试成绩标准

组　　别	12岁	14岁	16岁
男子组	5.3	5.3	5.8
女子组	5.0	6.0	5.0

（四）柔韧测试

（1）测试目的：测试屈体的幅度以及背肌的柔韧性。

（2）测试设备：尺子一把、盒子一个。

（3）测试内容：坐位体前屈。

（4）测试方法：学生席地而坐，双腿完全伸直，脚掌平顶在从墙上突出的一个小盒子上，手臂尽量向前远伸，并至少保持3秒钟。在伸臂的全过程中，双膝必须保持完全伸直。用尺子丈量手臂伸直至盒子边沿或超过边沿的距离。

（5）测试评分：学生不能触及脚尖，如触及脚尖则距离用负分表示。测出的距离超出盒子的边沿时，用加分记录。

（五）灵敏与协调测试

1. 测试目的

测试学生在网球场上侧向移动能力、向后移动接近球的能力及灵敏与协调性。

2. 测试设备

网球场、标记桶、标记带、秒表、皮尺、球拍。

3. 测试内容

① 正手侧向移动；② 反手侧向移动；③ 向后移动；④ 六边形跳。

4. 测试方法

（1）正手侧向移动：学生以接球预备姿势站在底线中点，听口令起跑，学生转身向正手侧单打边线快速跑动，并在边线桶处完成模拟击球的挥拍动作，标记桶必须放置在正手单打边线上，距离底线内侧0.7米处，距离起点刚好4.1米处，然后侧滑步回到底线中点。学生必须和真的击球一样完成挥拍动作。

（2）反手侧向移动：学生以接球预备姿势站在底线中点，听口令起跑，学生转身向反手侧单打边线快速跑动，并在边线桶处完成模拟击球的挥拍动作，标记桶必须放置在反手单打边线上，距离底线内侧0.7米处，距离起点刚好4.1米处，然后侧滑步回到底线中点。学生必须和真的击球一样完成挥拍动作。

（3）向后移动：学生持拍以预备扣杀姿势站在网前1.35米处，向后朝发球线快速移动5米的距离。听到口令后，学生可以用任何最快的步法向后移动，起动时必须以扣杀预备姿势持拍，后移到位后必须做模拟扣杀击球动作。

（4）六边形跳：学生面向前方站在六边形中间，并在测试过程中保持面向前方。从向前起跳开始，连续不停歇地跳出再回到六边形内，按顺序依次跳过6边，跳完3个循环。

5. 测试评分

（1）正手侧向移动：学生回到底线起点标记处时停表，完成3次测试，取最好成绩。

（2）反手侧向移动：学生回到底线起点标记处时停表，完成3次测试，取最好成绩。

（3）向后移动：学生向后移动通过发球线时停表，完成3次测试，取最好成绩。

（4）六边形跳：学生跳完3个循环时停表。可以先试一次熟悉动作，然后完成两次测试，取最好成绩。踩线一次加时0.5秒，跳错顺序一次加时1秒。

6. 测试成绩标准

表4-9 灵敏与协调测试成绩标准

	正手侧向移动（秒）	反手侧向移动（秒）	向后移动（秒）	六边形跳（秒）
女子组	2.42	2.58	0.94	11.8
男子组	2.47	2.52	0.95	11.9

二、知识与技能评价

（一）网球技术评价

1. 测试指标

表4-10 知识与技能测试指标

类 别	网球技能等级测试指标				
	底线深度	底线精度	发球	截击深度	高压深度
指 标	计分	计分	计分	计分	计分

2. 测试方法

（1）底线深度测试：底线正反手击打20个平抽或上旋球，根据球的精确度、力度和成功率计分，如图4-2所示。

（2）底线精度测试：底线正反手击打10个直线球，10个斜线球，根据球的精确度、力度和

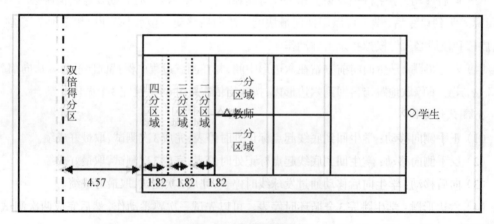

图4-2 底线深度测试

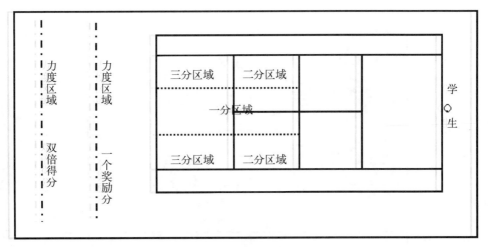

图4-3 底线击球精度测试

成功率计分。如图4-3所示。

（3）发球测试：被测试者在底线上手发球，共发12个，3个发球发向1号目标区的外角，3个发球发向1号目标区的内角，3个发球发向2号目标区的外角，3分发球发向2号目标区的内角。依照第一落点和第二落点判断，如果发球第一落点在发球区内，则不需要第二发球；如果下网、出发球区、触网后第一落点出发球区，则该次发球失误。如图4-4所示。

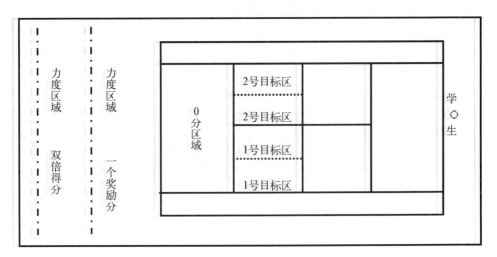

图4-4 发球测试

（4）截击深度测试：教师在发球线附近隔网送球，被测者网前正反手截击球各10个，击球第一落点在场内阴影区域内为有效击球。根据球的精确度、力度和成功率计分。T代表教师送球，S代表受测者。如图4-5。

（5）高压深度测试：被测试者站在中线和发球线的交叉点，击打高压球10个，击球第一落点在场内阴影区域内为有效击球。根据球的精确度、力度和成功率计分。T代表教师送球，S代表受测者。如图4-6。

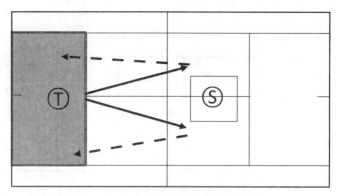

图4-5　截击深度测试

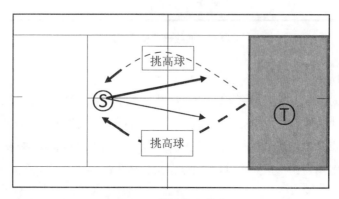

图4-6　高压深度测试

3.评分标准

表4-11　技能考核评分表

学号：　　　　　　　姓名：　　　　　　　　性别：　　　　　　　班级： 测试日期：　　　　　　　　　　　　测试地点：				
底线击球深度	底线击球精度	高压球深度	发球测试	截击深度
击球成绩	击球成绩	击球成绩	击球成绩	击球成绩
正1	直线1	击球1	1号目标区 外角1	正1
正2	直线2	击球2	1号目标区 外角2	正2
正3	直线3	击球3	1号目标区 外角3	正3
正4	直线4	击球4	1号目标区 内角1	正4
正5	直线5	击球5	1号目标区 内角2	正5

学号：		姓名：		性别：		班级：			
测试日期：				测试地点：					
底线击球深度		底线击球精度		高压球深度		发球测试		截击深度	
击球成绩		击球成绩		击球成绩		击球成绩		击球成绩	
正6		直线6		击球6		1号目标区内角3		正6	
正7		直线7		击球7		2号目标区外角1		正7	
正8		直线8		击球8		2号目标区外角2		正8	
正9		直线9		击球9		2号目标区外角3		正9	
正10		直线10		击球10		2号目标区内角1		正10	
反1		斜线1				2号目标区内角2		反1	
反2		斜线2				2号目标区内角3		反2	
反3		斜线3						反3	
反4		斜线4						反4	
反5		斜线5						反5	
反6		斜线6						反6	
反7		斜线7						反7	
反8		斜线8						反8	
反9		斜线9						反9	
反10		斜线10						反10	
得分		得分		得分		得分		得分	
稳定性		稳定性		稳定性		稳定性		稳定性	
总得分		总得分		总得分		总得分		总得分	

（二）网球战术评价

战术总分＝（发球战术得分＋接发战术得分＋底线战术得分＋中场战术得分＋网前战术得分）/5。

表 4-12　网球战术评分表

评价内容	评价标准	分　值
发球战术	能顺利发出大力外、内角球，能利用发球占据比赛优势，并能及时根据对方状况做出应变	100—90分
	能根据需求发出大力外、内角球，发球后能利用优势上网	89—80分
	基本能根据需求发出大力外、内角球，发球后战术行动存在偏差	79—70分
	偶尔能发出大力球和内角球，发球意图不明确	69—60分
	基本不能发出大力球和内角球，发球无战术规划	＜60分
接发战术	能顺利接住对方发来的各种球，并能果断回击，占据优势	100—90分
	基本能接住对方的发球，并能根据战术需要回击	89—80分
	基本能接住对方的发球，但不能做出合适的接发战术行动	79—70分
	勉强能接住对方的发球，接发战术目的不明确	69—60分
	接发球存在困难，无法实施接发战术	＜60分
底线战术	底线相持时能保证回球成功率，并能根据需要打出各种直线、斜线、深球、浅球	100—90分
	底线相持时基本能成功回击，回球的路线和角度存在偏差	89—80分
	底线相持时偶尔出现失误，回球路线和角度存在较多偏差	79—70分
	底线相持时出现失误较多，回球角度和路线无法保障	69—60分
	底线失误过多，无法实施底线战术	＜60分
	中场失误过多，无法实施底线战术	＜60分
网前战术	技术全面，在网前能够冷静、果断地完成各种战术行动	100—90分
	网前技术较全面，能完成各种网前战术行动	89—80分
	网前偶尔出现失误，但基本能完成网前战术行动	79—70分
	网前失误较多，网前战术决策出现失误较多	69—60分
	网前失误过多，无法实施网前战术	＜60分

（三）网球比赛

1. 分组循环赛（50%）

（1）考核方式：采用分组循环赛制，一盘决胜制（抢7制）。按照学生人数N次方进行抽签分组，根据小组比赛实际名次和局数胜负率进行评分。

（2）评分标准：

表4-13 分组循环赛评分标准

考核内容		达标数量及分值				
分组循环赛（50%）	小组名次	小组第一	小组第二	小组第三	小组第四	小组第五
	分值(分)	2	4	6	8	12

2. 单淘汰赛附加赛（50%）

（1）考核方式采用单淘汰赛附加赛制，三盘两胜制（抢7制）。按照学生人数N次方进行抽签排位，根据比赛实际名次及盘、局数胜负率进行评分。

（2）评分标准：

表4-14 单淘汰赛附加赛评分标准

考核内容		达标数量及分值					
单淘汰赛附加赛（50%）	比赛名次	第1名	第2名	第3名	第4—8名	第9—12名	第13—16名	第16名之后
	分值(分)	20	18	16	14	12	10	10分以下

三、态度与参与评价

（一）学生评价

表4-15 教学态度与参与评价表——学生评价表

序号	评定项目	考核要求	评分标准在（ ）中打√
1	教学态度	教师的教与学生的学是一个双边活动的过程。要想使自己的学生能从网球练习中真正得到一种愉快的经历，教师就要在场地上扮演好各种角色。在网球教学过程中，教学态度的问题涉及：1.认真负责、敬业；2.关心学生、公平待人，尊重学生意见和感受；3.用耐心和积极态度使网球课充满生机；4.坚持高标准上好每一堂训练课。	一般（ ）较好（ ）优秀（ ）
2	教学内容	以学生网球基础和学习目标为主进行设计，教学内容的问题涉及：1.按照学习进度进行教学；2.满足学生网球运动和比赛的基本要求；3.不断翻新训练课内容，为不同水平的学员安排不同的训练和挑战。	一般（ ）较好（ ）优秀（ ）
3	教学方法	一个好的教师总是能让学生在每一个挥拍中感受到网球的魅力，教学方法的问题涉及：1.精通业务、教法多样，寓网球知识于技术教学中；2.讲解清晰，重、难点突出；3.鼓励引导学生参与互动，练习过程中能得到积极反馈意见；4.在训练过程中使学生获得成功的感觉和对网球的好感。	一般（ ）较好（ ）优秀（ ）

第四章 网球运动教学

163

（二）教师评价

表 4-16　教学态度与参与评价表——教师评价表

序号	评定项目	考　核　要　求	评分标准在（　）中打√
1	学习态度	1. 上课认真听教师的讲解； 2. 关心教师，尊重教师； 3. 用耐心和积极态度使网球课充满生机； 4. 高标准地学习每一堂网球课知识。	一般（　　） 较好（　　） 优秀（　　）
2	学习内容	1. 按照教学进度进行学习； 2. 学生之间积极地进行网球比赛； 3. 积极训练，并向不同水平的学生进行挑战。	一般（　　） 较好（　　） 优秀（　　）
3	学习方法	1. 精通网球技术，寓网球知识于技术学习中； 2. 能够快速理解网球技术中的重、难点； 3. 学生积极参与互动，练习过程中能积极向教师反馈意见； 4. 在训练过程中能获得成功的感觉和对网球的好感。	一般（　　） 较好（　　） 优秀（　　）

（三）评价表

表 4-17　学习态度与行为评价表

评价指标	① 出勤：能够做到提前到课堂，不迟到，不早退，不旷课，有事请假。
	② 课堂表现：能够做到听讲认真，积极参与，遵守纪律。
	③ 运动着装：能够做到不带有碍锻炼的物品上课，穿适宜运动的服装。

分　值	按能够做到5分、基本做到3分、还需努力2分进行评价。

姓　名	指标	月（单元）			月（单元）			月（单元）			月（单元）			总评分
		自评	组评	师评	自评	组评	师评	自评	组评	师评	自评	组评	师评	
×××	1													
	2													
	3													
……	1													
	2													
	3													

四、情意与合作评价

（一）专家诊断性评价

表4-18　教学情意与合作评价表——专家诊断性评价表

序号	评定项目	考 核 要 求	量化评分总分100分
1	定点送球 （25分）	教师首先按以下要求展示一组送球动作，专家根据综合表现确定其评估成绩： 1. 根据学生的水平和送球目标调整球速和方位；展示慢节奏和快节奏喂球； 2. 教师注意用适当的语音语调提供个性化和建设性的意见，在组织和进行演练时需要时刻提醒注意安全。	
2	纠错能力 （25分）	同时分别演示三种技术动作的不同错误形式，包括：高压球、挑高球、发球。教师需要辨别出每一个击球动作的错误和正确的纠正方法，由专家评估成绩。	
3	技能掌握 （25分）	规范的网球挥拍动作以生物力学为基础，网球所有的挥拍动作都应该具备一定的共同要素，这些要素正是教学方法的组成部分和指导基础： 1. 教师需要在训练情境下演示控球技能，教师技能动作通过单一喂球训练和对打练习来进行测试评估； 2. 教师要学会展示各种击球技巧，每个动作可用专业、规范、合格和不及格四个等级来衡量，由专家通过对此教师动作的表现和标准动作规范得出评分； 3. 在评估控球能力、击球的精确度、深度和旋转等因素时，动作表现的效果应该是衡量的重点。	
4	教学测试 （25分）	教学测试要求教师进行25至30分钟的团队授课，让测试教师教10至20名学生，内容包括教授上旋发球、单手反拍击球、高压球和挑高球。通过测试： 1. 了解教师个性和风格，教师是否严格遵循教学大纲； 2. 能运用简单易懂的教学步骤使学生逐步掌握合乎生物力学原则的击球动作和技术； 3. 针对集体教学所采用的教学方法，教师根据学生的不同水平、风格及打法类型调整教学方法； 4. 学生在学习过程中体会到快乐和信心，不断取得技能的进步和身体素质的提高是考核的重点环节。	
总分合计			
专家意见反馈			

（二）学生评价

表4-19 教学情意与合作评价表——学生评价表

序号	评定项目	考 核 要 求	评分标准在（ ）中打√
1	教学示范纠错能力	及时有效地对错误动作进行纠正,正确地示范动作,使学生在感知动作形象的过程中,理解动作的特点,建立正确动作的概念。教学示范纠错问题涉及: 1. 示范动作规范准确,示范和奖励性评价能激活学生的创新思维; 2. 纠正及时、有效,时机恰当。	一般（ ） 较好（ ） 优秀（ ）
2	教学效果	教学效果是对整个教学活动过程的终结性评价,评价问题涉及: 1. 知识和身体素质得到提高; 2. 技术和机能得到提高; 3. 师生关系得到融合。	一般（ ） 较好（ ） 优秀（ ）

（三）评价表

表4-20 情意表现与合作精神评价表

		月（单元）			月（单元）			月（单元）			月（单元）			总评分
评价指标	① 勇于克服困难,中途不退缩。													
	② 能够树立自信心,勇于创新,敢于展示自我。													
	③ 尊敬老师,积极配合与帮助他人。													
分 值	按能够做到5分、基本做到3分、还需努力2分进行评价。													
姓 名	指标	自评	组评	师评	自评	组评	师评	自评	组评	师评	自评	组评	师评	总评分
×××	1													
	2													
	3													
……	1													
	2													
	3													

课 后 思 考 与 讨 论

※ 简述网球运动教学的基本原则。

※ 设计一份初学上手发球技术的教案。

※ 网球教学大纲一般包括哪些内容?

※ 制定一份中学生网球学年教学计划。

※ 列举网球专项素质测试常用的一些方法。

※ 如何对一节网球技术教学课进行效果评价?

第五章　网球运动训练

本章提要

学习目标

※ 了解网球运动训练的基本原则。

※ 学习并掌握网球运动训练计划的制定。

※ 学习并掌握网球运动的身体素质、运动技能及心理素质常见的训练方法。

重难点

※ 网球运动技能训练方法的合理运用。

※ 科学合理地制定网球运动训练计划。

关键词

训练原则　　训练计划　　训练方法

网球运动的训练工作是在教练员的指导下，为不断提高网球运动水平而专门组织的过程。网球训练工作的主要任务是提高专项运动水平，创造优异成绩。其具体任务为：第一，提高个人打法所需要的技术、战术水平和网球的理论知识水平。就网球的训练工作而言，无须运动员掌握所有的网球技术和战术，而应根据个人实际，熟练地掌握自己在比赛中有实用价值的技术和战术。第二，发展与提高网球训练和比赛所需要的心理品质和智力。随着现代网球技术水平的不断提高，在队与队、运动员与运动员之间技术、战术水平相差无几的情况下，心理因素就愈显示出其重要作用。第三，发展与提高一般及网球专项的身体素质。身体素质是运动员掌握技术、战术的基础，身体素质好，不仅有利于对技术、战术的掌握与运用，还可以延长运动寿命。第四，进行爱国主义思想教育，培养运动员高尚的道德品质和优良作风。这是中国体育界的优良传统和行之有效的方法。因此在网球训练中要始终注意对运动员进行爱国主义教育，培养他们高尚的道德品质和优良作风，才能把为国争光的口号真正落实到行动上，勇攀世界网坛高峰。以上四项任务是一个统一体，相互促进。在网球训练工作中，只能依具体情况有所侧重，切不可有所偏废。

第一节　网球运动训练原则

网球训练原则是网球训练客观规律的反映和内在本质的体现，是网球训练长期积累起来的具有普遍意义的经验总结和概括,它决定着网球训练的基本方法和效果,是网球教练员在训练中必须遵循的准则。

一、系统性原则

网球运动员取得优异成绩,一般需要8—10年的系统性训练。所谓系统性,是指从训练的启蒙阶段开始直到出成绩、保持成绩并不断提高技术水平的整个训练过程,前后连贯而不中断。网球运动实践证明,短期、零碎、时断时续、彼此脱节的训练,是不可能培养出优秀运动员的。这是因为,训练的各个环节、过程和内容都是彼此相关、相互影响、相互促进的。我们掌握运动技能的本质是建立运动条件反射,如果训练不系统,所建立起来的条件反射将会消退,这种消退不仅表现在体能上,而且还表现在对技术和战术的掌握与运用上。另外,网球专项所需要的身体素质、技术、战术等都有特殊的结构程序和内部联系,只有系统地、有步骤地训练,才能取得训练效果,不断提高网球技术水平。贯彻系统性原则进行训练时,应注意以下问题:

(1)坚持多年、全年系统的训练,科学划分训练阶段,注意各训练阶段、训练周期之间的有机联系。

(2)注意训练内容、训练手段和负荷的内在联系。

(3)注意负荷量的合理安排,保持负荷水平的渐进提升。

二、合理安排运动负荷的原则

这一原则的实质是训练为比赛,即平时的一切训练,都是为了适应比赛的需要。结合网球训练的特点,在训练中贯彻这一原则应注意以下几个方面:

1.从难

是指随着训练水平的提高,要不断加大技术、战术以及身体训练的难度,使训练尽量在接近比赛的条件下进行;同时还应不断提出新的更高要求,使训练的技术、战术、身体和心理素质水平达到或超过比赛的要求。网球的从难训练,主要体现在以下两个方面:

第一,把关键性的、常用的技术和战术分门别类组合起来,使其配套进行反复训练并运用于比赛。多进行综合性训练,如不同击球位置、不同击球节奏、不同速度的击球等结合起来训练,使运动员在多种条件刺激下进行训练。

第二,随着技术水平的提高,对每一套技术、战术的练习,都应在速度力量、落点、变化能力等方面提出新的更高的要求。所提要求应符合运动员实际水平,要求过高或过低,都不能达到从难训练的目的。

2.从严

是指严格要求,严格训练,在训练过程中做到:对各种技术要按一定的规格要求进行训练,对技、战术的训练要在质量上提出要求,使其符合实战的需要;严格执行训练计划,对训练计划中提出的指标要求,要想尽办法努力完成,力求取得最佳训练效果;对训练和比赛作风的严格要求,要从平时的每次训练、每次比赛抓起,并且贯彻整个训练的始终。

3. 从实战出发

是指训练必须从比赛的实际出发,在进行各种技、战术训练时,要注意加强主动进攻意识的培养,在提高技、战术质量的同时,加强变化能力和应变能力的训练,才能使所练技、战术更加符合现代网球技、战术的发展,适应现代比赛的需要。

4. 合理安排运动负荷

平时的训练负荷,只有达到或超过比赛的要求,才能适应网球比赛的需要,但训练运动负荷过大又会导致运动员过度疲劳。因此在训练中安排运动负荷时应注意以下几方面的问题:

第一,负荷的增加要循序渐进,注意大、中、小相结合。

第二,大负荷时一般先加量再加强度。加量时强度可略减小,增加强度时运动量可适当降低或保持。一般不宜同时加量、加强度。负荷的增加只有通过渐进才能持续。负荷的增加通常有四种方式:

- 直线式。适用于初学者在一定的时间内运用。
- 阶梯式。适用于初学者和省、市重点体校的运动员。
- 波浪式。适用于一般省、市队运动员和优秀运动员。
- 跳跃式。适用于优秀运动员。

第三,安排运动负荷应考虑不同性别、年龄和不同训练水平等情况,必须区别对待。

第四,做好医务监督工作,以便及时发现和解决问题。

三、全面技术训练与特长技术训练相结合的原则

网球运动是对抗性很强的竞赛项目。随着网球技术的不断发展,运动员如果缺乏比较全面的技术和高度的运动技巧,要想在比赛中战胜对手和取得优异的成绩是很困难的。因此,在训练中必须有计划、有步骤地使运动员掌握比较全面的技术;同时,根据运动员自身的不同特点,逐步使其建立起技术特长。只有这样的运动员才能在比赛中灵活地运用战术,以自己的特长去力争主动和胜利。

运动技术水平的高低,除了取决于掌握具体技术的数量和质量外,还取决于具体技术的组合方式。这在高水平的运动员中表现得尤为突出。也就是说,技术的全面是运动竞赛的有力保障,如果技术不全面或者有缺陷,给对手以可乘之机,就会被对手抓住并进行攻击。

另一方面,如果只是技术全面而缺少特长技术,在现代网球竞赛中要想取胜也是相当困难的。所谓特长技术,是指运动员所掌握的技术"群"中那些对其获取优异成绩有决定意义的、使用概率和得分概率相对较大的技术。特长技术即人们通常所说的"绝招",运动员有了自己的"绝招",并以此为中心,结合其他技术,构成独特的技术系统,会成为比赛中的制胜法宝。

在训练中贯彻这一原则时应注意以下几方面:

(1)进行全面技术训练。做到技术上无明显漏洞,没有致命的弱点,全面掌握发球、接发球、截击球和高压球等技术,有进攻能力,同时也有一定的防守相持能力,能适应和对付各种不同类型打法。

（2）进行特长技术训练。做到根据运动员个人打法特点,从发球、抽球、截击、高压等方面确定和培养特长技术;根据运动员个人战术运用特点,从发球上网、发球抢攻、接发球上网、底线进攻等方面确定和培养特长技术及战术运用特点。特长技术训练要与运动员个人技术风格相一致,要渗透到提高各项技术的击球动作质量中去。总之,特长技术训练是培养和发挥运动员各自不同的运动才能的根本所在,要防止不顾运动员个人特点的"一锅煮"的训练方法。

（3）要处理好全面技术训练和特长技术训练的关系,合理安排全面技术训练和特长技术训练的比例。在训练初期和训练水平较低时,要侧重全面技术训练;随着训练水平的不断提高,要逐步突出特长技术的训练。在以全面技术训练为主的同时,应建立运动员的特长技术;在以特长技术训练为主的同时,要注意全面技术的巩固和提高。

四、全面身体训练与专项身体训练相结合的原则

身体训练在网球运动中极其重要。网球比赛是由许多个短时间的剧烈运动和休息组成,运动员在场上运动的时间从一小时到三四个小时不等,要不断地移动才能保证击球的质量。身体训练包括全面身体训练和专项身体训练两个部分。前者使运动员身体及各种素质得到全面发展,后者是为了直接提高技术水平所必需的专项素质。在训练中只有两者有机地结合,才能取得好的训练效果。为此,必须注意以下问题:

（1）必须在发展全面身体素质的基础上,逐步加大专项身体训练比重。一般在少年儿童期的提高阶段、训练后期和竞赛期应多进行专项身体训练。

（2）应根据不同的身体训练水平,确定不同的训练比重。身体训练水平低,全面身体训练比重大些;身体训练水平高,则应加大专项身体训练比重。

五、训练与比赛相结合的原则

比赛不仅是训练的目的,而且是训练的依据,所以,训练必须从比赛的实际需要出发。从另一角度讲,比赛也是训练的一种特殊形式,平时掌握的技术、战术和心理等方面的情况,只有通过比赛才能得以巩固和提高。训练和比赛是相辅相成的,只有将两者有机地结合起来,才能促进运动员更快地提高技术水平。在贯彻这一原则时应注意:

（1）处理好训练与比赛的关系,注意克服两种倾向:一是埋头训练,不安排比赛或很少安排比赛,练与赛脱节;二是不分阶段,不顾周期训练的特点,不了解竞技状态形成的规律,安排过多过密的比赛。上述两种倾向,都无助于运动技术水平的提高。

（2）少年儿童初学阶段和训练水平较低时,一般以基本技术训练为主,不宜多安排比赛;随着运动员训练水平的提高,逐步加大比赛的次数,特别是竞赛期或赛前,以战术训练为主安排各种形式的比赛,有利于运动员在比赛中正常地发挥技术水平。

（3）对于训练水平较高的运动员,要创造更多的比赛机会,加强实战锻炼,不断提高临场比赛经验和适应各种比赛的能力,这对提高运动员的心理素质、战术意识、比赛风格等均具有积极作用。训练水平越高,越需参加更多的比赛。

六、统一安排与区别对待相结合的原则

在整个训练过程或训练的某一阶段,安排训练内容、方法手段以及提出要求时,既要考虑全队需要解决的共性问题,又要根据运动员的不同情况解决个人需要解决的问题。统一安排,主要是对全队需要解决的问题,规定一定的时间,按一定的方法、步骤进行训练,达到共同提高的目的;而区别对待,主要是指从训练内容、方法、步骤、手段以及要求上,根据个人情况加以区别。在贯彻这一原则时应注意以下两方面:

(1)灵活运用。在训练过程中,教练员必须根据不同的训练周期、本队的训练水平、个人不同的技术和身体素质情况等,有机地结合起来灵活运用。

(2)处理好统一安排与区别对待的训练时间分配。对训练时间较短的、训练水平较低的运动员,统一安排的训练时间可多些,而对于训练水平较高的运动员,区别对待的训练时间则可多一些,以利于运动员形成各自不同的技术风格、打法特点,使训练取得积极的效果,更好地提高运动技术水平。

第二节　网球运动训练计划

现代网球运动训练的重要特征是训练的科学性。科学性主要反映在训练的计划性上。运动员按照计划,有系统、有目的、有要求、有检查和有控制地进行训练,可减少训练的主观性和盲目性,使训练少受挫折、少走弯路,使训练更具科学性,从而顺利实现训练目标。现代网球训练内容体系由过去的身体、技术、战术三大训练内容,扩大为包括智力训练、心理训练和作风训练在内的六大训练内容。所以,在制定训练计划时,必须根据训练的基本原则,从实际情况出发,科学、正确地划分训练的各个阶段及其所要完成的任务与各项指标,确定各阶段训练内容、时间、训练进度和运动负荷。训练计划的本身是对未来的训练活动预先作出的理论设计,它描绘了运动员由现实状态向实现目标状态转移的通路。

任何一个有时间跨度的现代训练计划,通常包括运动员的初始状态诊断,训练目标的建立,训练阶段的划分,各阶段训练任务的确定和训练内容的选择,比赛的安排,运动负荷的动态变化,训练方法与手段的选择,完成计划的措施,检查评定的时间、内容及要求等方面。

一、训练计划的种类

在运动实践中,通常按运动训练时间的跨度大小来划分训练计划。每个时间跨度大的计划都是由若干个时间跨度小一级的计划组合而成,它们之间是紧密联系、相互依赖的。

(一)多年计划

多年计划是训练的长远规划。应根据网球运动员参加训练的具体情况来确定训练年限,并以此为依据确定训练目标,提出训练任务,制定出预定目标所要达到的技术、战术、身体素质及心理素质等方面的要求和指标。多年计划不要求很详细、很具体,但目标必须明确,任务切合实际,以保证训练的系统性。

（二）年度计划

年度计划是多年计划的基础。年度计划的任务能否完成,直接影响多年计划目标的实现。年度计划任务的确定、所制定的指标和要求、所采取的训练方法和措施等都应以多年计划为依据。

（三）周期计划（阶段计划）

它是完成年度计划的基础。它所制定的任务、指标和要求等均以年度计划为依据。周期一般可按季、月或根据比赛任务来划分。

（四）周计划

它是根据周期计划确定的任务和要求制定的一周训练计划。

（五）课时计划

它是依据周计划制定一次训练课的训练安排。

以上计划中,多年计划和年度计划属于具有全局意义的战略性规划,计划内容是框架式的,不要求过于详尽,它在实施过程中必然较为稳定;而周期计划、周计划、课时计划则是训练实施的具体计划,在训练过程中根据具体情况有较多的变化。

二、训练计划的基本内容

尽管不同的训练计划在其内容上各自有所侧重,并有自己特定的要求,但基于不同时间跨度的运动训练过程的基本结构都是一样的。训练计划的内容有:

（一）运动队构成的基本情况

正确分析队伍的构成情况,是制定计划时提出任务和指标的重要依据,其内容应包括全队人数、队员的年龄、训练水平（运动员的技术等级、历次比赛成绩、技术、素质水平等）、打法类型及心理状况。

（二）确定训练任务及指标

主要是依据比赛任务,预测可能达到的成绩和所要达到的身体素质指标。提出任务和指标时,要依据实际情况科学地作出预测。

（三）训练的主要内容

为完成计划指标,应提出在技术、战术训练方面需要重点解决的问题。安排训练内容时要注意处理好新技术的学习、已有技术的改进以及战术训练的结合。处理好这三方面的关系,才能保证技术、战术训练呈现出逐步提高的趋势。

（四）训练内容的时间比例

一个训练计划,无论是多年计划或年度计划,都有一个总的训练任务。而在总的训练任务之下又有许多具体的训练任务。为了完成各项具体任务,必须合理地安排训练的时间,在不同的训练阶段,抓住重点,逐一去完成。关于训练内容的时间比例,一般根据不同训练时期的不同任务和运动员的不同训练水平来确定。训练时间的分配包括技术训练与身体训练的比例、技术训练与战术训练的比例、一般身体训练与专项身体训练的比例和统一安排与区别对待的比例。

（五）训练进度安排

根据不同训练期所规定的训练任务,将所要训练的内容,区别轻重缓急,按照由浅入深、由简到繁、由分解到组合的顺序进行安排。

（六）运动负荷动态变化的趋势

全年训练应逐步加大运动负荷，但运动负荷的增加应有节奏。在训练中，要特别注意处理好量和强度的关系。在不同的训练阶段，量的安排一般是开始较小，逐步增大，到竞赛期逐步减少，再稍增大，直至调整期最小；而强度在训练期开始较小而逐渐增大，到竞赛期增至最大，调整期逐渐减小。掌握好量和强度在不同训练阶段的变化规律，有利于合理安排运动负荷。此外，在安排运动负荷时，还应根据运动员的年龄和训练水平加以区别对待。

（七）措施和方法

措施和方法一般有：培养运动员的责任心和荣誉感，使他们积极投入训练和比赛；制定检查和考核运动员的制度，确保队内的公平竞争；加强专业理论知识的学习；写好训练日记；做好医务监督工作等。

（八）检查评定的内容、时间及标准

根据训练任务确定所检查的技术内容指标，以及所达到的比赛成绩指标和身体素质指标。对检查项目一定要严格按所规定的时间进行考核。

三、制定训练计划的依据

（一）运动员的现实状态

它既是运动员参加运动训练活动的基本出发点，也是运动员通过一定时间的训练后可能达到的新的技术水平的重要条件。这里是指运动员在以往的比赛中的运动成绩（竞技水平及比赛名次）和已经达到的竞技能力水平。

（二）运动员的竞技潜力

同运动员已有的竞技能力一样，运动员的竞技潜力表现在三个方面，即表现在遗传效应、生活效应和训练效应的可能性之中。如对于正在生长发育中的少年儿童，就应充分考虑发育潜力，即还有多少遗传效应会在将来的训练过程中表现出来，促进其竞技能力的提高。运动员发展竞技能力的主要途径是获得理想的训练效应。

（三）训练条件

良好的训练条件是取得理想训练效应的重要前提。这里首要的因素是教练员的事业心和业务水平，此外还有医务监督、恢复、场地器材条件及家庭各方面的社会保证等。

综上所述，确定训练计划指标时需考虑的因素有：运动员起始状态，运动成绩，竞技能力，训练史，竞技能力，生长发育潜力，训练潜力，训练条件，训练期限，教练员，场地器材，社会保证，比赛目的，训练性比赛，创造成绩竞技名次，比赛条件，对手，规模设施，时间地点，裁判及评定手段。

四、制定训练计划的方法

（一）多年训练计划的制定

是指对运动员从开始参加训练到达到高度竞技水平，直至停止训练活动这一全过程的整

体规划。在制定多年计划时必须确定两个问题,即训练阶段的划分和运动员在全部训练过程中进入各训练阶段的最佳年龄。确定这两点的基本依据是运动专项的特点及本专项最优秀运动员进入各训练阶段和取得优秀成绩的年龄特征。

在制定计划时,还应注意确定身体训练和技术训练的比例、技术训练与战术训练的比例及运动负荷的变化趋势。其中,对不同情况运动负荷的变化趋势需特别注意,以使训练符合竞技能力形成和发展的客观规律。

(二)年度训练计划的制定

年度训练是组成多年系统训练的基本单位,是各种计划中最重要的计划。年度训练计划需确定周期的划分和大周期中各时期、各阶段的训练要点,解决的问题,主要内容安排。

周期的划分:可分为单周期、双周期和多周期。单周期以一年为一个周期;双周期以半年为一个大周期,全年有两个大周期。确定大周期的主要根据是大型比赛的安排。多周期以参赛的次数多少确定周期,目前专业队和职业网球选手的训练大都采用多周期的训练。

大周期中各时期、各阶段的训练特点:一个大周期可分为准备期、比赛期和休整期三个部分。其中准备期和比赛期又可分为若干个阶段。在制定训练计划时,要特别注意各个时期、阶段的衔接,以保持训练的连续性。

(三)周期训练计划的制定

周期训练计划有两种类型,一种是全年计划过程中的一个有机组成部分,另一种是短期的临时集训。

周期训练计划的构成及负荷特点:一个周期的训练过程,可以看作是若干个周训练过程的组合。在训练过程中,当为完成一个特定的训练任务而制定连续几周的专门阶段训练计划时,每个周期计划都由一组有独立任务的周训练计划所构成,其负荷结构有多种形式。

(四)周训练计划的制定

周训练计划类型和负荷特点:根据训练任务、训练内容的不同,可把周训练分成基本训练周、赛前训练周、比赛周及恢复周四种,每一种的负荷特点都不一样。周训练计划结构的确定和内容安排有以下要求:

● 在不同的训练课中,训练内容要交替安排,以充分利用运动员有限的竞技能力,避免训练过度,迅速提高运动员竞技水平。

● 在安排身体素质、技术和战术等训练时,要考虑运动员的机体状态。

● 制定计划结构时,须将不同负荷后所必需的恢复时间和手段考虑进去,否则其他周的训练将会受到影响。

● 制定计划的同时要安排好各种训练的比例。

(五)课时训练计划的制定

训练课的任务和内容主要根据周计划的统一要求和运动员的现实状况来确定。一次训练课的任务可以是单一的,也可以是综合的。一次综合训练中,训练内容以2—3项为宜。要合理安排练习内容和顺序。一次训练课由准备部分、基本部分和结束部分组成。准备部分一般连续进行10分钟左右;基本部分在课中为核心部分,占时最多,为60%—90%,其运动负荷有一次或几次达到课的高峰；结束部分应做一些轻微活动，以加快机体的恢复。

第三节　网球身体素质训练

身体素质是通过身体活动所表现出来的速度、力量、耐力、灵敏、协调等机能的能力。良好的身体素质是掌握网球技战术、心理的基础，也是在现代网球比赛中充分发挥最佳技、战术水平，夺取最后胜利的保障。网球身体素质训练，是指在运动训练中根据网球专项运动的特点采用与专项有紧密联系的专门性身体练习的手段与方法，充分发展和改善与网球专项运动有直接关系的专项力量、耐力、柔韧及协调性等素质，以保证运动员在训练中更好地掌握专项技术与战术，并在比赛中顺利有效地运用。

一、速度素质训练

在网球运动中，要求判断快、决策快、移动快、动作快，这样才能在快速又复杂的比赛中获胜。反应速度、启动速度、移动速度、挥拍速度、击球动作间的连接速度等是网球运动中所必需的速度，也是学生取得好成绩应具备的条件。

（一）速度素质的分类

速度素质主要由三个方面组成：

1. 反应速度

是指人体对各种信号刺激（声、光、触等）快速应答的能力，由于运动员对不同类型信号的反应是不同的，训练中往往根据不同项目的特点测定运动员对特定信号的反应时间。

2. 动作速度

是指人体或人体某一部分快速完成动作的能力。动作速度是技术动作不可缺少的要素，表现为人体完成某一技术动作时的挥摆速度、击打速度、蹬伸速度、踢踹速度，此外还包含在单位时间里连续完成单个动作时重复的次数（即动作频率）。

3. 移动速度

是指人体在特定方向上位移的速度。以单位时间内机体移动的距离为评定指标。从运动学上讲，是距离（S）与通过该距离所用的时间（t）之比。在体育运动中，常常是以人体通过固定距离所用的时间来表示，如男子100米跑10秒，100米自由泳50秒等。

（二）训练方法

网球比赛需要运动员长时间连续不断地移动、击球。能做到反应灵敏、起动快、移动迅速，并能在较长一段时间内保持这种快速能力，是比赛取得优良成绩的必备条件。为达到这种水平，运动员必须根据网球运动的特点，进行高速度素质训练，培养适合网球运动的快速能力。速度训练时应注意：安排在运动员身心最佳、精力充沛的时候进行；练习时高度集中注意力，最大限度地动员起来，以最大的强度完成动作并力争适应新的更高的速度。进行速度素质训练时，可以采用以下方法：

1. 短距离冲刺跑

（1）练习目的：提高短距离快速跑动能力。

（2）练习方法：在10米、20米、30米距离听信号快速跑，每次练习应在10组以上，每组之间用慢走返回的时间调整休息。

2."绳梯"跑接加速跑

（1）练习目的：提高快速移动和加速能力。

（2）练习方法：① 用不同的方式（前进、后退、侧滑、交叉步、小碎步等）通过绳子做成的软梯后，迅速加速跑10米，练习4至5次，如图5-1所示。

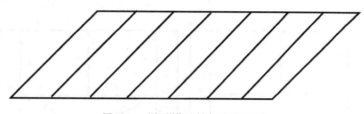

图5-1　"绳梯"跑接加速跑练习

② 将两个绳梯相距15厘米至30厘米平行放置，练习者从一端起步，路径如下图5-2所示，要求身体尽量靠近两梯间的中线，保持低重心。

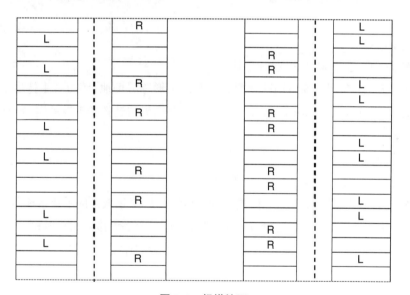

图5-2　绳梯练习

3.触摸"网球"练习

（1）练习目的：提高启动速度和转身变向移动能力。

（2）练习方法：在网球场中摆放三个网球，间隔各约5米，练习者站在中间，听信号开始练习，要求用跑步或侧交叉步在三个网球之间循回移动，并用左、右手交替触摸网球，重复练习2—3次，如图5-3所示。

4.循环跑练习

（1）练习目的：提高反应速度和快速移动能力。

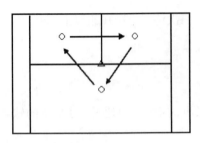

图5-3 触摸"网球"练习

（2）练习方法：

① 练习者从1号位开始，采用侧身跑到达2号位，再向前冲刺跑到达3号位，又采用侧身跑到达4号位，最后用冲刺跑返回1号位，如图5-4所示。重复练习2—3次。

② 练习者从1号位开始，采用小碎步跑到达2号位，再向前冲刺跑到达4号位，又采用小碎步跑到达3号位，最后用冲刺跑返回1号位，如图5-5所示。重复练习2—3次。

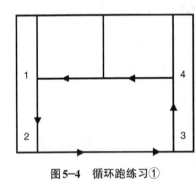

图5-4 循环跑练习①

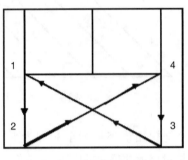

图5-5 循环跑练习②

5."Z"字形移动挥拍练习

（1）练习目的：提高移动速度和挥拍速度。

（2）练习方法：在网球场内用网球摆放成"Z"字形练习场地，练习者手持球拍快速跑向每个球点，并用快节奏的小碎步调整人和球的距离，然后做快速挥拍击球动作，如图5-6所示。重复练习2—3组。

6."十字"变向跑练习

（1）练习目的：提高反应速度和变向跑能力。

（2）练习方法：练习者站在中心位置，做好准备姿势，根据教师的手势指挥向前向后向左向右移动，并用手触线后返回中心位置，再看教师的第二个手势移动，直到每个方向都移动一次为止，如图5-7所示。采用计时的方式比较多名练习者的速度。

7."六点"移动练习

（1）练习目的：提高球场内多点移动的能力。

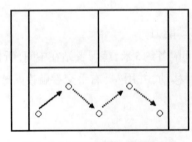

图5-6 "Z"字形移动挥拍练习

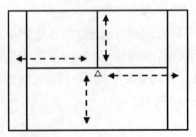

图5-7 "十字"变向跑练习

（2）练习方法：在网球场边线四个角和边线中点处放置六个装网球的盒子，再在中央标记的矩形框内放置六个网球，练习者从矩形框处开始练习，每次从矩形框中的网球依次放进边线处的盒子中，再使用同样的方法将放进盒内的网球依次放回到矩形框内，如图5-8所示。采用计时的方法比较。

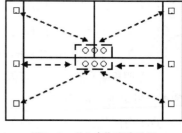

图5-8 "六点"移动练习

8. 跑动技术练习

（1）小步跑：20—30米，重复3—5组。

（2）原地高抬腿跑：20—30米，重复3—5组。

（3）下压腿练习：逐渐加大拉伸幅度，达最大后保持3—5秒。

（4）外翻跑：20—30米，重复3—5组。

（5）内翻跑：20—30米，重复3—5组。

（6）后踢跑：20—30米，重复3—5组。

（7）后蹬跑：20—30米，重复3—5组。

9. 场内往返移动练习

（1）发球线和端线之间往返移动练习。

方法：看手势用最快速度起动，在发球线和端线之间往返快速移动，计时30秒或60秒为一组。

要求：移动重心低，用手触及线才能转体往返移动。

（2）半场横向移动练习。

方法：从边线出发跑至对面单打边线用手触线，然后返回，再跑至双打边线并用手触线，返回后再跑至中线用手触线返回。

要求：移动快，身体侧对球网尽量用交叉步移动，计时练习。

10. 信号反应练习

方法：根据教练员发出的口令、哨音或手势，向前后左右各个方向做快速移动。60秒或90秒为一组练习。

要求：起动快，移动中身体重心稳定，还可在移动中加上挥拍动作进行。

11. 快速挥臂练习

方法：徒手快速挥臂进行"鞭打"动作练习，如发球的挥拍动作。用"鞭打"动作投掷羽毛球、乒乓球等轻器械练习。

要求：提高发球时的挥臂速度。可两人对掷或单人掷，丈量成绩。

12. 快频率练习

方法：跟随教练员的击掌或击拍器的节奏练习。随节奏由慢至快进行或快慢交替进行。

要求：急跑时腿部的频率快，踝关节有力，练习40—60秒为一组。

13. 其他速度练习方法

（1）前冲与后退跑：站在网球场端线向网前冲跑，到网前后立即向后后退跑。

（2）并部跑：在一侧球场中间，面对球场，左右来回并步移动。

（3）交叉步跑：在一侧球场的中间，面对球网，前后、左右交叉步跑。

（4）垫步跑：在一侧球场的中间，面对球网前后、左右垫步跑。

（5）四角回心跑：在一侧球场的中间，面对球网，依次或看教练员手势向场地四角跑，手或球拍接触角线后立即返回中心。

（6）急停急跑练习：此练习要求练习者听从教练员的口令和指示，做急停急跑练习，以提升练习者反应速度和瞬间加速、制动能力。

（7）碰线移动：此练习要求练习者步伐快速移动，同时改变前后移动方向。在网球场地上，从双打边线外S米处开始向前跑，用手碰双打边线—单打边线—发球中线—另一单打边线—另一双打边线—单打边线—双打边线。此练习可两人分别站在自己半场内同时比赛，通过计时来看谁的成绩最好。

（8）五球移动练习：此练习要求练习者在快速的移动中变换方向。在双打边线外2米处放5个球，练习者同时站在该处，先不拿球。当教练发出口令后立即拿一个球快速冲刺至最近的边线，把球放在线上；然后快速跑回拿第二只球，冲刺至下一条边线上，同样把球放在线上。重复同样的动作，直至把五个球都放在不同的线上。也可把所有的球都放在线上后，把球一个个地捡回来放在原处。该练习要用计时完成。

（三）注意事项

（1）速度素质训练对中枢神经系统兴奋性要求较高，应安排在训练的前半部分，不要在身体疲劳的情况下进行速度训练。

（2）速度素质训练要注意训练的多样性。

（3）速度素质训练要循序渐进，侧重于质量和强度。

（4）速度素质训练一周可以进行2至3次。

二、力量素质训练

力量素质是网球练习者身体素质的重要组成部分，发球、高压球、单反击球等都需要良好的力量素质，因此协调地发展全身各部分的力量是非常必要的。其核心要素是快速力量、核心力量、力量耐力，重要要素是基础力量，而功能性力量是力量素质练习中不可或缺的主要组成部分。

网球运动员的大多数动作中，肌肉特别紧张的情况下不大显著。在网球运动员的训练课中，力量的练习主要是为了身体的协调发展。一套"力量"的练习应该适应于各方面的要求。

（一）力量素质的分类

力量素质是网球运动中的重要身体素质之一，也是发展身体各项技能的基础。力量素质的发展对其他素质的发展也有着积极作用。

在训练中要注意：训练方法要多种多样；要根据自己的特点和身体素质水平选择合适的练习方法；每周要保持不少于两次力量练习。

力量素质主要由三个方面组成，分别是：

（1）最大力量：排除体重因素，身体或身体某一部分克服最大阻力的能力。

（2）相对力量：每千克体重所具有的最大力量。

（3）速度力量：快速克服阻力的能力。速度力量是力量与速度有机结合的一种特殊力量素质。在尽可能短的时间内发挥出尽可能大的力量，称之为爆发力。

（二）训练方法

1. 功能性力量训练

功能性力量训练，就是为专项能力的提高提供有利的作用与效能的训练，是指为更有效地提高运动成绩所进行的各种模仿技术动作的部分或全部的负重、加阻、减阻、快频等运动训练形式，为专项成绩的提高提供直接有效的能力储备。

2. 基础力量与功能性力量的结合性练习

基础力量与功能性力量的结合性练习的目的是使基础力量更好地向专项力量转化，强化肌肉收缩速度，锻炼以臀部和大腿前侧肌群为主的下肢力量和背阔肌、肱三头肌、中下背部肌群力量，同时稳定对膝、踝、髋、肩关节以及躯干的控制能力。练习方法有：

（1）卧推+仰卧上抛实心球。

传统杠铃卧推8次，70%—80%负荷强度，结束后接仰卧上抛实心球：仰卧于垫上，双手胸前上抛实心球6次。

（2）负重蹬凳+原地侧抛实心球。

双手持重于身体两侧，单腿屈膝于凳子上，蹬凳的同时另一条腿上凳，保持屈膝状态，膝正对前方，保持躯干直立，控制身体平衡，单腿8次换腿。动作完成后接原地侧抛实心球，每侧6次。

（3）俯身划船+胸前抛实心球。

站姿，屈膝半蹲，双手直臂反握杠铃置于膝下位置，上体前倾，背挺直，臀部充分紧张，头正对前方略低，上体保持不动，双手屈肘向上方提拉，保持数秒，重复6—8次。结束后接胸前抛实心球，6次。

（4）颈后臂屈伸+仰卧瑞士球颈后上抛实心球。

双手持哑铃于颈后，吸气向上伸肘举起哑铃，重复练习6—8次。结束后接仰卧瑞士球颈后上抛实心球：肩背部仰卧瑞士球上，双手持实心球于头后，屈肘，连续上抛接实心球6次。

3. 功能性力量与专项力量的结合性练习

练习目的是利用痕迹效应将抛实心球或其他小重物后获得的肌肉力量记忆迅速转换为场上击球专项力量。练习方法有：

（1）原地侧抛实心球+挥拍击球。

关闭式步法正手侧抛实心球4次，接正手挥拍击球4次；关闭式步法反手侧抛实心球4次，接反手挥拍击球4次；开放式步法正手侧抛实心球4次，接正手挥拍击球4次；开放式步法反手侧抛实心球4次，接反手挥拍击球4次。

（2）坐瑞士球转体侧抛实心球+正反手击球。

坐于瑞士球上，双肩左右转动侧抛实心球，每侧6—8次，接正反手场上击球，一侧4—

6次。

（3）模仿发球动作双手抛实心球＋发球。

双手持实心球模仿发球动作抛球4次,立即进行发球练习4次。

（4）持轻重量木棒作正反手击球动作＋正反手击球。

手持木棒作正反手击球动作每侧6次,立即进行正反手击球练习每侧4次。

4. 徒手练习

（1）手掌撑地俯卧撑：手指可向前向内,发展上肢力量。

（2）手指撑地俯卧撑：手指撑地,可同时发展手指和手腕力量。

（3）靠墙倒立：发展肩、臂力量,有助于发球时臂上伸的用力。

（4）仰卧起坐接转体：仰卧,双手抱头,上体迅速前屈,右肘触左大腿,左肘触右大腿一次。发展腹肌和腹外斜肌力量,有助于发球时收腹转体用力及其他击球动作的转体用力。

（5）仰卧两头起：两手尽量触两脚背,发展腹肌和腹外斜肌力量。

（6）俯卧两头起：俯卧垫上,两臂前伸,两腿并拢伸直,两臂和两腿同时向上抬起,腹部着垫成背弓,发展腰背力量。

（7）俯卧起身：俯卧垫上,两脚固定,腰背迅速发力,抬头挺胸,幅度尽可能大。

（8）单腿蹲起：一腿支撑,另一腿平举,下,起立。初做时可扶支撑物,主要发展大腿前部肌肉。

（9）各种跳的练习：单足跳、立定跳、蛙跳、纵跳、弓箭步换腿跳、立定三级跳。

5. 杠铃练习

（1）抓举、挺举：可以比较全面地发展全身各部分力量,提高全身协调用力的爆发力。注意练习时由轻到重,腰部收紧,防止伤害事故发生。

（2）推举：发展肩、臂力量。

（3）卧推：与俯卧撑发展的肌肉相同,负荷可以比俯卧撑大。

（4）负重转体：身体直立,颈后负杠铃,两足固定,先向左转体再向右转体至极限,主要增强腹内斜肌及骶棘肌力量。

（5）负重深蹲：颈后负杠铃,挺胸收腹,下蹲慢些,蹲起时挺胸抬头,腰部保持收紧,发展大腿及臀部肌肉。

（6）负重分腿跳：身体直立,颈后负杠铃,连续快速地前后分腿跳。主要发展下肢尤其是小腿及屈足肌群力量。

（7）负重提踵：身体直立,颈后负杠铃,脚前掌站于低台阶上,脚后跟尽量下压后快速向上提踵。主要增强屈足肌群力量。

6. 哑铃练习

（1）颈后臂屈伸：身体直立,两手握哑铃,上臂固定在头侧,然后做肘屈伸动作,主要发展肱三头肌、旋前圆肌。

（2）仰卧头后拉：仰卧在凳子上,两足固定,两臂伸直,然后将哑铃从后向上拉起,有助于发球和高压球时的挥拍用力。

（3）臂环绕：两臂同时向内或向外做屈伸环绕，发展前臂肌肉。

（4）直臂上举：两臂伸直前上举或侧上举，发展肩带力量。

（5）仰卧侧上举：仰卧长凳上，两臂于两侧同时上举，上举时肘可微屈。发展胸部肌肉，有助于正手击球，发球和高压球的挥拍用力。

（6）体前屈侧上举：两腿开立，上体前俯，两臂同时上举，发展肩后肌肉和肱三头肌，有助于反手击球的挥拍用力。

（7）直臂单腿蹲起：单腿站立，挺胸收腹做蹲起动作，发展腿、肩肌肉，锻炼身体平衡。

（三）注意事项

（1）力量素质训练前要做好充分的准备活动，避免肌肉拉伤；训练后要做好放松练习，以利于疲劳的恢复。

（2）功能性训练应以小负荷快速练习为主，而且只有通过反应式训练才能更好地与专项统一，因此力量素质训练应根据动作不同阶段的肌肉用力形式有针对性地安排。

（3）力量素质训练时必须循序渐进，逐步加大负荷。

（4）力量素质训练时，教师要根据学生的性别、训练水平等，在练习方法和强度上区别对待，有针对性地进行练习。

（5）进行力量训练时，应结合其他性质的练习，或与放松动作交替进行，以提高肌肉的弹性。

（6）发展力量素质应注意身体各部分或各种动作交替进行。

三、耐力素质训练

网球运动70%是靠磷酸原供能，20%的能源供应来自糖酵解系统，而仅有10%来自有氧代谢供能系统。而一场网球比赛所需的能量基本上取决于对攻时间的长短。在短时间的对攻中，出现疲劳征兆少，因为在每分之间的间歇时间或交换场地的90s内，磷酸原供能系统使能量得到恢复；而在整场比赛中，在每一个动作后的恢复期，身体依靠有氧代谢供能。因此网球运动是一种非周期性不规则的、以无氧代谢为主、有氧与无氧混合供能、大小强度和快慢速度交替的运动项目。在长时间、高强度的网球比赛中，要始终保持旺盛的精力、快速的步法移动和精确有力的击球，发挥出较高的技术水平并取得比赛胜利，耐力素质是至关重要的因素。

（一）耐力素质的分类

按人体的生理系统分类，耐力素质可分为肌肉耐力和心血管耐力。肌肉耐力也称为力量耐力。心血管耐力又分为有氧耐力和无氧耐力。有氧耐力是指机体在氧气供应比较充足的情况下，能坚持长时间工作的能力。无氧耐力是指机体以无氧代谢为主要供能形式，坚持较长时间工作的能力。

根据肌肉工作的力学特征，可分为静力性耐力及动力性耐力。依耐力素质对专项的影响，耐力素质又可分为一般耐力和专项耐力。一般耐力是指对提高专项运动成绩起间接作用的基础性耐力；专项耐力是指与提高专项运动成绩有直接关系的耐力，具体地讲是指持续完成专项动作或接近比赛动作的耐力。

（二）训练方法

1. 网球场上的法特莱克训练

练习顺序如下：

（1）绕网球场慢跑5分钟；

（2）按照教练口令的网球各种步法快速移动练习5分钟；

（3）恢复性慢跑2—3分钟；

（4）教练隔网送球练习，学生场上快速移动多拍回击给教练，要求10MX 45秒间歇跑，每跑完1次休息间歇为20—30秒；

（5）放松跑2—3分钟；

（6）场上移动对打截击球3分钟；

（7）慢跑5分钟；

（8）在场地上底线移动对攻击球1分钟，接着进行30秒的网前截击—高压训练，重复这一组练习总共5—10分钟；

（9）慢跑结合快走5分钟。

要求：运动员工作时心律应在每分钟170次以上。

2. 速度耐力训练

（1）碰线移动。

从双打边线"0"开始，跑至单打边线并用手触摸，然后返回并用同一只手触双打线，再跑至中线并换另一只手触摸，然后返回，直至依次触摸完成另外两条单打和双打边线并返回起点，紧接着重复以上练习两次为一组。如图5—9所示。每次练习由教师计时，争取在最短的时间内完成练习。

（2）"8字"折返跑。

练习从"0"点开始跑至"1"点触摸标志物返回，再跑向"2"点触摸标志物返回，直至完成触摸8个标志物返回，每次练习由教师计时，争取在最短的时间内完成练习。如图5—10所示。

3. 专项耐力训练

（1）练习目的：提高步法移动，发展专项耐力素质。

（2）练习方法。

①"米"字形跑动挥拍练习。

学生由"0"点开始向"1"点跑动并在该标志位置做挥拍击球动作，然后跑回"0"点再向

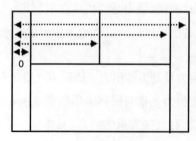

图5—9　碰线移动练习

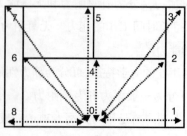

图5—10　折返跑练习

下一标志"2"点跑动并做挥拍击球动作后返回"0"点。依次进行,直至从8点处返回"0"点。如图5-11所示。

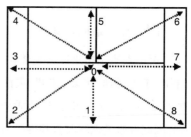

②连续击球练习(多球训练法)。

教师无规律送球,学生通过灵活的移动连续击球(底线正反手、网前、高压球等)30—50个,完成一组休息2—3分钟,每次练习6—8组。

图5-11 "米"字形跑动挥拍练习

4.其他训练方法

(1)1分钟立卧撑:撑由直立姿势开始,下蹲两手撑地,伸直腿成俯撑,然后收腿成蹲撑,再还原成直立。每次做1分钟,4—6组,间歇5分钟,强度为50%—55%。要求动作规范,必须站起来才算完成一次练习。也可以穿上沙背心做该练习。或做立卧撑接蹲跳起,则强度稍大,做30次为一组,组间歇为10分钟。

(2)连续半蹲跑:成半蹲姿势(大小腿成100度角左右),向前跑进50—70米,重复5—7次,每组间歇3—5分钟,强度为60%—65%,不规定速度;走回来时尽量放松;在进行下次练习前,可做15秒贴墙手倒立。

(3)连续跑台阶:在高20厘米的楼梯或高50厘米的看台上,连续跑30—50步,如跑20厘米高的楼梯,每步跳2级。重复6次,每次间歇5分钟,强度55%—65%。要求动作不能间断,但不能规定时间,向下走尽量放松,心率恢复到100次/分钟时可开始下一次练习,也可穿沙背心做该练习。

(4)逆风跑或负重耐力跑:可在场地或公路上做持续长距离逆风跑,也可做1 000米以上的重复跑,重复次数4—6次,间歇5分钟。强度55%—60%。可穿沙背心进行负重耐力跑,要求与逆风跑相同。

(5)原地间歇高抬腿跑:原地或前支撑做高抬腿跑练习。每组100—150次,6—8组,每组间歇2—4分钟,强度为55%—60%,要求动作规范,不要求时间,但动作要不间断地完成,也可负重做练习,但每组练习次数及组数可适当减少。

(6)原地间歇车轮跑:原地做车轮跑,每组50—70次,6—8组,组间歇2—4分钟,强度为50%—60%,也可扶墙借助支撑物完成。

(7)后蹬跑:后蹬跑每次100—150米或负重后蹬跑60—80米,6—8组,组间歇3—5分钟,强度为50%—60%。

(8)连续换腿跳平台:平台高度30—45厘米,单脚放在平台上,另一脚在地上支撑,两脚交替跳上平台各30—50次,要求两臂协调配合,上体正直,重复3—5组,组间歇3分钟,强度55%—65%。

(9)长距离多级跳:在跑道上做多级跳,每组跳80—100米,约30—40次,3—5组,组间歇5分钟,强度为60%—70%。如果规定完成时间,强度会大大提高,注意组间的恢复情况。

(10)半蹲连续跳:在草地上做连续向前双脚跳,落地成半蹲(膝关节90—100度角),落地后迅速进行第二次。每组20—30次(也可50—60米),重复3—5组,组间歇5分钟,强度为55%—60%。

四、灵敏素质训练

灵敏素质是指迅速改变体位、转换动作和随机应变的能力。是人体在各种突然变化的条件下，能够迅速、准确、协调、灵活地完成动作的能力，是人各种运动技能和身体素质在运动中的综合表现。大脑皮层神经活动过程的灵活性及分析综合能力，是灵敏素质的重要生理基础，因此可通过训练改善和提高各感受器官功能，以增强灵敏素质。

（一）灵敏素质

提高步法移动，发展专项耐力素质和速度耐力素质。

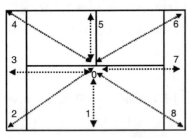

图5-12 "米"字形跑动挥拍练习

（二）练习方法

1. "米"字形跑动挥拍练习

学生由"0"点开始向"1"点跑动并在该标志位置做挥拍击球动作，然后跑回"0"点再向下一标志"2"点跑动并做挥拍击球动作后返回"0"点。依次进行，直至从8点处返回"0"点。如图5-12所示。

2. 口令信号练习

（1）采用听口令方式做事先规定的动作练习。例如，原地、行进间或跑步中听口令做动作（喊数抱团成组）；听信号或看手势急跑、急停、转身、变换方向。

（2）各种应答性游戏、追逐性游戏和集体游戏等。例如，单、双数互追（练习者按单、双数分成两组迎面相距1—2米坐下，当教练喊"单数"时，单数追双数，双数转身向后跑开20米；当教练喊"双数"时，双数追单数，单数转身向后跑开20米）；听号接球（练习者围圈报数后向着一个方向跑动，教练持球站在圈中心，将球向空中抛起喊号，被喊号者应声前去接球）。

3. 组合动作练习

（1）快速交叉+后退跑。

快速交叉步跑15米，听或看到信号后迅速后退跑20米。要求：交叉频率快，身体协调。

（2）坐地接球+倒地接球+俯卧接球+滚翻接球。

二人一组，一人坐在垫子上，一人抛球，坐在垫上的人接前、后、左、右皮球。接抛在自己头上、身体两侧、后方的半高球。俯卧在垫上，用手支撑和腰腹后屈，接抛向头上方球并迅速传出。迅速做前滚翻接抛向前上方球。要求：球不得落地，滚翻接球时，抛球高度约两米左右。

4. 其他练习方法

（1）"六边形"跳跃。

用粉笔在场地内划出一个边长为40厘米的六边形，学生站在"六边形"的中间，依次跳上六边形的每一条边线，并保持身体的方向不变。可以采用单脚或双脚跳，顺时针方向和逆时针方向各跳2组。尽量用踝关节发力完成跳跃动作。

（2）绕球移动。

将一个网球放在地上，学生围绕网球采用小碎步转圈移动，先顺时针方向练习，再逆时针方向练习。练习时脚不能触球，身体始终向前。

（3）十字交换跳。

直立、双脚跳起，在地面上做前后左右十字交换跳。交换的频率越快越好，15秒为一组。注意练习保护跟腱。

（4）弓箭步转体。

两腿成左弓箭步姿势，两臂弯曲置于体侧，身体迅速向右旋转成右弓箭步姿势，有节奏地进行。要求转体动作幅度要大而且快，此方法还可以练习学生的步幅。

（5）闪躲跑。

画两条平行线：距离30米，每隔6米插一根标枪。练习者站在一线后，听信号后快速跑向另一线并要闪躲跑过4根标枪。

（6）模仿跑。

两人一组，前后站立。距离3米。前者在快跑中做出变向、急停、转向等不同动作，后者及时模仿前者在跑动中做出的各种动作。15秒后两人交换进行。30秒为一组。

（三）注意事项

（1）灵敏素质训练应安排在课前部分进行，不能在身体疲劳的时候进行。

（2）灵敏素质训练应采用多种练习手段、多种信号进行。

（3）灵敏素质训练应注意与基本技术和其他身体素质相结合进行练习。

五、柔韧素质训练

柔韧素质是指人体各关节活动的幅度大小、肌肉和韧带伸展的长短等。柔韧性练习可让学生做好剧烈运动前的准备，使关节周围肌肉群伸展，满足比赛要求。在训练和比赛后，进行柔韧拉伸练习以对相关肌肉、肌群进行整合与疏离，更好地促进其快速恢复。良好的柔韧性还能减少运动中的损伤，同时保证完成一些高难度的技术动作。因此，柔韧素质在网球运动中也是十分重要的。

（一）柔韧素质的分类

柔韧素质主要分为两种：

1. 主动柔韧素质

主动柔韧素质是指依靠相应关节周围肌群的积极工作，完成大幅度动作的能力。主动柔韧性训练培养的柔韧能力，也起到发展力量素质的作用。例如，训练正、侧、后踢腿时，要求腿能踢得高、幅度大、速度快而有力，达到既有柔性又有韧性的效果。反过来力量素质的发展又能促进"主动柔韧素质"水平的提高。

2. 被动柔韧素质

被动柔韧素质是指练习者被动用力（或借助外力）时，关节所能达到的最大活动幅度。被动柔韧性训练包括压腿、扳腿等练习。被动柔韧性练习是发展主动柔韧性的基础。

（二）训练方法

1.动力性牵拉

动力性牵拉主要是指学生通过动力性的方式，循序渐进地增大拉伸幅度，进行柔韧素质练习的方法。

行进间绕臂、弓步走、交叉步蹲起、燕式平衡走、"4"字双手抱膝走、侧弓步走、高抬膝转体走、站立转体、弓步转体、后踢腿走等，拉伸幅度逐渐加大，每个动作重复10次。

2.本体感受性神经肌肉促进法

弓箭步跳跃，以两腿大幅度前后分开的弓箭步姿势开始，保持上体不左右晃动，两脚交替进行弓箭步跳跃练习，每次重复20—30次。

3.手指手腕柔韧性练习

（1）握拳、伸展反复练习。

（2）两手五指相触用力内压，使指根与手掌背向成直角或小直角。

（3）两手五指交叉直臂头上翻腕，掌心朝上。

（4）手腕伸屈、绕环。

（5）手指垫高的俯卧撑。

（6）杠铃至胸，用手指托住杠铃杆。

（7）用左手掌心压右手四指，连续推压。

（8）面对墙站立，连续做手指推撑。

（9）左、右手指交替抓下落的棒球（或小铅球）。

4.肩关节柔韧性练习

（1）手扶一定高度体前屈压肩。

（2）双人手扶对方肩，体前屈直臂压肩。

（3）面对墙一脚距离站立，手、大小臂、胸触墙压肩（逐渐加大脚与墙的距离）。

（4）练习者背对横马并仰卧在鞍马上，另一人在后面扶着他上臂下压。

（5）两人互相以手搭肩，身体前倾，向下有节奏地肩压。

（6）背向肋木屈膝站肋木上，双手头上握肋木，然后向前蹬直双腿胸腹用力前挺。

（7）侧向肋木，一手上握一手下握肋木向侧拉。

（8）体前屈坐垫下，双手后举，帮助者握其两手向前上推助力拉。

5.腰腹部柔韧性练习

（1）弓箭步转腰压腿。

（2）两脚前后开立，向左后转，向右后转，来回转腰。

（3）体前屈手握脚踝，尽量使头、胸、腹与腿相贴。

（4）站在一定高度上作体前屈，手触地面。

（5）分腿体前屈，双手从腿中间后伸。

（6）分腿坐，脚高位体前屈，帮助者可适当用力压其背部助力压。

（7）后桥练习，逐渐缩小手与脚距离。

（8）向后甩腰练习。

（9）俯卧撑交替举后腿,上体尽量后抬成反弓形。

（10）双人背向,双手头上握或互挽臂互相背。

6. 胸部柔韧性练习

（1）俯卧背屈伸。练习者腿部不动,积极抬上体、挺胸。

（2）虎伸腰。练习者跪立,手臂前放于地下,胸向下压。要求主动伸臂,挺胸下压。

（3）练习者面对墙站立,两臂上举扶墙,抬头挺胸压胸。要求让胸尽量贴墙,幅度由小到大。

（4）练习者背对鞍马头站立,身体后仰,两手握环使胸挺出。要求充分伸臂,顶背拉肩挺胸。

（5）练习者并腿坐在垫子上,臂上举,同伴在背后一边向后拉其双手,一边用脚蹬练习者肩背部,向后拉肩振胸。

7. 下肢柔软性练习

（1）前后劈腿。可独立前后振压,也可以将腿部垫高,由同伴帮助下压。

（2）左右劈腿。练习者仰卧在垫子上,屈腿或直腿都可以,由同伴扶腿部不断下压。

（3）压腿:将脚放在一定高度上,另一腿站立脚尖朝前,然后正压（勾脚）、侧压、后压。

（4）踢腿:原地扶把杆或行进,正踢（勾脚）、侧踢、后踢。

（5）摆腿:向内、向外摆腿。

（6）控腿:手扶支撑物体,前控、侧控、后控。

（7）弓箭步压腿。

（8）跪坐压脚面。

（9）在特制的不同形状的练习器上练习脚腕不同方位的柔韧（特制练习器械见弹跳力部分）。

（10）用脚内侧、外侧、脚跟、脚尖走。

8. 踝关节和足背部柔韧性练习

（1）练习者手扶腰部高度肋木,用前脚掌站在最下边的肋木杠上,利用体重上下压动,然后在踝关节弯曲角度最大时,停留片刻以拉长肌肉和韧带。

（2）练习者跪在垫子上,利用体重前后移动压足背,也可将足尖部垫高,使足背悬空做下压动作,增加练习时的难度。

（3）练习者坐在垫子上,在足尖部上面放置重物,压足背。

（4）做脚掌着地的各种跳绳练习。

（5）做脚前掌着地的各种方向、各种速度的行走练习。

（三）注意事项

（1）柔韧素质训练应安排在课前的准备活动和课后的整理活动中进行,预防肌肉拉伤,易于疲劳恢复。

（2）柔韧素质训练时,注意拉伸顺序要从上肢到下肢、从大肌肉群到某一特定关节、从中心到四肢发展。要循序渐进,逐步加大动作力度和幅度。

（3）柔韧素质训练每周保持3—6次拉伸练习。

六、协调素质训练

协调素质是指肌肉协同或交替完成截然不同的运动的能力,表现在节奏、控制、平衡、定向、衔接、分辨、反应和感知方面等。

（一）协调素质的分类

协调素质主要可以分为两大类:

1. 肌肉协调

肌肉协调通过肌肉的配合来表现。一个动作,不论简单还是复杂,都存在着主动肌、辅助肌、拮抗肌的相互配合协作以及不同动作部位各肌肉间的配合协作。

2. 动作协调

动作协调是指动作的不同阶段、不同环节相互配合、相互连结的状态。

（二）训练方法

1. 平衡能力训练

（1）单脚站立、单脚闭眼站立、结合不稳定器材上的练习,如站在平衡垫、健身球、平衡板上的练习。

（2）前后或侧向加速跑后急停保持身体重心稳定的练习,前后或侧向跳跃后单脚支撑的练习。

（3）有外力干预的平衡练习,如站在平衡板上后被同伴推动干预的练习。

（4）核心稳定性练习,如附桥、背桥、侧桥支撑练习等。

2. 协调技巧训练

（1）抓球练习。

教师和学生面对面站立,教师伸直手臂前平举,双手各握一个网球,掌心向下。学生将双手举在头部两侧,眼睛与球保持在同一高度上,教师随意松开一只手使球下落,学生在球落地前将其抓住。要求:教师右手放球,学生用左手抓球;教师左手放球,学生用右手抓球。每次重复练习20次。

（2）边做绳梯练习,边做拍球或截击练习。

（3）球网两侧相互抛接网球练习。

（三）注意事项

（1）协调能力素质训练要与专项技术动作相结合进行练习。

（2）协调能力素质训练每周进行2—3次练习。

第四节　网球运动技能训练

网球运动技能是网球技术和网球战术有机的结合,其中网球技术是基础,网球战术是关键,基本技术的掌握程度直接影响网球战术质量,而战术又对技术的掌握起着促进作用,两者相辅相成。网球比赛中的技战术的运用通常连为一体,贯穿在整个比赛的过程中,二者不可分割。本节将从以下几个方面介绍一些常见的网球运动技能训练方法。

一、发球与接发球技能训练

发球与接发球是网球比赛中最为重要的技术之一。从世界网坛的发展趋势看,发球的威胁越来越大,已成为运动员最主要的得分手段之一。发球是唯一不受对方制约、主动向对方发起进攻的技术,它决定了发球方运动员是否从比赛一开始就可以取得主动权。接发球技术好,一方面可以抵消对方发球的威胁;另一方面也可乘对方发球软弱之机,主动向对方发起进攻,争取场上的主动权。

因此,发球接发球技术是比赛一开始就争取主动进攻、先发制人而得分的有效手段。在发球接发球训练中要注意力量、速度和落点的变化;结合实战要求,加强心理稳定的对抗练习;对接发球的步法、站位提出明确要求;对发球接发球后第三拍、第四拍的进攻手段提出要求。

(一)固定发球控制落点的训练(图5-13)

目的:训练控制发球落点和变化的能力。

方法:在两个发球区同时发球,各发球区安置两个目标,击到目标为止。

(二)接发球训练(图5-14)

目的:巩固接发球回击直线的能力。

方法:两人站在发球区端线附近同时发球,接发球者回击直线。每次接发球后交换方位。每组发15个球后,交换发球与接发球。

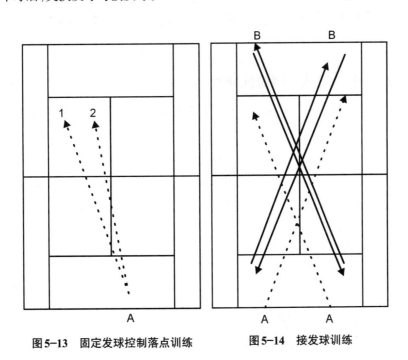

图5-13 固定发球控制落点训练　　　　图5-14 接发球训练

（三）单打接发球控制训练（图5-15）

目的：加强底线接发球落点的能力。

方法：左右发球区两人同时发球对两人接发球。接发球者接斜线后对抽10个来回。两边发接一定次数后交换发球与接发球。

（四）快速接发球训练（图5-16）

目的：提高回接速度快且力量大的发球时的快速反应能力。

方法：发球者站在发球区端线附近发球。接发球者回直线，要求接发球的位置在场地内。20次发球后交换练习。

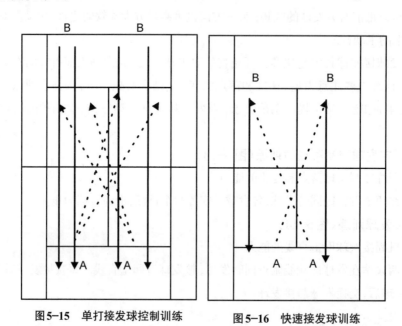

图5-15　单打接发球控制训练　　　　图5-16　快速接发球训练

二、发球上网、接发球上网对抗训练

发球上网和接发球上网，是充分利用发球接发球技术的攻击性，进一步发挥网前技术凶狠、快速的特点，积极主动，争取迅速得分的有效手段。在发球上网和接发球上网这两项技术的训练中，时常会因为失误多而影响运动员对掌握这两项技术的信心。因此，在训练中必须将上网路线、主要的封网路线、回球路线等进行细致的分类训练，使训练方法更加具有针对性、实效性，加快运动员对这两种技术的掌握，提高运动员在实战中的主动应用能力。

（一）发球上网训练（图5-17）

目的：增强发球上网的连贯性。

方法：发外角（左右发球区）。接发球回斜线（直线）。发球上网者直线（斜线）网前截击。

（二）发球上网连续截击训练（图5-18）

目的：增强发球上网的控球能力。

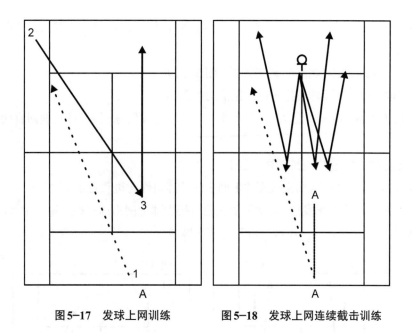

图5-17 发球上网训练　　　　图5-18 发球上网连续截击训练

方法：队员发球上网。教练员补球连续送球。上网者连续截击来球。

（三）发球上网—截击配合训练（图5-19）

目的：控制与得分结合起来。

方法：发球后上网至中场。教练员送球给上网者做中场截击回球至接发球者。接发球者底线回直线给发球上网者。上网者尽最大能力得分。

（四）发球上网—底线对抗训练（图5-20）

目的：增强网前与底线的对抗能力。

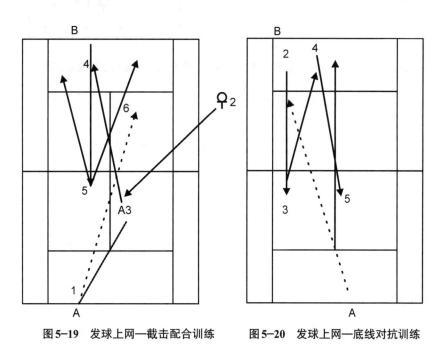

图5-19 发球上网—截击配合训练　　图5-20 发球上网—底线对抗训练

方法：发球上网。接发球者回击半场直线给网前，形成网前与底线对抗。在有来回球的基础上双方力争得分。

（五）六人发球、接发球网前截击训练（图5-21）

目的：加强发球、接发球及拦击的控制能力。

方法：两人发球，两人接发球，两人网前。以半场对角发球，接发球只能回直线。网前拦击直线。

（六）接发球上网进攻训练（图5-22）

目的：提高接发球能力，加强接发球上网步法的连贯性与进攻意识。

方法：教练员站位半场发球，运动员依次轮流接发球上网击球三拍。第二拍接网前，第三拍后退打高压球。三个球同一半区。可左右区交换进行。

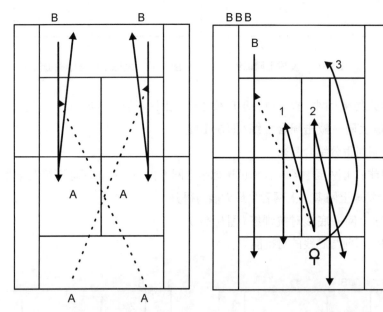

图5-21　六人发球、接发球网前截击训练　　图5-22　接发球上网进攻训练

（七）接发球上网——底线破网训练（图5-23）

目的：提高中场和网前的防反能力。

方法：教练员发二发球，运动员接发球直线上网。对方破网回直线，网前者截击斜线。底线移动后直线破网，网前堵截。

（八）发球接发球——随球上网训练（图5-24）

目的：提高发球后上网的能力。

方法：发球上网中急停，占领有利位置。接发球回直线，上网者网前截击斜线。接发球者急速移动直线破网。

三、网前技能训练

网前技术是每个运动员必须很好掌握的重要技术，它具有攻击性强的特点，是运动员主

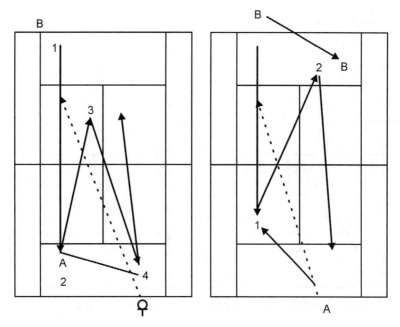

图 5-23　接发球上网—底线破网训练　图 5-24　发球接发球—随球上网训练

要的进攻武器。其他技术所争取的主动得分机会,往往需要网前一拍的致命一击来解决问题。网前技术的种类很多,如中场拦截、近网拦截、迎前拦截、网前左右抢截击、网前中场球、放小球和后退高压球技术等等。因此,教练员要在每一练习内容中,明确要解决的问题,将单一技术练习与战术意识练习结合起来训练,加强对每一技术细节的具体要求,才能达到训练效果,从而提高网前技术的运用能力。

(一)网前正手中场拦截,反手迎前截击训练(图 5-25)

目的:增强网前正、反拍的结合与进攻意识。

方法:教练员送一个中场球、一个反拍球。队员每人做一正拍截击和一反拍迎前截击。要求第一拦力争高点并发力。

(二)中场截击训练(图 5-26)

目的:加强对中场截击落点控制的能力。

方法:运动员站在发球区端线处。教练员送球先左后右,运动员左区截击斜线再移动至右区截击直线。

(三)网前连续移位截击、高压球训练(图 5-27)

目的:加强结合技术的运用能力。

方法:从场地一边发出连续截击教练员的送球。第四个高压球后回到队伍轮流进行。注意调整步法与移动中的控球。

(四)移动中扑击球训练(图 5-28)

目的:加强移动中的抢截能力。

方法:队员站在发球区外,教练员送斜线球,运动员在快速移动中扑击。

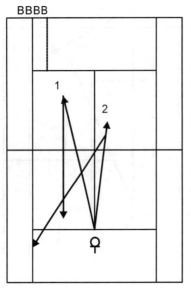

图5-25　正拍截击—反拍迎前训练

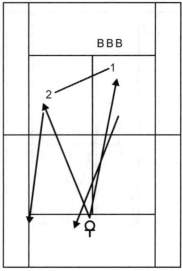

图5-26　中场截击训练

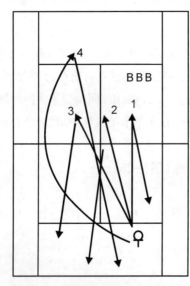
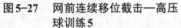

图5-27　网前连续移位截击—高压球训练5

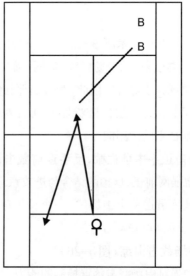

图5-28　移动中扑击球训练

（五）多球大角度扑击接后场高压球训练（图5-29）

目的：延长网前移动距离，提高网前的抢截能力及步法移动的速度。

方法：教练员送正手（反手）网前球，运动员从单打边线快速移动后截击；教练员送高球，运动员快速移动打高压球至反手区。

（六）半场反弹球接网前截击训练（图5-30）

目的：提高中场击反弹球技术。

方法：运动员从底线开始向网前冲至中场，教练员送低平球，运动员用反弹球回击至反手

网球运动教程

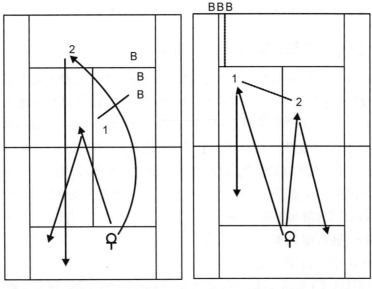

图5-29　多球大角度扑击接后场高　　图5-30　半场反弹球接网前截击训练
　　　　压球训练

区；教练员再送相反方向的网前球,运动员拦击网前得分。左右可交换进行。

(七) 网前快速左右连续截击训练(图5-31)

目的：加强快速拦网的转换及移动抢截能力。

方法：教练员站位发球区中线送左右场区平抽球,运动员网前左右移动抢截击。一定次数后换人练习。

(八) 四人网前对拦训练(图5-32)

目的：提高网前控制能力、网前快速步法和反应能力。

方法：运动员四人在网前站位,教练员开轻球进入对拦,双方拦击呈"8"字。尽可能不失

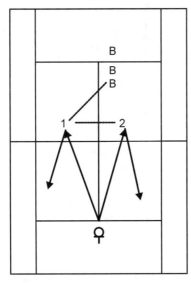
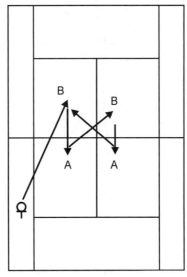

图5-31　网前快速左右连续截击训练　　图5-32　四人网前对拦训练

误。失误时教练员立即补球,继续对拦。练一段时间后,换方向拦击。

四、网前技术与底线技术的对抗结合训练

在网球训练中,网前与底线的训练往往是互相促进的。将网前技术同底线技术结合起来训练,可以有效地增强训练的对抗性。在相互的对抗中掌握的技术才是过硬的技术。在训练中必须明白,配合训练的概念不是训练中的互相照顾,而是在训练中按教练员的意图,全力进行竞争与对抗,在对抗中获得"球感",提高技术运用能力。只有通过真正的技术对抗,才能保证训练的难度、强度和训练的实效性。在网前与底线的对抗训练中,在某一训练内容时,可以侧重某一技术的练习。要重视移动中的训练,注意与实战相结合的训练,以保证训练的质量和效果,达到提高技术水平的目的。

(一)二对一训练(图5-33)

目的:加强破网和网前截击能力。

方法:教练员送球至中路底线,底线者抽击直线给两个网前者。网前者截击斜线或直线至单打线内。底线者连续回击不同方向的来球,力争破网。网前者全力拦网,力争得分。底线者破网得2分后交换练习。

(二)二人网前对四人底线循环训练(图5-34)

目的:加强移动中直线防守和底线破网能力。

方法:教练员从发球线送球至底线者,底线者抽击两次直线后回中心。网前者从发球线开始迎前截击。此练习在进行一定的组数后换人循环进行。

(三)抽球上网对底线训练(图5-35)

目的:提高全场判断防守反攻的能力,加强上网技术组合应用能力。

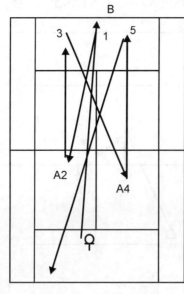

图5-33　二对一训练

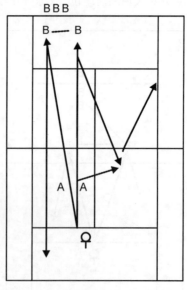

图5-34　两人网前对四人底线循环训练

网球运动教程

方法：一人抽球上网，一人底线回击。教练员送一后场球，队员抽球上网，形成一网一底两人对抗。一分对抗完后，交换练习。

（四）网前抢截击对底线直线破网训练（图5-36）

目的：提高移动中破直线网和网前抢截击的能力。

方法：底线集体接教练员送的大角度球破网。网前从教练员一边开始抢截击。此练习可以正反手区交换进行。

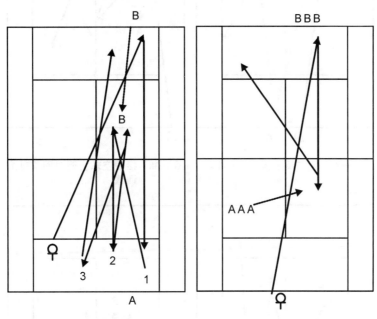

图5-35　抽球上网对底线训练　　图5-36　网前抢截击对底线直线破
网训练

（五）网前反手斜线三人练习（图5-37）

目的：提高定点定线控制能力。

方法：教练员送球至底线正手区，底线队员正手抽斜线。另一方队员底线直线破网，网前者反手截击斜线得分。

（六）接凌空球上网对网前对抗训练（图5-38）

目的：提高网前封堵的得分率。

方法：一人接教练员送的凌空球直接上网。形成四人网前对抗，打完一分球。按记分形式进行，一定时间交换练习。

（七）二打一破网训练（图5-39）

目的：加强破网能力，提高快节奏、快速调整、快速拼抢的能力。

方法：教练员补球至网前或破网者，形成二打一对抗，失误后立即补球连续进行。

（八）网前连续凌空截击球训练（图5-40）

目的：提高步法调整能力，增强网前者的胆量和反应能力。

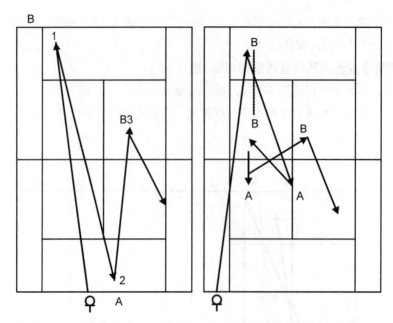

图5-37　网前反手斜线三人练习

图5-38　接凌空球上网对网前对抗训练

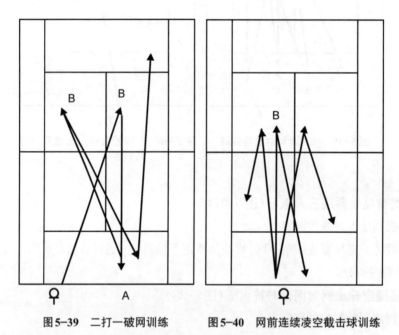

图5-39　二打一破网训练

图5-40　网前连续凌空截击球训练

方法：多球形式，教练员送球左右半区，第三球送中路直线凌空击球。网前者连续截击小斜线。

（九）网前两人对底线一人多球训练（图5-41）

目的：提高底线左右移动的能力及破网能力。

方法：教练员送左右底线球，底线者正反手破直线。网前两人斜线截击。底线者只击教练员送的球。

网球运动教程

（十）网前—底线对抗训练（图5-42）

目的：加强拦网能力，提高实战效果和得分技术的运用能力。

方法：教练员补球至各落点。运动员随意破网和进攻。每球必争，可结合记分形式进行。

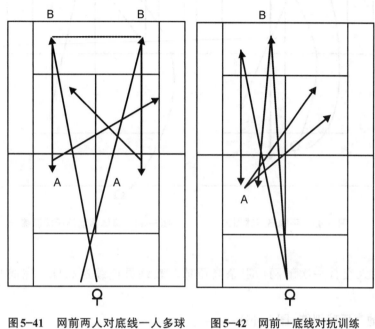

图5-41　网前两人对底线一人多球训练　　　图5-42　网前—底线对抗训练

五、移动中高压球训练

高压球技术的好坏直接影响网前技术的运用效果，它是运用拦网技术的有力保证。高压技术好，可使运动员拦截时站位大胆靠前，更加有效地发挥拦网的威胁性；反之，则可能极大地限制网前技术的发挥。比赛中，高压球也是得分的有效手段，对提高运动员赛场斗志和增强信心是极为有利的。在训练中要注意：必须强调运动员移动中调整击球的问题；移动范围要超出正常的位置；步法运用要正确；既要考虑后退高压，又要考虑迎上高压、横向左右移动的高压。同时，还要强调运动员运用多种击球方法高压，才能打出各种角度的球。

（一）手抛高压球训练（图5-43）

目的：改进运动员高压球击球的方法。

方法：教练员手抛送高压球，运动员按正式的挑高压球杀高压。

（二）集体移动高压球训练（图5-44）

目的：提高步法移动的速度，加强判断能力。

方法：运动员从右边线出发上至网前，用拍触网，接教练员送的斜线高球，快速移动杀球。高压完后绕目标回到队伍轮流练习。

（三）两人触网后退高压训练（图5-45）

目的：提高后退高压球的步法启动速度。

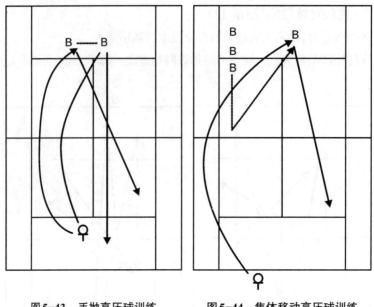

图5-43　手抛高压球训练　　　　图5-44　集体移动高压球训练

方法：两人交替一次触网后退杀高压球。教练员连续送高球。完成10个好球为一组。

（四）落地高压球训练（图5-46）

目的：提高连续杀高压球能力。

方法：两队员在发球区外，一人杀教练员送的落地高压，然后迅速跑上网前用拍触网，教练员再送高球，队员后退杀直接高压球。两次高压后换人轮流练习。

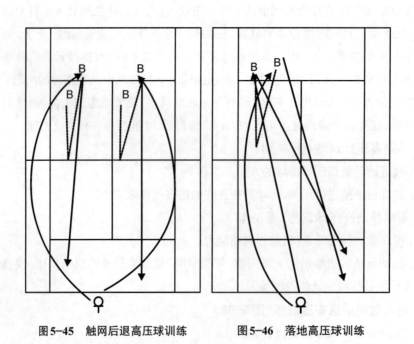

图5-45　触网后退高压球训练　　　　图5-46　落地高压球训练

六、抽球上网组合训练

抽球上网是技、战术训练中较为关键的一个环节,特别是对于双打选手来说相当重要,它关系到比赛中能否迅速从底线上至网前,掌握比赛的主动权进而赢得比赛。网球运动员必须熟练地掌握这一环节的各种技术运用能力,才能在比赛中取得较好的效果。在这一环节的训练中应注意:首先加强运动员前后跑位意识,培养学生学会抓抽球上网的时机,培养积极主动和迎上进攻的能力;其次要强调打上升点、高点及回球快且有攻击性,强调力争主动得分或为网前技术的发挥争得足够的主动性。训练中可用多球解决手法、步法问题。采用中场结合拦网、底线结合中场一拍的组合训练,解决运动员自身战术的能力。总之,解决好由底线到网前之间的技术衔接问题,有利于运动员的技、战术的全面发展。

(一)教练员送五球抽球上网训练(图5-47)

目的:加强移动中的抽击能力及上网的攻击能力。

方法:有规律的底线正手抽球—反手抽球—中场拦击—近网正手截击—反手截击。五球完成后换人轮流练习。

(二)半场直线抽球上网训练(图5-48)

目的:提高半场抽球上网连续进攻的能力。

方法:教练员送球至底线,队员抽球直线上网,连续截击进攻两个球,力争三球不失误。一人练习完成后归队,换人进行。

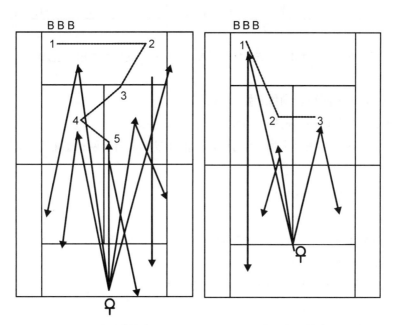

图5-47 教练员送五球抽球上网训练　　图5-48 半场直线抽球上网训练

(三)斜线抽球上网三点控球训练(图5-49)

目的:加强移动中的控球及攻击能力。

方法:教练员送球至右区斜线大角度,运动员从左区移动至右区抽斜线球。教练员放小球,运动员移动到位回直线球。教练员斜线大角度破网,运动员移动封网截击得分。

（四）反手抽球上网组合训练(图5-50)

目的:加强中场击凌空球的能力。

方法:教练员送球至反手,运动员反手抽斜线;教练员送球正手位,运动员移动中击凌空球直线;教练员再送两个网前球,运动员连续截击直线。运动员轮流练习。

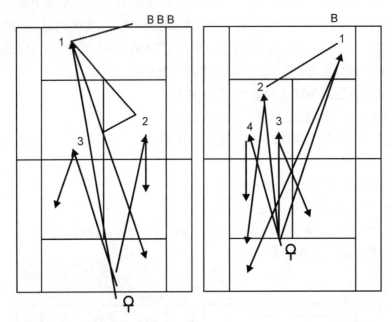

图5-49　斜线抽球上网三点控球训练　图5-50　反手抽球上网组合训练

（五）正手抽球上网组合训练(图5-51)

目的:加强中场与网前的衔接能力。

方法:教练员送球至正手中场,运动员发力抽球或推击后上网;教练员送球反手,运动员快速拦击。注意正反手区的步法转换。

（六）抽球上网得分训练(图5-52)

目的:提高直线上网、直线破网能力。

方法:教练员送球至队员右区小斜线,队员移动上网抽直线,另一队员攻中路。上网者直线截击打完一分球后换人进行。

（七）二底线对一人抽球上网记分训练(图5-53)

目的:加强上网防守的能力。

方法:抽球上网者接教练员中场球上网,底线组开始反击,打完一分球。可记分11分或21分,交换人练习。

（八）侧身跑动中正手接凌空球训练(图5-54)

目的:提高跑动中正手击凌空球能力。

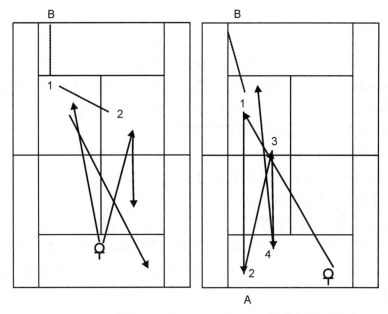

图5-51　正手抽球上网组合训练　　　图5-52　抽球上网得分训练

方法：教练员送球至反手区，运动员从中场出发侧身用正手攻击，然后继续向前跑动击正手凌空球。

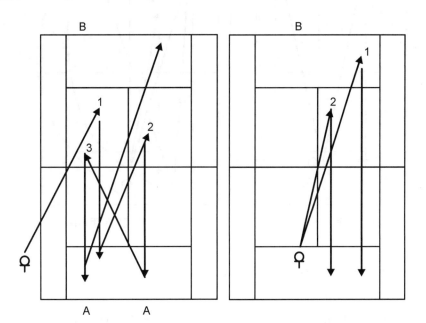

图5-53　二底线对一人抽球上网记分训练　　图5-54　侧身跑动中正手接凌空球训练

七、底线技术训练

底线技术是运动员在比赛中使用最多的一项技术。没有过硬的底线技术是无法适应现代网球比赛的，因此狠抓底线技术的训练，提高移动中底线击球的能力，才能在比赛中较好地发挥技术水平并取得好的比赛成绩。

在训练中应注意：加强步法移动，增强在动态中找点、找位的积极性；要求运动员移动积极、主动迎前高点击球，在到位的前提下，提高回球的速度以加大攻击性；在移动练习中，要根据比赛的实际，考虑多种移动路线，设计多种移动中的战术组合，只有这样才能使训练更具攻击性和对抗性，使底线技术的训练接近于实战，从而全面提高实战水平。

（一）快速小步调整左右击球训练（图5-55）

目的：加强快速步法调整选位的能力。

方法：教练员做两点送球，要求运动员快速调整步法击球。

（二）连续压反手训练（图5-56）

目的：提高快速移动中的控球能力。

方法：多球进行，教练员送球正手位，运动员移动正手抽击直线；送球反手位，运动员移动反手抽击斜线；送球正手位浅球，运动员迎上抽击直线；送左区高球，运动员后退移动左区挑斜线高球回击。

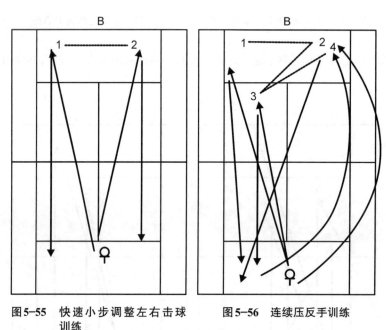

图5-55　快速小步调整左右击球
　　　　训练

图5-56　连续压反手训练

（三）底线正反手一点打两点的训练（图5-57）

目的：加强抽球变线的能力。

方法：教练员送球，规定一方正手或反手一点，另一方跑动两点抽击，失误后教练员补球继续练习。一定时间交换练习。

（四）正手底线拉放训练

目的：提高移动中由拉转化为放小球的技能。

方法：多球进行，由左区移动中正手上旋抽球直线；教练员送中场浅球，运动员跑上放小球。正反两区交换进行。

网球运动教程

（五）抽杀半高球的训练

目的：加强杀半高球的能力。

方法：教练员连续送半高球至左或右区，运动员连续抽杀反弹半高球规定的落点区域。完成10个好球后换人练习。

（六）正手进攻四球训练

目的：提高对浅球、凌空球的攻击能力。

方法：教练员送左区浅球、凌空球各一个，运动员底线移动进场直线抽击浅球和凌空球；送右区相同球，运动员同样移动至右区全力进攻。四球一组，完成后换人进行。

（七）左右移动中抽球训练

目的：加强移动中的攻击能力。

方法：教练员送左右区的深球、浅球和半高球结合，6个球为一组。运动员移动中正拍发力抽击进攻。有命中率的要求。

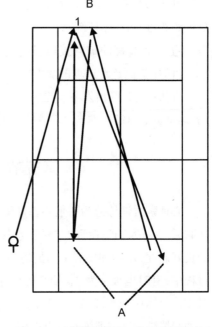

图5-57　底线正反手一点打两点训练

八、破网技术训练

破网所需底线技术的难度，远远超过单纯的底线击球技术。首先破网的节奏快，对抗能力和应变能力要求高，心理压力大，技术动作要求准确、精细，回球质量要求高。破网时需要大胆、果断，切忌犹豫。在训练中要把破网同网前摆在同等重要的位置上对待，破网能力强可以弥补自己网前的不足，要在训练中增加有一定难度的破网练习，并在对抗中进行，这样才能在实战中经受考验，获得成功。

（一）近网挑高球、小斜线、回放小球训练

目的：加强网前防守和制胜能力训练。

方法：教练员送浅球，运动员跑上放小球，对方一组运动员从底线移动上前处理此球，用挑上旋高球过网、小斜线破网、回放小球。练习10个球后换人练习。

（二）底线破网。网前抢网训练

目的：加强底线破网能力、网前抢网与反应能力。

方法：教练员送球到对方底线，运动员移动抽击斜线，第二个球以后网前可以抢网，网前漏球底线补位。

（三）直线破网接直线网前拦截训练

目的：提高直线破网能力。

方法：教练员送球至右区，运动员移动直线发力破网，网前从中心准备位置直线抢网。练习10次后换方位练习。

（四）二打一破网练习

目的：加强底线连续破网能力。

方法：教练员送球至底线，运动员半场连续破网，网前二人控制球落点，失误后教练员补球继续练习，四人循环练习，一人捡球。

（五）底线移动破网接中场进攻训练

目的：提高连续进攻的能力。

方法：从右区出发移动至左区接教练员的送球直线破网。教练员送凌空小斜线球至中场，运动员迅速迎上抽击进攻直线。循环练习。

第五节　网球心理素质训练

心理素质训练分为一般心理训练和准备具体比赛的心理训练两种。两者既有区别，又密切联系。一般心理训练的主要任务在于培养运动员具有参加训练的良好动机，培养对待训练的良好态度，培养和发展运动员的心理品质及个性心理特征。一般心理训练贯穿在整个训练过程中，有时也被称为"长期心理训练"。准备具体比赛的心理训练的主要任务，是使运动员对该次具体比赛形成最佳心理准备状态，在比赛中运动员能有效、可靠地控制和调节自己的行动和情绪。这种训练有时也被称为"短期心理训练"。

心理素质训练是现代网球运动训练的重要组成部分。网球心理素质训练是有目的、有计划地对网球练习者的心理过程和个性心理特征施加影响的过程，也是采用特殊的方法和手段使网球练习者学会调节、控制自己的心理状态和调节、控制自己的运动行为的过程。从国内外的重大比赛中经常可以看到，在双方技术和战术水平、身体体能相当的情况下，心理素质的高低对比赛的胜负起着决定性的作用。随着网球技术的发展，比赛中的对抗日趋激烈，一盘比赛和一场比赛的胜负往往仅取决于一两分球的得失，在比赛最关键的时候，决定胜负的因素不只是运动员掌握的技术，还包括运动员的心理素质和意志品质。对于优秀网球选手而言，良好的心理素质的建立必须经过长期训练和比赛的磨砺；对于网球教练员来说，如何运用心理学的知识培养运动员良好的心理素质，是网球训练中相当重要的一环。其重要性具体表现在以下几个方面：

（1）促进网球运动员心理过程的完善。人的心理过程包括认识过程、情感过程和意志过程三个方面。运动员要取得优异的成绩必须具有精确的运动感知觉、清晰的运动表象能力、高度发展的思维敏捷性和灵活性，同时还要具有坚强的意志品质，不断克服训练和比赛中可能遇到的困难的能力，并能较好地控制运动中千变万化的情感体验。所有这些能力都可在心理训练中得到不断的完善。

（2）促进网球运动员个性心理特征的形成与发展。个性心理特征包括许多方面。在训练和比赛极度紧张的情况下，决定运动员行为特点的重要因素是：对比赛和训练的兴奋程度、运动动机、个人的性格特征和气质等。心理训练可以使运动员的个性心理特征更加适应现代网球运动。

（3）形成适宜的心理状态。运动员的心理状态是容易变化的心理结构，它是运动训练所必需的最重要的心理机能的综合体现。心理状态的特点和水平直接影响运动员训练的效果和比赛成绩。心理训练有助于培养网球运动员心理过程的稳定性以及在极度紧张的训练和比赛过程中控制自己心理状态的能力,促进运动员形成良好的心理状态以适应现代网球的训练和比赛。

一、网球一般心理素质训练方法与手段

在网球运动训练和比赛中贯穿一般的心理素质训练,其主要内容包括:动机训练、意志训练、目标设置训练、集中注意力训练、自信心训练、情绪调节训练、诱导训练、念动训练等。

(一)动机训练

良好的动机能够使一个人形成积极的内部动力与心理动因。对于动机而言,它主要被两种因素影响,分别为外部因素与内部因素。训练动机则是在外部以及内部因素的影响下激励运动员进行网球运动训练的一个原因或者动力,所以如果训练动机积极向上,则运动员的训练效果也一定会非常显著,能最终出色地完成比赛。

想要有效形成良好的动机,就需要进行多方面因素的综合考虑。因为一旦有一些因素发生了变化就会严重影响训练动机,所以对网球运动员的训练动机进行分析显得至关重要。想要有效实现训练动机,个人变因占有至关重要的作用。个人变因由许多元素组成,合理利用个人变因能够使网球运动员有效形成训练动机。个人变因主要包括以下几方面:

1. 内心的满足

当网球运动员在训练的过程中,需要对某个技能进行学习与改进时,不但能够快速地将新的网球技能掌握,在进行学习的过程中也能够发现已经学习的技能所存在的缺点,最终及时地加以改正,此时在网球运动员的心中就会获得一种自身的满足。正是因为这种心理的存在才会使运动员在以后的训练过程中更加持之以恒,并且在每次的训练结束后,都能够具体了解自己掌握了哪些网球技能,应该在哪些技能上加强训练。

2. 成绩的需求

所有参加网球训练的运动员都希望自己成为比赛中的重要角色,并且希望自己在训练中所取得的成绩能够得到同伴以及教练的认同。所以,这就要求教练在对网球运动员进行训练的过程中做到同等对待,只要发现有的运动员在训练过程中成绩优异且较稳定,就应该给予他们担任角色的机会,这样就会鼓励其他人积极地进行训练,最终实现自己的目标。

3. 未来的目标

确定了自己的目标,就能够激励运动员积极地进行训练;如果无法明确自己的目标,就会减少运动员的训练热情。所以网球教练员一定要使运动员明确自己的奋斗目标,或者通过有效引导使网球运动员明确奋斗的目标,最终努力地进行训练。

4. 成功的需要

在训练的过程中,运动员经常会担心自己会失败,往往会比较焦虑,这样就严重影响了网球运动员的潜力发挥。所以教练员在对网球运动员进行训练时应该让运动员知道,其努力的训练不是为了避免失败,而是成功的需要。

(二)意志训练

意志是自觉地确定目的,根据目的支配,调节自己的行为,克服各种困难,从而实现目的的心理过程。人的意志和认识及情感不是彼此孤立的,而是有着密切联系的。认识为意志确

定目的,情感则激励其行动;意志又推动认识,并控制感情。只有通过意志方面的努力,运动员的技术水平才能正常发挥。因而,意志是人的特殊心理过程。

从生理学观点来说,培养意志品质,实质上就是改进大脑两半球皮层的兴奋过程和抑制过程。网球运动员的意志训练应贯穿在整个训练过程中,意志训练的主要任务,总的就是要不断提高运动员克服主观及客观困难的能力。其训练方法主要有:

(1)设想比赛实际条件下可能发生的许多外部障碍,而后有针对性地进行模拟训练。

(2)不断增加外界环境因素的难度,有意识、有目的地对青少年运动员的心理过程和个性心理施加影响,使其逐步储备心理和生理的能量,以适应运动训练或比赛的要求,有效消除心理障碍,保证他们能在训练或比赛中创造优异的运动成绩。

(3)提出与远期目标相联系的近期目标,激励青少年运动员为这个目标不断努力。意志行动与目标是分不开的,没有目标,就没有意志可言;一切冲动的行为,都是缺乏意志的行为;目标愈明确,意志就愈坚定。

(4)通过克服不同类型的障碍,取得有益经验,逐步树立一种主动和自信的态度,并依靠各种运动环境的反馈,不断修正自身行为,以符合比赛和训练的要求。

(5)参加集体活动,遵守集体纪律,维护集体荣誉。青少年运动员的意志力倾向于从对外部刺激的积极反应逐步转向内部的自我激励的积极反应,他们克服困难的意志的表现,客观上决定于集体的性质。集体性越强,集体的力量越显著,集体成员克服违反纪律行为的内、外在困难的效果也越好。集体意识能使其逐步稳定地形成责任感。

(三)目标设置训练

在生活中有明确的目标,就如同人生的航船有了灯塔,它指引我们顺利驶向成功的彼岸。同样,在网球运动学习时,根据自己的实际情况设置合理可行的目标,可以明确网球运动的价值,帮助自己更好地掌握各种运动技能,体验参与网球运动的乐趣和快感。

1. 目标设置三个基本要素

(1)依据自身能力(运动能力、技能水平)。

(2)一定的时间期限。

(3)达到目标所采用的策略和步骤。

在网球运动学习中,目标设置是指根据自己的网球运动能力和技能水平,确定在一定的时间内所要达到的网球运动学习和身体锻炼的具体目标,以及达到目标所采用的策略、步骤和时间安排。

在网球运动学习和锻炼中,有无目标或目标是否清晰,将直接影响学习或锻炼的效果。正确有效的目标设置可以激发人的潜能,引导和促进人的活动,是行为的重要推动力量。

2. 目标设置的类型

目标设置主要包括3种:结果目标、操作目标和过程目标。通常过程目标是训练指向,操作目标为训练和比赛指向,结果目标为比赛指向(但不是单一的指向)。

(1)结果目标。

在竞技网球比赛中,结果目标就是比赛的结果。实现这一结果目标不仅需要能力和发挥,以及付出的努力,同时还要看对手的能力和发挥,即部分依赖于他人的表现。

（2）操作目标。

操作目标不是战胜对手,而是超越自我获得成功。所以操作目标只是与自己以往的成绩和表现进行比较,是独立于对手或他人的实现目标和操作标准。在网球比赛中,胜负不是关注的唯一焦点。操作目标的优点是可以在忽略对手的情况下,完全按照自己的操作目标去实现,可以表达为"我行我素"。

（3）过程目标。

过程目标就是将运动员操作过程中必须从事的行为完成好或操作好。过程目标一般出现在训练课上,比如在训练中运动员不停地揣摩自己的发球情况,则在比赛时自己的发球表现自然会提高。过程目标不仅可以提高运动员的操作表现,还可以帮助运动员减少焦虑和建立自信。

3.目标的作用

（1）目标有助于区分重要事项的先后次序。

目标的确立可以使学生明确自己技术中最重要的方面以及最迫切需要改进的方面。

（2）目标提供方向并使注意力集中。

目标可以帮助发现曾经没有引起足够重视的方面,可以使学生将注意力集中在实现该目标的行动路线上。

（3）目标能提高努力的程度和坚定信心。

设置了目标可以使学生愿意为此付出努力并付出实践,可以在课堂上保持前进的动机和吃苦耐劳的精神。

（4）目标可维持动机水平。

没有目标的练习是乏味、单调的,并将导致希望和动机的丧失,潜能得不到发挥。虽然某些诱因可以诱发动机(如得到奖金),但是目标则会确保动机保持长期的稳定,特别是长期目标可以使学生理解并忍受长期练习带来的疲劳、痛苦和挫折。

（5）目标能促进学习。

目标可促进寻找实现目标的有效途径,帮助你解决如何实现目标的问题。

4.目标设置的策略与方法

在网球运动学习中,科学的目标设置首先需要对自己的实际能力(包括身体状况、运动能力、身体素质等)进行正确的评价,从而为设置适合个人的具体目标奠定基础。如果不能正确地评价自己的能力,就可能制定过高或过低的目标,从而制约网球运动学习效果的提高。因此,在网球运动学习中,我们必须根据实际情况,采取有效的策略来设置既符合实际又符合自身条件的目标。

（1）长期目标与短期目标相结合。

长期目标与短期目标比较理想的结合方法是采用"阶梯形"目标。具体步骤是:确定所要完成的任务的基础水平;确定自己经过努力奋斗所要达到的最终目标;确定若干逐步提高水平的短期小目标,从而达到最终目标。因为每一个目标的实现,都会是你获得成就感从而产生挑战下一个目标的动机,增加实现长期目标的可能性。

（2）设置既有挑战性又有可实现性的目标。

一个好的目标应该既有一定的难度,但又是可实现的,最好是需要经过不断努力才能够实现的。设置具有挑战性又有可实现性的目标,应将自己最近的成绩作为参考依据,并在必要时修正目标以适应变化的情况。

（3）设置具体、可测量和可记录的目标。

设定的目标应该是具体的、可测量的、可记录的和可比较的。

（4）设置自我比较目标。

在网球运动学习中,应该尽量制定能够自我赏识的目标,不要制定与他人比较的目标——指以击败他人为关注重点的目标。自我比较目标易提高更多的成功机会,这种积极的体验有助于增强自己的自信心。相反,若总是与水平远远高于自己的同学相比较来制定目标,不但难以实现,有时甚至会伤害自己的自信心。如果与水平低于自己的同学比较来制定目标,则不利于发展自我、挑战自我。

（四）集中注意力训练

注意力集中是指在特定的环境下心理稳定的能力,就是将注意力集中在比赛或训练有关方面,并在比赛中保持这种注意力。注意力集中是网球比赛所需要的一项重要的心理技能。比赛中,运动员往往会受到内部和外部的干扰,如果不能将注意力集中在比赛所需要的方面,往往会导致失误甚至比赛的失败。

1. 训练时的注意力集中

（1）按照教练员的要求回击球。

（2）眼睛始终盯着球。

（3）多球练习时,预先设定好球的落点,比如直线、斜线,浅球、深球。

（4）每次发球前说出发球的目标,有目标地发球。

2. 比赛时的注意力集中

（1）进行有效的赛前准备。

（2）保持比分间歇时间的常规行为。如习惯性地放松、擦汗,做一些发球或接发球的准备动作。

（3）每一分比赛开始前,都要有所计划。

（4）通过眼睛的关注来集中注意力。观察有关的目标,如网球的纹路、拍弦等。

（5）利用身体的放松避免焦虑。如耸肩、深呼吸、活动手臂和手腕等。

（6）练习分散—集中的技能。如在一分结束后,让紧绷的注意力及时分散放松,当下一分开始时,让放松的精神集中准备比赛。

（五）自信心训练

自信是一种反映个体对自己是否有能力或是否能成功地完成某项活动的信任程度的心理特性。自信是一个人成功的基础。一个人有自信,他就会满怀热情地投入到意志行动中,在遇到困难时,也不会被困难和挫折所压倒。

1. 在网球运动中展现和培养自信

一个人的自信心是在克服困难、体验成功中产生的。网球运动是培养和发展自信的重要手段。学生可以在锻炼中不断克服困难,挑战自我,增强自信。

(1)展现自我。

网球运动形式多种多样,要有明确的锻炼目标,看到自己的长处,不断提高。在群体活动中,与同伴积极配合,努力展现自我,有信心让同伴接纳自己。

(2)自我激励。

首先,要经常鼓励和肯定自己。通过回忆自己成功经历中感到荣耀和自豪的事情,并肯定自己所具有的能力,用语言鼓励自己。其次,当面对有难度的活动项目或受到挫折时,要勇敢面对困难,从那些战胜困难和挫折的成功者身上找到自己前进的方向。在困难面前,应运用积极、肯定的自我暗示为自己打气,以增强自信,克服困难。

(3)量力而行。

列一张清单,将自己希望但还没有达到的网球运动目标写下来。然后按照每一目标的难度,依次从最容易实现到最难实现进行学练,通过不断地练习增长自信。首先实现第一个目标。有了成功的开始后,不断增强自信,直至实现终极目标。

(4)相互鼓励。

在网球运动中,应与同学相互鼓励,愉快接纳。这将有助于从"同伴关系"中发展自尊、自信;同时,也使你学会尊重他人。

2. 自信的意义

(1)自信使学生加倍努力。学生在追求自己目标的过程中所付出的努力在很大程度上取决于他们的自信。

(2)自信会影响学生设定的目标。自信的学生会为自己制定具有挑战性的目标并为之付出努力。

(3)自信可以使学生集中注意力。在感觉自信时,你的思维可以很自然地集中在当前任务上。

(4)自信可以诱发积极情绪。

(5)自信可以让学生保持好的心情。

(6)自信可以影响心理动力。

自信是运动员对成功的预料,是在一定情况下表现出的对自己能力的肯定和对成功的渴望。优秀的网球选手都具备坚定的自信,自信能激发运动员积极的情绪体验,有利于精力的集中,使运动员克服恐惧。因此在日常训练的过程中,教练员就要加强对运动员自信心的培养,既要让运动员坚信自己的信念,又要防止运动员出现盲目自大的现象。

3. 增强自信的方法

(1)使用积极的自我谈话法。自我谈话又可以分为动机性和指令性两种形式,动机性自我谈话如"加油""坚持住""保持注意"等,指令性自我谈话如"屈膝""抓紧球拍""眼睛看球"等。

(2)运用表象记忆法回忆自己发挥出色的场景和动作。

（3）在球场上保持积极向上的形象，保持昂首、挺胸，面部肌肉放松。

（4）制定现实可行的目标。每次的目标不要定得太高，要制定通过努力可能达成的目标。

（5）与优秀的、和自己水平相差不大的选手进行比赛。

（6）在日常的训练过程中，教练员要给予更多的正面反馈，鼓励少儿运动员以增强其自信心。多使用一些激励性的语言比如"真棒""有进步"等，避免批评，更不能惩罚。

（六）情绪调节训练

情绪是人对客观事物的态度体验及相应的行为反应，由独特的主观体验、外部表现和生理唤醒构成。情绪通常和焦虑、唤醒、压力等联系在一起。

情绪无时无刻不在伴随和影响着我们。良好的情绪会激励我们积极向上、生活愉快、学习进步；不良的情绪会减少快乐，干扰正常的学习和生活，甚至会损害身体健康。如果你能够主动地运用网球运动活动等方法及时调控不良情绪，就可以把不良情绪的危害减少到最低限度，把积极情绪调节到最佳状态，进而体验到更多的幸福和快乐，更好地服务社会、享受生活，促进身心健康发展。

1. 提高兴奋度的方法

（1）有力的动作；在两分之间的间歇时间里用脚尖上下跳动。

（2）使用短促的快速呼吸，加快呼吸的频率。

（3）使用积极的语言提示，如"加油""上"等。

（4）把当时的局势看作一种挑战，全力以赴应对。

2. 减少焦虑的方法

（1）用收缩和松弛肌肉的方法使肌肉放松，摇动双手、双肩和颈部。

（2）了解身体的信号：不要将心跳加速误解为紧张的信号，这是准备就绪的信号。

（3）处理问题时多温和，少严厉。

（4）感到要紧张时，微笑。显得自信、平静，能够自控。

（5）放慢速度，两分之间多歇一些时间。

（6）认为自己开始紧张了，不要害怕，因为这是进入比赛和重视比赛的信号。记住，对手可能处于同一状态。

（7）出现紧张时，要更具攻击性，比赛的胜率会更高。

（8）动作放松的技巧：放慢节奏，或使用语言调节情绪，如"松弛""放松"。

（9）在两分之间的间隙时间里鼓励自己。

（10）将注意力集中在你能控制的事情上。如暗示自己"发外角球""回斜线球"。每一次将注意力集中在一点上或你能做好的事情上。

（11）克制每一个消极的想法。犹豫时，控制自己，让自己放松。失误了，让失误成为过去。

（12）用幽默打破紧张的气氛，对待逆境要采取正面的积极的态度。

（13）制定一个好的比赛方案并坚决执行。把每一分钟当作决胜分来打。

3. 缓解青少年紧张情绪的方法

（1）不要进行超负荷的身体训练，训练期要短，强度要大。

（2）训练和比赛之间要安排休息和恢复，不要连续打太多的比赛。

（3）力求把比赛当作练习，而不当作威胁来看待。

（4）让学生记录自己的紧张程度，感到紧张时，不要回避，要积极调解。

（5）老师应了解学生的身心承受能力。

4. 焦虑的控制

焦虑是一种消极的情绪状态，是因对危险或恐惧的担心而表现出的一种唤醒形式，对比赛有消极的作用，表现为发怒、消极、威胁、灰心丧气。过度焦虑会给运动员身体和心理带来不良反应，如下表：

表5-1　过度焦虑对运动员身体和心理的影响

生理上的反应	心理上的反应
1. 肌肉僵硬不协调 2. 身体灵活性下降 3. 易疲劳 4. 呼吸心跳加快 5. 肌肉无力	1. 精力不集中且难以恢复注意力 2. 情绪控制能力弱 3. 产生畏惧情绪 4. 反应速度变慢 5. 不断出现消极、自责的情绪 6. 自信心降低，情绪悲观 7. 战术决策能力下降

降低焦虑的方法：

（1）做好充分的准备活动，提高身体的兴奋性，降低身体的焦虑水平。

（2）保持镇定，深呼吸。

（3）放松双臂、颈部及手臂的肌肉。

（4）使用积极的自我暗示。

（5）把思维集中在自己可以控制的事情上。

（6）把比赛当成乐趣与挑战。

5. 唤醒水平

唤醒是一种心理和生理的运动状态。运动员处于低度兴奋或过度兴奋时会出现问题，这两种状态都使运动员难以发挥最佳水平。所需的激情处于低度兴奋或低度激情状态；激情超过最佳发挥所需的程度时就出现过度兴奋或人们所熟知的激动。如表5-2所示，不同的唤醒水平对身体状态造成的不同影响。

表5-2　不同唤醒水平的表现

唤醒水平低	唤醒水平高
1. 浑身没力气，动作缓慢 2. 注意力涣散，给人懒洋洋的感觉 3. 消极的身体语言 4. 一副漠不关心的样子 5. 判断能力下降	1. 感觉精力充沛 2. 步伐轻盈 3. 注意力集中 4. 积极的身体语言 5. 不易疲

提高唤醒水平的方法:

（1）在对方发球前做一些放松性的小跳,提高身体兴奋性。

（2）加快呼气的频率,进行短促有力的呼吸。

（3）使用积极的自我谈话。

（4）感到压抑时,可以吼叫发泄情绪。

（七）诱导训练

诱导训练通过教练员、心理学专家等他人的诱导,或用录像带等外界刺激来完成。如,运动员兴奋性不强,教练员可以让他观看激烈的散打或拳击比赛的录像来唤醒其增力情绪,达到一种适宜的兴奋状态。平时训练时,还可以放比赛时的录音让运动员进行训练,以稳定参加比赛时的情绪,使心理达到相对放松的状态。也可以在练习比赛中让裁判员故意错判、误判或偏袒一方,使运动员能应付场上的各种变化,增加心理的承受能力,以免临场紧张失常。此外,过分重视比赛结果是引起紧张的主要原因,因此,教练员要正确引导运动员注重比赛过程,注重如何打好每一分球、如何实施战术,淡化比赛结果,以平常心、放松的心态来对待比赛,打好比赛。比赛中技术发挥得好,心理正常,必然会有好的比赛结果。

（八）念动训练

念动训练分为技术念动训练和战术念动训练。技术念动训练旨在使运动员在比赛中动作正确,避免变形;战术念动训练旨在提高运动员临场随机应变的能力和保证战术质量,即使在压力很大的紧张环境中,也可根据比赛情况自动地做出反应。

1. 技术念动

先将所要念动的技术动作观察仔细,记在脑中。当身体处在放松入静状态时,默想用慢动作完成该技术动作的表象和用力感觉,同时默念暗示语。暗示语根据技术结构和运动员的需要而定。每组默想10次,共做5组。

2. 战术念动

先将所要念动的战术通过观察、练习记在脑中,当身体处于放松入静状态时,默想用慢动作完成战术时的一切细节的表象和身体感觉,然后再想象比赛紧张关键时刻,用正常速度完成战术时的情景。在默想战术的同时默念暗示语。暗示语根据战术内容、特点和运动员的需要而定。每组练习做10次,共做3组。

二、网球比赛的心理素质训练方法与手段

在网球比赛前、比赛中、比赛后,会产生不同的心理反应,对于不同的心理反应可以做出相应的赛前计划与准备、赛中调控与适应、赛后调整与恢复。

（一）赛前心理计划与准备

制定一个使运动员精力集中的赛前训练计划、赛前半小时的心理调整计划。制定固定的赛前准备常规,保证注意力只集中在即将进行的这场比赛上。

重复一些积极的想法,慢慢地伸展每块肌肉,有意地作出微笑,增强有力的感觉,反复进行这一练习,直至自己信心十足,并已处于待命状态。核实比赛时间和报到时间。温习比赛

的策略和比赛方案（独特的打法、比赛的目标、具体战术、备用的比赛方案等）。

1. 放松训练

练习目的是缓解紧张情绪，减轻心理压力；降低中枢神经系统的兴奋性，降低由情绪紧张而产生的过多能量消耗，使身心得到适当的休息并加速疲劳的恢复；培养集中注意能力，减轻赛前焦虑和紧张。练习方法有：

（1）预备姿势：舒适地坐在一张椅子上，胳膊和双手放在椅子的扶手或自己的腿上，双腿和双脚取舒适的姿势，脚尖略向外，闭上双眼。

（2）自身放松练习：在教师或自我指导语的暗示下缓慢地进行暗示放松练习。可将放松指示语录在磁带中，配以自己喜欢的轻音乐进行练习。练习时，随录音磁带做即可。

放松之后，必须进行动员，使中枢神经系统重新兴奋起来。动员训练的目的是提高运动员情绪的紧张及兴奋水平。

2. 表象训练

运动员可以在比赛前或比赛中，在脑中清晰地重现自己过去获得成功时的最佳表现，通过体验当时的身体感觉和情绪状态来重现那种积极的意念，从而间接地使植物性神经系统活跃起来，促进心跳加快、呼吸加强，使新陈代谢过程的血流量加大，使全身增力感觉和增力情绪加强，出现兴奋状态。

运动员还可以想象自己通常感到放松与舒适的环境，在脑子里将自身置于这个环境之中，使身体得到放松。使用这种方法的关键在于使表象中的环境清晰，在大脑中能生动地看到想象的环境，增加情境对运动员的刺激强度。

练习目的是帮助学生加强正确的肌肉运动和知觉神经、肌肉的联系；通过反复想象正确动作或成功情景，形成最佳动作的心理定势。想象要尽量清楚、真实。练习方法有：

（1）想象自己正在进行某个或某套网球技术动作练习。

（2）想象自己以往训练、比赛中的最成功技战术3分钟。

（3）想象自己开始热身时脚步轻松而有弹性，击球动作轻松流畅，想象自己面对各种类型来球的流畅击球的感觉。

（4）想象发球时各种发球技术及不同落点的流畅状态。

（5）战术心理演练：通过想象来预演即将开始的比赛，学生可以根据计划来制定战略战术。心理演练最重要的一点就是要想象自己的进攻组合，如，不管对手如何变化，我的进攻落点不变，以完成自己进攻的组合；在关键分的时候如何变化，用什么样的战术等等，做好比赛战略战术应用的心理准备。通过想象来预演即将开始的比赛，可以为正式的比赛实施正确的战略、战术奠定良好的心理基础。

（二）赛中心理调控与适应

1. 比赛过程中的心理策略

练习目的是坚定信心，以我为主，排除干扰，随机应对。

练习方法有：

（1）信心是取胜的先决条件，比赛中应始终充满必胜的信心，保持高昂的斗志。

（2）在心中为自己的每一个球加油鼓劲，对打出的好球高声呐喊。

（3）在自己打得很顺利的时候，可以适当加快比赛的节奏，每分之间形成乘胜追击的心理优势。

（4）在对方强势、自己打球不顺的情况下，可适当拖延发球或接发球的准备时间，放慢比赛节奏，排除干扰，调整心态，随机应对。

2. 交换场地时的心理策略

练习目的是放松心理、调整情绪、小结技战术，以积极的心态为下一局比赛做准备。

练习方法有：

（1）留意自己的身体状况和装备。

（2）放松思想，只关注积极的、自己可控制的因素。排除自己不可控的因素，如对手的一些试图激怒你的行为、裁判对某些有争议球的判定等。

（3）思考随后比赛所采用的技战术。

3. 两分之间的心理调整

在网球比赛的两分之间至少有16—18秒的间隙，在一发和二发之间有5—7秒的间隙。优秀的学生会积极利用这些宝贵的间歇时间来调整自己的心态和竞技状态。当学生处于低兴奋状态时，他应使用激励的手段，而不是放松。学生可以做一些能提高兴奋度的动作，如上下跳动。每一分结束时，不论比分怎样，都应尽量保持积极的态度。

4. 发生争议时的心理调整

裁判错判时，用尊重的方式向裁判表达你的意见，不同对手争论；如无法改变判决结果，接受裁判的裁决，避免产生不良情绪；赛前做好裁判可能误判的心理准备及自己的应对准备。

5. 双打比赛的心理策略

练习目的是要和同伴交流协调，预先计划比赛技战术，为下一局击球做准备。练习方法有：

（1）在每一分结束后，或交换场地时，都应该和同伴交流，确定接下来的技战术。

（2）在每一分开始前，都应有简单明确、对手不易识破的语言或手势信号，确定下一球的战术配合。

（3）互相鼓励、互相提醒。

（三）赛后心理调整与恢复

练习目的是对先前的技战术有清楚的认识，通过比赛发现自己的不足，并指导以后的训练。

练习方法有：

（1）回忆比赛的场景，整理总结各项技战术的运用情况，在头脑中强化比赛中成功的技术、战术运用情景，增强运用这些技术、战术的信心，形成心理优势。

（2）弱化失败的心理阴影，消除消极的心理影响，理清思路，吸取教训，树立自信，轻装上阵。

（3）教师记录下每场比赛的相关数据，建立学生比赛档案；并对其进行分析和归纳，可以帮助学生了解自己的成长规律。

（4）淋浴、理疗、做肌肉的放松按摩训练。

心理训练与身体、技术、战术训练构成了现代网球运动训练的基本内容，说明现代网球运动水平的提高在很大程度上依赖于运动员心理、智力、知识水平等因素的发展。如何提高学生的心理素质是网球运动训练中必须重视和解决的重要内容之一。没有良好的心理水平，身体、技术、战术再好，也难以在比赛中取得优异成绩。

课 后 思 考 与 讨 论

※ 网球运动训练要遵循哪些基本原则？

※ 设计一份年度网球运动训练计划。

※ 论述周训练计划结构及内容安排要求。

※ 简述网球专项素质训练的练习方法，并画出示意图。

※ 简述网球底线技能训练的练习方法，并画出示意图。

※ 简述网球破网技能训练的练习方法，并画出示意图。

※ 如何培养网球发球的抗压心理素质？

第六章　网球运动竞赛

本 章 提 要

学习目标

※掌握制定网球竞赛规程的原则及主要内容,学会制定各级别网球竞赛规程。

※掌握网球竞赛编排方法,学会设计各类网球赛事对阵表。

※掌握网球赛事日程安排表的设计原则和方法,学会合理设计各类网球赛事安排表。

重难点

※设计网球赛事对阵表。

※设计网球赛事日程安排表。

关键词

竞赛规程　单淘汰制　循环赛制　分组循环制

单循环赛制　混合制

第一节　网球竞赛规程的制定

竞赛规程是比赛的指导性文件,是组织与进行比赛的指南。竞赛规程包括竞赛名称、竞赛日期、竞赛地点、竞赛项目、参赛单位、参加人数、年龄规定、报名办法、比赛办法、竞赛规则、录取名次及奖励、计分方法、裁判员及其他有关的特殊规定等内容。

一、制定网球竞赛规程遵循的原则

在制定竞赛规程时,必须精心设计规程的各项内容,尽可能要遵循以下几个原则:

(1)在确定比赛办法时,既要考虑比赛的目的要求,又要注意避免运动员竞赛负担过重的规定。

(2)在安排比赛场次时,要考虑节假日的情况,尽量把半决赛和决赛安排在周六或周日进行。

(3)抽签完成后,要具体安排整个比赛每日的比赛场次、时间和场地等。

(4)在制定赛程表时,应考虑网球运动员的负担量及先单打后双打的原则。

(5)在头几轮的比赛中,应采用紧跟前场的方法安排比赛秩序。即一个场地几场比赛,只限定第一场的开赛时间,使比赛连续进行。

（6）在半决赛和决赛时,可采用限定比赛开始时间的方法进行安排,这样既有利于运动员充分休息,又能为观众提供较准确的比赛时间和电视转播时间,有利于观众有选择地观看比赛。

二、网球竞赛规程的主要内容

网球竞赛规程是根据网球竞赛的性质、目的、项目特点来设定的指导性文件。网球竞赛规程一般由下列内容组成,在具体制定时可根据实际情况进行有针对性的设计。

（一）竞赛名称

根据总任务确定比赛名称。名称要显示是什么性质的比赛,哪一年（或第几届）的比赛。名称一般用全称。例如,中华人民共和国第五届大学生网球锦标赛;2018年全国青少年（U16）网球甲级队联赛。在赛会期间的文件、会标、宣传材料等方面,名称要统一。

（二）目的任务

根据举行本次竞赛活动总的要求,简要说明此次竞赛的目的任务。如为了进一步贯彻落实全民健身计划,增强学生整体素质;普及网球运动,增强人民体质;提高网球运动水平;选拔组织网球运动代表队,准备参加高一级的比赛;总结交流教学训练工作经验,增进团结和友谊等。

（三）竞赛时间、地点和举办单位（或承办单位）

应写清预赛、决赛开始和结束的年、月、日,举行比赛的地点和举办竞赛的单位（包括主办、协办以及承办单位）。

（四）竞赛项目和组别

应写清举办赛会所设置的网球竞赛项目及组别,写明各组别的竞赛名称。

（五）参加单位和各单位参加的人数

按有关规定的顺序写明参加比赛的每个单位,以及各单位参加比赛的男、女运动员人数,领队、教练及工作人员人数,每名运动员可参加的项目数,每项限报人数,以及参赛的其他有关规定。

（六）运动员资格

运动员资格是指参赛运动员的条件标准,包括运动员年龄、健康状况、代表资格、运动等级、运动成绩、达标规定等。

（七）竞赛办法

（1）确定比赛所采取的竞赛方法,如淘汰法、循环法、混合法及其他特殊的方法。确定比赛是否分阶段进行,各阶段采用的竞赛方法是否相同,各阶段比赛的成绩如何计算和衔接。

（2）具体的编排原则和方法。

（3）确定名次及计分办法。

（4）对运动员（队）违反规定的处罚方法（如弃权等）。

（5）规定比赛器材（如比赛用球的品牌等）,运动员比赛服装、号码等。

（八）竞赛规则

提出竞赛采用的规则和有特殊的补充及竞赛规则以外的规定或说明。

（九）录取名次与奖励

（1）规定竞赛录取的名次、奖励优胜者的名次及办法。例如,对优胜者（队）分别给予奖杯、奖旗、奖状、奖章及奖金等。

（2）设置体育道德风尚奖或破纪录奖的奖励办法等。

（3）设置技术奖时,规定技术奖励的内容和评选方法等。

（十）报名办法

规定各单位运动员（队）报名的人数、时间和报名截止的日期,书面报名的格式和投寄的地点,并应注明以寄出或寄到的邮戳日期为准,以及违反报名规定的处理办法。

（十一）抽签日期和地点

凡属需要抽签进行定位和分组的竞赛项目,应在规程中规定抽签的日期、地点和办法。

（十二）其他事项

（1）有关未尽事宜的补充,如经费、交通、住宿条件等。

（2）注明规程解释权归属单位,一般应归属主办单位的有关部门。

（3）竞赛也可以找赞助。

范例

2018年华东师范大学学生"阳光体育"联赛
第一届"大夏杯"网球竞赛规程

一、主办单位

华东师范大学

二、协办单位

华东师范大学教务处　华东师范大学学工处

三、承办单位

华东师范大学体育与健康学院

四、参赛单位

华东师范大学各实体院系全日制大学生

五、竞赛日期和地点

1. 竞赛日期:2018年4月3日至5月16日（每周三13:00—21:00）;

2. 竞赛地点:闵行校区室外灯光网球场（11片）;

备注:所有参赛队员于4月3日（星期三）中午12:00于闵行校区东网球场参加网球礼仪和竞赛规则培训。

六、竞赛项目

1. 普通组:男子单打、女子单打、男子双打、女子双打、混合双打。

2. 体育专业组：男子单打、女子单打。

七、报名办法

1. 以院系为单位进行报名。

2. 报名日期：2018年3月13日前。

3. 联系人：邓老师：1500000000；常老师：1800000000

4. 微信公众号：ECNU666888。

八、运动员资格

1. 必须是已在教育部"全国高校新生录取及在校学生学籍管理系统（数据信息库）"注册的在沪在读华东师范大学全日制大学生和在校研究生（不包括在职研究生），且具有中国国籍（包括港、澳、台）。成教、夜大、函授、培训班、短训班的学生均不能报名参赛。

2. 所有参赛运动员须经医务部门检查确认身体健康，并自认适宜参加网球比赛，思想品德良好，遵守运动员守则。

九、竞赛规则及方法

1. 比赛开始前，双方均需提前15分钟报到，开赛时间后迟到15分钟的一方作为自动弃权处理。（有特殊情况需提前说明）

2. 比赛遵循国家体育总局最近审定的《网球竞赛规则》，采用4局无占先制，竞赛细则按单项竞赛规程的有关规定执行。

3. 各项目按竞赛规则规定均须决出相应名次。首先进行小组内循环赛，选出八强进行淘汰赛及附加赛决出前8强。

4. 运动员参赛时必须带好校园卡。上场前裁判员需核对证件。

5. 第一阶段进行分组循环赛，小组赛每组取前2名进入第二阶段比赛。

小组循环赛，如三名队员获胜次数相等，则按以下诸条顺序依次判定名次：

（a）该队员在本组全部循环赛中的获胜盘数的百分比；

（b）该队员在本组全部循环赛中的获胜局数的百分比；

（c）该队员在本组全部循环赛中的获胜分数的百分比；

（d）抽签。

$$百分比计算公式为 \frac{胜数}{胜数 + 负数} \times 100\%$$

6. 第二阶段采用交叉淘汰制，决出1—8名。

十、录取名次和奖励办法

2018年华东师范大学学生"阳光体育"大联赛竞赛规程总则。

十一、申诉与纪律

1. 依据《全国学生体育竞赛纪律规定》和本竞赛规程总则的规定，对弄虚作假、冒名顶替、无故罢赛、殴斗滋事等违背体育道德和违反竞赛纪律者，取消其比赛资格和比赛成绩；对违反裁判员纪律者将取消其裁判资格；情节严重者将予以通报批评并取消该联赛排名奖励资格。

2. 所有申诉须在争议发生后24小时内书面提出,过时不予受理。

十二、未尽事宜,另行通知

华东师范大学体育运动委员会

××××年××月××日

第二节　网球竞赛的编排方法

一、单淘汰赛制

单淘汰赛制是将参赛选手(队)编成一定的比赛轮次表,由相邻的选手(队)进行比赛,负队淘汰,胜者晋级下一轮的比赛方式。这种比赛方式在网球竞赛中被普遍采用。它的优点是:用时短,且容易安排,名次排定简单,在有限的时间、场地、裁判资源情况下满足较多的运动员(队)参加比赛。缺点是:因比赛一次失败即退出比赛,双方交流不够充分,成绩公正性略显不足。

(一)轮空位安排

当参加比赛的运动员人数是2、4、8、16、32、64、128时,可分别按其相应的人数进行捉对比赛,若人数不是2的乘方时,则第一轮比赛中有选手轮空。计算方法是:选择最接近参赛人数且大于参赛人数的2的乘方数作为号码位置数,然后用号码位置数减去参加比赛的人数后,所得的数即为轮空数。如果有27名运动员参赛,则选32个号码位置数,用32减27为5,所以有5个号码位是轮空的,与这5个号码相遇的选手将为轮空,直接进入第二轮。

轮空的位置安放原则是优先安放种子选手,没有种子选手的区域通过抽签来决定,若轮空数为单数时,上半区要多放一个轮空位置。

13个队比赛轮空排练示例

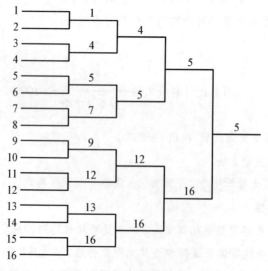

图6-1　轮空位安排示例

表 6-1　轮空位置表

2	255	130	127	66	191	194	63
34	223	162	95	98	159	226	31
18	239	146	111	82	175	210	47
50	207	178	79	114	143	242	15
42	215	170	87	106	151	234	23
26	231	154	103	90	167	218	39
58	199	186	71	122	135	250	7
6	251	134	123	70	187	198	59
38	219	166	91	102	155	230	27
22	235	150	107	86	171	214	43
54	203	182	75	118	139	246	11
14	243	142	115	78	179	206	51
46	211	174	83	110	147	238	19
30	227	158	99	94	163	222	35
62	195	190	67	126	131	254	3

（二）种子选手的确定及安排

为了确保水平较高的选手不会过早相遇，所以要根据运动员的排名把他们其中相应的人设为种子选手，合理地排入不同的区内，这样使比赛减少了投机性。具体种子数确定如下：

8位以下选手设2名种子选手；

16位以下选手设4名种子选手；

32位以下选手设8名种子选手；

64位以下选手设16名种子选手；

128位以下选手设32名种子选手。

1号种子安排在1号位，2号种子安排在最末位。其他种子两号一抽，先抽进上半区，后抽进下半区，具体如下：

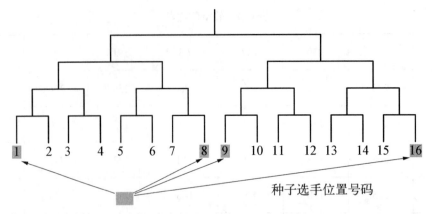

图6-2　单淘汰赛种子选手安排示例

表6-2　种子位置号码表

1	256	129	128	65	192	193	64
33	224	161	96	97	160	225	32
17	240	145	112	81	176	209	48
49	208	177	80	113	144	241	16
9	248	137	120	73	184	201	56
41	216	169	88	105	152	233	24
25	232	153	104	89	168	217	40
57	200	185	72	121	136	249	8

（三）非种子的号码位置与抽签

种子选手优先抽签进入号码位置上，并注明哪些号码位置代表轮空时，即可进行非种子选手抽签，凭抽签顺序，填入剩下未占的号码位置上。

（四）特殊规定

进行抽签程序时，同一队、同一地区或同一国家的选手出现在同一个1/4区时，竞赛委员会有权决定，将同队第二名选手安置在下一个1/4区的相同的有关位置上。

（五）轮数及场数的计算

轮数为参赛队（人）为2的几次方，则为几轮。若16人，则为2的4次方，则有4轮。若有17人则应根据网球竞赛编排不安排抢号的原则，则有5轮（第一轮只有一场球）。

$$场数＝参赛人数-1$$

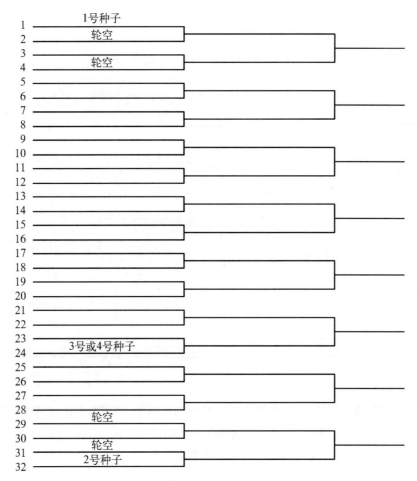

图6-3　28名运动员单淘汰对阵图

二、单循环赛制

单循环赛制是每个参加队（人）之间都要比赛，通过积分来决定名次的比赛方式。在报名队（人）数少且场地又多、日期又长的情况下，可以用此法。优点是：有利于全面地相互交流，比赛结果的偶然性、机遇性较小，比赛成绩略显合理。缺点是：比赛场次多、时间较长，队员之间有可能产生消极比赛心理；同时比赛耗费人力、物力及财力较大。

每个对手均出场比一次为"一轮"，且每轮的次数是相同的。

（一）轮数和比赛场数的计算

（1）当队（人）数为双数时，轮数＝队（人）数－1

当队（人）数为整数时，轮数＝队（人）数

（2）比赛场数＝参赛队（人）*（参赛队（人）数－1）/2

（二）比赛顺序的确定

一般采用逆时针转轮法，即把1号固定不动，第一轮是把参赛队（人）数前一半依次按由上至下安排在右侧，再把后一半由下至上依次安排在左侧，并把左右对应的号连接，就是第一轮对阵的形式。第二轮时，1号固定不动，其他号码逆时针旋转一位，又产生新的对阵形式，以此类推,即可排出其他各轮的对阵形式。

表6-3 5个队单循环编排顺序（顺时针旋转法）

第一轮	第二轮	第三轮	第四轮	第五轮
1—0	2—0	3—0	4—0	5—0
2—5	3—1	4—2	5—3	1—4
3—4	4—5	5—1	1—2	2—3

表6-4 6个队单循环编排顺序（逆时针旋转法）

第一轮	第二轮	第三轮	第四轮	第五轮
1—6	1—5	1—4	1—3	1—2
2—5	6—4	5—3	4—2	3—6
3—4	2—3	6—2	5—6	4—5

（三）名次确定

单循环以获胜场数多少排名,若两队（人）获胜场数相等,则按两者之间的胜负关系排定。若三者或三者以上获胜场次相等,则按下列条款依次排定:

（1）该队（人）在本次比赛中全部比赛的获胜盘的百分比;

（2）该队（人）在本次比赛中全部比赛的获胜局的百分比;

（3）该队（人）在本次比赛中全部比赛的获胜分的百分比;

（4）抽签。

表6-5 单循环赛比赛结果与名次表

队员	A	B	C	D	E	胜次	净胜盘	净胜局	名次
A		2：0 6—4 6—3	2：1 6—7 7—5	0：2 3—6 2—6	1：2 6—4 5—7 2—6	2	0	−4	3
B	0：2 4—6 3—6	2：1 6—2 4—6 7—5	2：0 6—4 7—6	0：2 3—6 5—7		2	−1	5	
C	1：2 7—6 5—7 6—7	1：2 2—6 6—4 5—7		2：1 7—5 3—6 7—6	2：1 6—4 3—6 7—5	2	0	−5	4

网球运动教程

队员	A	B	C	D	E	胜次	净胜盘	净胜局	名次
D	2：0 6—3 6—2	0：2 4—6 6—7	1：2 5—7 6—3 6—7		2：0 6—1 6—4	2	1		1
E	2：1 4—6 7—5 6—2	2：0 6—3 7—5	2：0 6—3 7—5	1：2 4—6 6—3 5—7		2	0	1	2

三、混合赛制

混合赛制指一次比赛中同时采用多种竞赛制度的赛制。采用混合制时一般将竞赛分为两个阶段进行,第一阶段一般采用分组循环,第二阶段一般采用单淘汰制进行决赛。

（一）分组单循环赛（双循环）

第一阶段分小组进行单循环赛,然后第二阶段再将各小组的同名次的队(人)数再次以单循环排出全部名次。

表6-6　5个队双循环编排法

	第一轮	第二轮	第三轮	第四轮	第五轮
第一循环	0—5	0—4	0—3	0—2	0—1
	1—4	5—3	4—2	3—1	2—5
	2—3	1—2	5—1	4—5	3—4
第二循环	0—5	0—4	0—3	0—2	0—1
	1—4	5—3	4—2	3—1	2—5
	2—3	1—2	5—1	4—5	3—4

（二）分组循环再交叉淘汰

第一阶段分小组进行单循环赛;第二阶段各小组交叉淘汰。

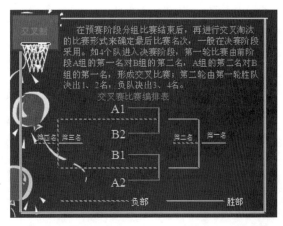

图6-4　分组循环再交叉淘汰示例

第三节　网球竞赛日程表的制定

网球比赛抽签完成后,要具体安排出整个赛程的比赛时间、场次、轮次、和场地等。在制定赛程表时,要充分考虑以下几个原则:

(1)合理地考虑场地和时间容量,以最优化的方案进行赛程安排。

(2)合理地安排比赛场次和轮次,要考虑运动员的负担量与比赛时间的合理关系,尽量避免连场。

(3)尽量先安排团体,后安排单打和双打,同时要兼顾男、女分别都有比赛。

(4)在前几轮比赛中,应采用紧跟前场的方法安排比赛秩序。即一个场地上的比赛,只限定第一场的比赛时间,而不写明以下场次的开赛时间。

(5)在半决赛和决赛时,可采用限定开始比赛时间的方法进行安排场次,以有利于电视转播和裁判长调度。

表6-7　2018年上海劳力士大师赛赛程表

时　间	项　目	轮　次	场　次	中央赛场	其他场地
10月06日(周六)	单打	预选赛第一轮	14场	无比赛	14场预选赛
10月07日(周日)	单打	预选赛第二轮	7场	4场正选赛	7场预选赛
	单打	第一轮	4场		
10月08日(周一)	单打	第一轮	12场	4场	12场
	双打	第一轮	4场		
10月09日(周二)	单打	第二轮	8场	4场	16场
	单打	第一轮	8场		
	双打	第一轮	4场		
10月10日(周三)	单打	第二轮	8场	4场	12场
	双打	第二轮	8场		
10月11日(周四)	单打	第三轮	8场	4场	8场
	双打	四分之一决赛	4场		
10月12日(周五)	单打	四分之一决赛	4场	4场	1场
	双打	半决赛	1场		
10月13日(周六)	单打	半决赛	2场	3场	无比赛
	双打	半决赛	1场		

时　间	项　目	轮　次	场　次	中央赛场	其他场地
10月14日（周日）	单打	决赛	1场	2场	无比赛
	双打	决赛	1场		
10月06日	中央赛场无比赛，外场资格赛中午12：00开始				
10月07日—12日	首场比赛下午1：30开始				
10月13日	下午1：00一场双打半决赛 第一场单打半决赛不早于下午4：30 第二场单打半决赛不早于晚上8：00				
10月14日	下午1：00双打决赛，单打决赛不早于下午4：30				

注意：赛程可能会根据不同情况作相应调整。
中央赛场票可以进入所有场地。二号馆票可以进入除中央赛场外的所有场地。

课后思考与讨论

※ 请画出27人单淘汰赛加附加赛的比赛秩序表。

※ 请画出59人分组循环赛的比赛秩序表。

※ 25个队进行网球赛，有2位种子选手，采用分组循环和淘汰赛制两种方法决出前8名，请设计出具体编排表。

※ 45人参加网球比赛，比赛时间为3天，用3片场地，运用混合法（循环＋淘汰）决出前八名，请合理编排竞赛日程表。

※ 利用课余时间，给某一公司或企业单位组织和策划一项网球单项赛事，做出具体策划方案。

第六章　网球运动竞赛

第七章 网球裁判工作

学习目标

※熟悉和掌握网球裁判的分工与职责。

※掌握网球裁判的执法程序和记分方法。

※培养现场执裁的能力。

重难点

※网球竞赛规则和裁判法。

※组织比赛和临场执裁。

关键词

竞赛规程　裁判法　主裁职责　司线职责　裁判手势

司线位置　拾球员位置

第一节　裁判的分工与职责

　　比赛时如果设裁判员,裁判员的判定就是最后的判定。比赛大会如果设有裁判长,运动员对裁判员涉及有关规则的判定有异议时,可提请裁判长解决,裁判长的判定就是最后的判定。比赛中设有司线员、司网和脚误裁判员等辅助人员时,对于具体发生的事例,他们的判定就是最后的判定。如果裁判员认为是明显误判,他有权纠正辅助人员的判定或指令该分重赛。当辅助人员不能作出判定时,应立即向裁判员示意,由裁判员作出判定。如裁判员对于具体发生的事也不能作出判定时,可判令该分重赛。在团体赛中,球场上的裁判长有权更改任何判决,他还可以指示裁判员判该分重赛。裁判长认为天色黑暗或因场地、气候等条件不能继续比赛时,可令比赛停止。补赛时双方运动员原有比分和原站方位仍然有效。

　　下面详细介绍裁判长的职责、主裁判职责、司线员职责、司网员职责、脚误裁判员职责及其注意事项。

一、裁判长的职责

　　(1)裁判长必须精通规则和实施运用规则,要能迅速作出决断,并对其所采取的行动负完全责任。裁判长有权指定或更换裁判员、司线员、底线裁判员和网上裁判员。

（2）如果一场未进行完的比赛需重赛，裁判长可以在征得比赛双方的同意后，作出提请仲裁或继续比赛的决定。

（3）裁判长有权指定比赛场地，有权决定请假运动员在限定日期比赛。裁判长有权决定无故不出场比赛运动员和经过点名而不准备出场比赛运动员为负方。

（4）由于天黑或场地、气候等条件的原因，裁判长可以随时决定延期比赛。当裁判员表示自己不能裁决时，裁判长可以根据规则条文决定任何得分。裁判长的决定是最后的判定。

（5）当一场重要比赛在进行时，当决赛在进行时，裁判长必须亲临现场，最好是坐在裁判椅旁边。他应当与比赛中发生的任何事情保持密切联系，如果运动员要求明确某些事实，这时他就能以此作为判决问题的依据。裁判长无权纠正裁判员、司线员、底线裁判员或网上裁判员根据实际情况作出的判决。

二、主裁判的职责

（1）比赛开始前检查球网和支柱的高度是否合乎标准。如果运动员提出请求，主裁判可以在比赛期间测量和调整网高。

（2）宣报"发球失误、重发球、出界、击球犯规、脚误和两跳"，以及除授权给司线员、脚误裁判员和司网员以外的判罚。亦可重复其判决。

（3）在记分表上登记胜方的得分。在运动员请求报分时亦可报分。

（4）每一局和每一盘比赛结束时，应报局数分和盘数分，或运动员请求报局数分和盘数分时亦应报分，并登记在记录表上。

（5）运动员在对打中请求对某一个疑难表明是否是在"比赛期"之内时主裁判可以说"好球"；当这个球足以判定是好球，直到主裁判已宣判"出界""失误""重发球""两跳""击球犯规"或"穿网球"时，运动员不应再作这样的要求。

（6）如果运动员对司线员的判决有怀疑或有争执，则主裁判应作出得分的判决；如果运动员向主裁判提出申诉，则主裁判应按规则规定作出得分判决。主裁判应根据裁判长和竞赛委员会关于网球规定的指示使用新球，在特殊情况下需用新球或需要更换球时，在得到裁判长同意后，主裁判可作出决定。

（7）认为休息时间已结束，主裁判应立即恢复比赛。

（8）主裁判在每局比赛开始时，应说明可能发生的影响比赛的情况。

（9）主裁判比赛结束时应填写记分表，送交竞赛委员会有关人员批准并保存。

（10）如果对司线员或脚误裁判员的判决有异议，则主裁判根据每一个实际问题作出的判决，即为最后的判决。运动员不得请求复议。如果主裁判对该分的判决有怀疑，或某一方运动员对该分的判决提出问题，主裁判认为有必要的话，可请裁判长对该问题作出最后决定。所提的问题应是与该场比赛有关的问题，应是在比赛中发生的，有关解释和运用规则的实际问题。

（11）主裁判不能命令更换任何司线员，只能得到裁判长同意后采取某些行动。

（12）当主裁判检查球网高度时，他所担负的裁判职责就算开始了，这项工作就是规定的裁判员到达球场时的第一项职责。

（13）当运动员作准备活动时，主裁判要环视一下赛场周围，看一看担任该场裁判的其他成员是否就位，如果发现有人缺席，应立即向裁判长或裁判委员会报告。如需要的话，可暂停比赛。

（14）当运动员3分钟的准备活动时间到时，主裁判应宣布，谁对谁比赛及他们在比赛中为第几号种子；如是团体赛应报某队与某队比赛，并宣布采用几盘几胜制。接着报第一局某某先发球，司线员准备、球童准备、运动员准备——比赛开始。

（15）报分时应先报发球员一方的分数，平分后要报"发球占先"或"接发球占先"，不能用其他术语报分。报分时应按照下列的方法报："一局结束，第一盘，局数4比2。"报盘数分时应按照下列的方法报："第三盘结束，局数6比4，盘数2比1，某某领先。"一场比赛结束时按下列方法报："比赛结束，某某胜。盘数2比1，比分2比6、6比3、6比4。"在报盘分时，宣布该场比赛获胜者的局分。

（16）如果运动员在第一跳后没有及时打到球，应宣布"两跳"。按规则规定该球本应重发，然而该球仍处于比赛状态，这时只有司网员可以宣布重发球。如果司线员人数不多，则裁判员应担负判定各线的失误和出界等。如果没有设脚误裁判员，则裁判员应负责判定。

（17）由于客观原因暂停后返回球场时，主裁判应看一下司线员是否就位，比赛运动员是否位于球场上应该站立的位置，发球顺序是否正确。

（18）如果遇到运动员自己不能控制的情况，主裁判认为有必要的话，可以暂停比赛，但是要小心谨慎地予以处理，故意的"延误"应从严掌握。

（19）主裁判可以根据当时的光线、场地和气候条件推迟比赛，推迟比赛需经裁判长批准。

（20）比赛结束时，主裁判应宣布最后比赛结果，并在记分表上签字，将其交还记录处或交给被指定的收表人。

三、司线员的职责

（1）司线员的职责是报发球失误和出界，判决他所看管的那条线上的出球，并有最后决定权。如对这一分球司线员不能做出决定时，主裁判应予判决，或令这一分球重发球。

（2）司线员应准时到达比赛场地，当宣布比赛开始时，他应就位。就坐后未经裁判员许可，或未被另一名司线员替代其职务，不得离开岗位。当然，在规定的休息时间内，他可以离开自己的位置。但是，当运动员回到球场时，他应准时返回其岗位。司线员在比赛时不应吸烟和随意走动，应尽量保持安静地坐下，因为任何移动都会干扰运动员。如果司线员认为他所处位置妨碍运动员击球，他可以尽一切努力给运动员让路，在这种情况下他可以暂时移动一下位置。司线员不应到场外给运动员捡球，这个工作应让捡球员来做。如没有捡球员的话这一工作应由运动员自己来做。

（3）司线员应敏锐观察。比赛中大部分是比较容易判断的球，但是也可能会遇到难以判断的球，这时就要考验一个司线员的机警和判断能力了。"比赛时眼睛始终要盯住球"，这是司线员的座右铭。

（4）司线员可宣布脚误的位置。

发球中线司线员——负责中线。

边线司线员——负责指定给他看管的那条边线。

底线司线员——在不设脚误裁判员时，负责指定给他看管的那条底线。

（5）司线员需掌握相关手势。手势被公认为是司线员职责中一个组成部分。但是，手势绝不能用来代替宣布——手势只是司线员确定宣判的一个附加动作，对大声宣判来说，手势应被看作是第二位的。用正确术语进行宣布则是司线员或裁判员首先要做到的。

手势有以下几种：

① 出界——手臂向外伸，与肩同高，指着球出界的方向。如果球落到场外司线员的左侧或右侧，司线员随即根据情况适时地伸出左臂或右臂，同时宣布"出界"或"失误"。发球中线司线员应视情况而定伸出左臂或右臂，这要根据发球区在哪一侧来决定。位于裁判员侧的底线和发球线司线员伸左臂或右臂，要根据其在球场的位置来确定。

② 好球——伸开手掌，接近地面上下移动（当裁判员或运动员对该球有怀疑并要求司线员对该球有所表示时，司线员才能作好球的手势）。

③ 视线被挡——当一个球落地时，球场上的线被遮挡，如果司线员不能判决该球是"好球"还是"出界球"，这时他可用"视线被遮"手势——一只手在眼前晃动，起立，使裁判员看到他所处的位置。

（6）更正判决。由于口误或来球过快，司线员觉得其所作判决是错误的，这时他必须变更其判决。如果司线员已经宣布"出界球"，当时又立即意识到这是一个"好球"，他应马上站起来向裁判员喊"更正"；如果裁判员或司线员在发球员第二次发球时错判了"发球失误"或"出界球"并更正了判决，这时应判重新发球，并给予发球员两次发球权，即裁判员可决定这一分球重赛。

四、司网员的职责

（1）司网员应坐在网柱旁靠近裁判员的地方；遇到发出擦网球应报"重发球"；遇到球穿过网孔则应报"穿孔球"。

（2）为了防备可能发生的差错，司网员复述比赛的报分，并与裁判员核对，另外还要登记所更换的球。

（3）当运动员作出发球的抛球动作时，司网员应将手置于球网网绳上面。他的腿和脚不应伸到球场内。运动员发完球，他悄悄地从网上将手收回。

五、脚误裁判员职责

（1）脚误裁判员应正对底线而坐，发球时可以从一边换到另一边。他不得和底线司线员谈话。

（2）在判决犯规时必须大声宣布，并使全场都能听到。他应非常熟悉脚误的规则，只有在他确定信号是违犯规则时,他才应当宣布脚误。

（3）司网员需掌握一边看着运动员的脚下动作,一边听球拍击球的声音,用这种方法去合理而精确地判断运动员发球时是否是脚误。

六、裁判员和司线员注意事项

裁判员的裁判原则:在活球期中眼睛要盯住球,思想要高度集中于比赛。对所有的判决和报分,声音要响亮清楚。

除以下情况外,裁判员不作宣布:发球失误、脚误、在活球期内球被打出场外、球被打在网上、任何一方运动员击球犯规、球弹跳两次后打球、外界干扰比赛裁判员宣布"重发球"。

1. 裁判员在得到司线员协助时,使用下列术语

当运动员第一次发球失误,裁判员重复司线员宣布的"失误"。

当运动员发球失误,司线员再宣布"失误",裁判员这时应报"双误"。

当运动员发出擦网好球时,网上裁判员宣布"重发球",裁判员应重复"重发球"。

如果球被连击两次、球在过网之前被拦截、在活球期内运动员用任何方式触网、在活球期内运动员的衣服或佩带物触网、运动员衣服或佩带物落入对方场区,则裁判员宣布"击球犯规"。

当司线员宣布"出界""脚误"或"重发球"时,裁判员只是重复其宣布的术语,而不要增添术语的用词。也就是不用报"已被判脚误"等类似语言,只是重复司线员所宣布的术语即可。

遇到一方得分或失分时,该比分就应登记在记分表上,然后宣布发球员得分。要始终宣布发球员的得分,例如,15比0、15平、15比30、30平、40比30、平分(不得报40平,也不得说"各15"或"各30")。宣布"发球占先"或"接球占先"时不能报"击球员占先"或"某某占先"。

裁判员只有一个人单独工作,而没有司线员协助时,他当然要承担在其裁判椅上力所能及的某些司线员的职责。

2. 司线员对如下问题有直接宣布和判决的职责

关于发球——如果第一次发球宣布"失误",第二次发球仍报"失误",而不报"双误"(裁判员报)。

一个球被打到场外则宣布"出界",而不报"界外""界冲球"等。

当发出擦网好球时,宣布"擦网球",而不报"重发球"。

脚误裁判员或没有设脚误裁判员而是由底线司线员兼任,对每一次犯规动作可宣布"脚误"而不报"第一次发球脚误"或"第二次发球脚误"。

司线员意识到他所作的判决不正确时,应立即宣布"更正判决",并使裁判员看到他所处的位置。司线员的视线可能被运动员所阻挡,以至于他不能对靠近他的线作出判断,他应立即起立,用一只手在眼前晃动,同时宣布"视线被遮"。这时裁判员应根据规则作出相应决定。如果按照发球司线员所宣布的"失误"进行登记,则对网上裁判员所宣布的"重发球"应予否决。

第二节 裁判的执法程序与记分方法

一、裁判的执法程序

执裁裁判要完成一场比赛全过程的执法,需完成三个阶段的工作:

(一)赛前工作

(1)准备装备,包括记分表、比赛用球、笔、秒表、挑边器、量网尺等。

(2)提前30分钟到场,检查场地、球网高度、裁判椅等情况。

(3)召开司线员赛前会议,使其明确各自的职责及分工。

(4)赛前10分钟,面向裁判椅2—3米处召集运动员进行挑边。

(5)检查运动员服装是否符合规则要求。

(6)弄清运动员姓名及发音。

(7)介绍裁判员、司线员职责分布情况。

(8)主持挑边,确定场地和谁先发球后,宣布5分钟准备活动。

(9)在运动员准备活动时,尽快填好记分表有关内容,并在准备活动还剩2分钟时,提醒运动员时间。

(10)宣布准备时间到,开始比赛。活动1分钟时,介绍比赛名称、第几轮、项目、运动员情况、挑边结果等。

(二)赛中工作

(1)执行网球规则和竞赛规程作出的有关规定。

(2)裁决比赛中一切"事实"问题,在每分结束时用规范语言宣报并记录。

(3)沙地比赛时负责检查球印。

(4)维持观众秩序,确保比赛顺利进行。

(5)负责换球并决定赛球是否适用。

(6)决定场地能否继续使用,如遇雨天、天黑等,应中断比赛并报告裁判长。

(7)宣布比赛结果、谁获胜、比分情况。

(三)赛后工作

(1)收拾好赛球、记分表等器具,尽快离开赛场。

(2)登记好记分表,检查比分无误后,请运动员签名后,再签上自己的名字。

(3)将记录表交裁判长,并汇报有关运动员违反"行为准则"的情况。

二、记分方法

(1)记分表要整洁清楚。要将比赛项目、对手姓名(包括单位)、场地号码等填写好。

(2)在选择场地和发球权后,根据主裁判的位置,将首位发球员的运动员姓名的首写字母填写在第一局空格中。第二局把第一局接发球队员姓名的首写字母填在第一局首位发球员的首写字母的下方。策三局把第一局发球方的方位改到另一面。第四局同第二局。下面的比赛以此类推,交替进行。

（3）在局数总计一格中可根据第一局运动员的所在方位,将双方运动员姓名的首写字母或单位填于空格中。

（4）在开始时间一栏中填写本盘比赛的时间。

（5）比分记在"point"下面的方格中。上半部分为发球方的得分,下半部分为接发球方的得分。每一分球后,用铅笔画一个记号。目前我国使用的得分记号是:

① 得分记"/";

② 第一次发球失误,在发球方的方格内下部中间记".";

③ ACE球写"A";

④ 双发失误在接发球的方格内记"D";

⑤ 运动员违反守则在对方方格内记"C"。

（6）在局数获胜总计格内填上本方获胜局的累积数。

（7）在记分表中规定的换球局的位置应作一明显的标志,画"——"或一个小三角形。

（8）比赛结束要请双方运动员签名,表示对比赛结果的认可。

表7-1　网球比赛记分表

局数	运动员姓名	第　　盘											决胜局	局数统计	
		开始时间				结束时间								AB	CD
		比　　分													
1	A	/	/	A		/								1	
				/	/										
2	C		/	.	/	A	/		.	/	/	/			1
		/		D			/	D							
3	B	/		/	A									2	
			/		/										
4	D														
5	A														
6	C														
7	B														

网球运动教程

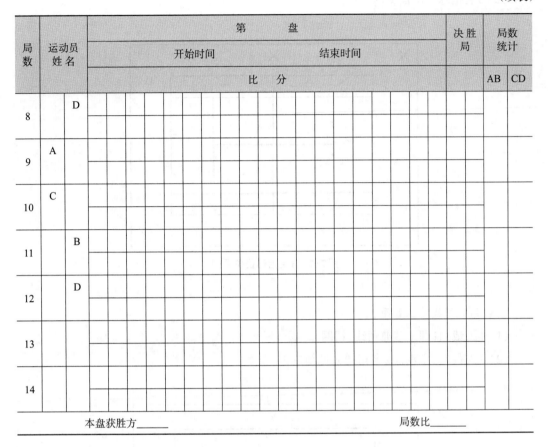

局数	运动员姓名	第 盘 开始时间 结束时间 比 分													决胜局	局数统计 AB	CD
8	D																
9	A																
10	C																
11	B																
12	D																
13																	
14																	

本盘获胜方_____ 　　　　　　　　　　　　　　　局数比_____

第三节 裁判位置与手势图

一、裁判、司线员、拾球员位置图

1.拾球员的位置图

（1）6名拾球员位置图，见图7-1。

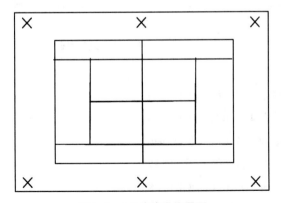

图7-1　6名拾球员位置图

（2）3名拾球员位置图，见图7-2。

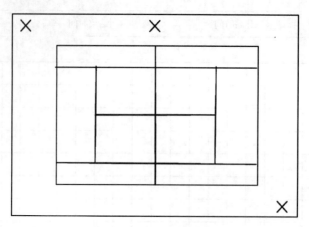

图7-2　3名拾球员位置图

2.裁判及司线员位置图

（1）1人裁判（即主裁兼司线、司网）。

（2）3人裁判（主裁及2名司线），见图7-3。

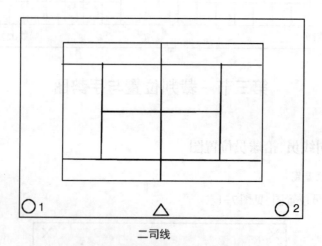

二司线

图7-3　3人裁判（主裁及2名司线）

（3）4人裁判（主裁及3名司线），见图7-4。

（4）5人裁判（主裁及4名司线），见图7-5。

（5）6人裁判（主裁及5名司线），见图7-6。

（6）7人裁判（主裁及6名司线），见图7-7。

（7）8人裁判（主裁及7名司线），见图7-8。

（8）12人裁判（主裁及11名司线），见图7-9。

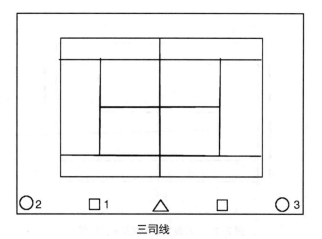

三司线

图7-4　4人裁判（主裁及3名司线）

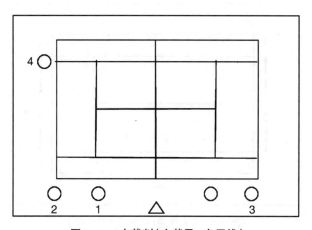

图7-5　5人裁判（主裁及4名司线）

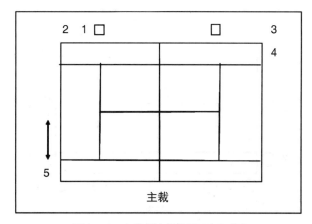

主裁

图7-6　6人裁判（主裁及5名司线）

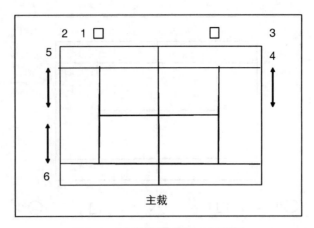

图7-7　7人裁判（主裁及6名司线）

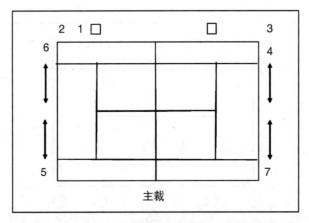

图7-8　8人裁判（主裁及7名司线）

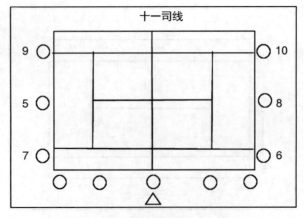

图7-9　12人裁判（主裁及11名司线）

二、裁判手势图

（1）准备位置站法，见图10。

（2）放松时站法，见图11。

（3）准备位置坐法，见图12。

图10　　　　　　　图11　　　　　　　图12

（4）出界（发球失误）站法，见图13。

（5）好球站法，见图14。

（6）出界坐法，见图15。

图13　　　　　　　图14　　　　　　　图15

（7）好球坐法，见图16。

（8）纠正（脚误、穿网、擦网等），见图17。

（9）脚误坐法，见图18。

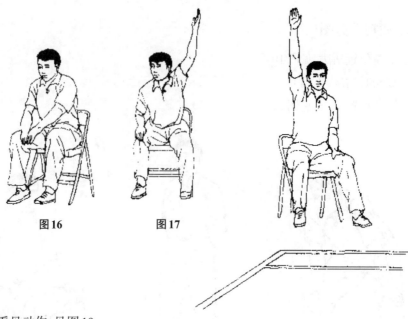

图16   图17

图18

（10）没看见动作，见图19。

（11）擦网动作，见图20。

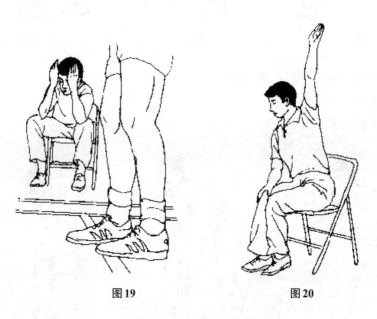

图19   图20

（12）司网裁判动作，见图21。

（13）发球线司线员准备姿势，见图22。

（14）发球好球动作，见图23。

（15）发球失误（出界）动作，见图24。

（16）底线司线员的坐角及动作，见图25、图26。

（17）主裁坐法，见图27。

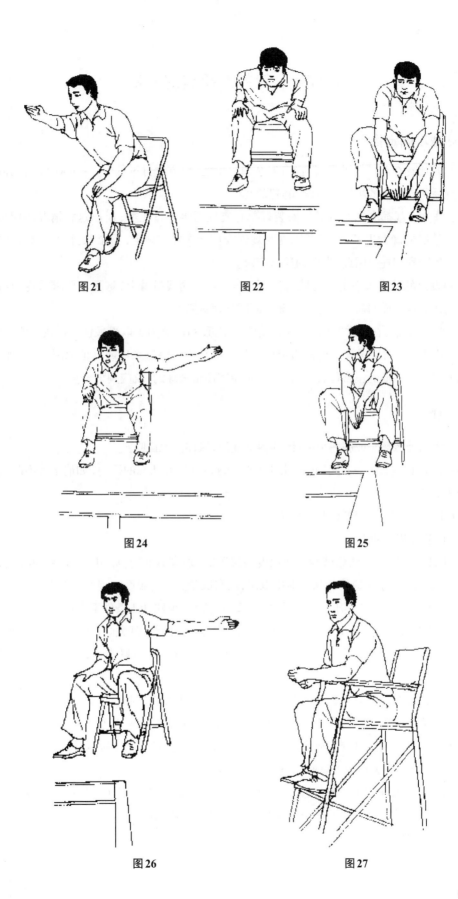

图 21   图 22   图 23

图 24   图 25

图 26   图 27

第四节 裁判判罚案例分析

一、球场固定物

1. 单打比赛在双打场进行，但没有安装单打支柱，双方对打过程中，一个似乎要出界的球打在网柱后落入规定的场区。对此如何裁判？

答：每位主裁都应在双打场地安装好单打支柱后再进行比赛，所以这种情况不应出现。一旦上述情况的确发生了，根据国际网联规则委员会作出的规定，整个双打网和双打网柱分别做比赛的网和网柱。因此，本例的还击有效。

2. 甲发出的球进入规定的区域后弹起并击在某一司线员身上，选手乙要求重赛，理由是球打在司线员身上而妨碍了他还击该球。此时如何裁判？

答：如果司线员在正常的位置上（司线椅或附近，目的是为了取得最佳的司线位置），则比赛有效，甲得分。如果司线员离开指定位置的目的是为了躲避来球或其他原因，这时如主裁认为只要司线员在他的正常位置上，选手乙是能够还击来球的，就应判该分重赛。

二、球

1. 选手用球擦额头或胳膊上的汗，使得球变湿，这样做允许吗？

答：不允许。应劝告选手不能有实质上改变球的外形和状态的行为，如他坚持不改，按三级罚分表处罚。

2. 球的弹性、外径、变形试验怎样进行？

答：试验法规定如下：

（1）除另有规定外，网球试验应在温度为摄氏20度（华氏68度），相对湿度约60%的条件下进行。试验前24小时应将球从容器中取出，放在试验要求的温度和湿度的地方。

（2）试验应在限度的气压计读度约76厘米（30英寸）汞柱气压条件下进行。

（3）如球赛地点的平均温度、湿度或气压与各自的条件相差甚大时，可使用另定的地域性试验标准。这些调整后的标准，可由任何一个国家网协向国际网联申请，如经批准则适用于该地区。

（4）关于球径的所有试验，应使用金属板量径器，板的厚度一致，均为0.32厘米，板上有两圆形洞，其直径分别为6.54厘米和6.68厘米。量径器的内面应具有半径为0.16厘米的凸形侧面。球不应以其自重穿过较小圆形洞而下落，但应以其自重穿过较大圆形洞而下落。

（5）对所定的有关球变形试验如下：

① 预压：任何球在试验前，应在3个互相垂直的直径上，连续稳定地压缩约2.54厘米，此操作进行3次（全部9次预压）。所有试验在预压后2小时内完成。

② 进行弹性试验。

③ 进行外径试验。

④ 进行重量试验。

⑤ 变形试验：将球置于改良的史蒂文斯机器上，并使球的接缝处与两压杆均不接触。加上接触砝码使指针与标线成水平，并将标度盘调至零。加相当于8.165千克的试验砝码于秤杆上，匀速转动轮加压，此时秤杆应离原位5秒后复平。停止转动后，记录读数。再转动转轮至轮上刻度10处。然后将加压轮匀速反转，直至秤杆指针与标线再度重合，记录读数。应在与每球最初测试点直径线成直角之另两点直径线上重复此操作。

三、球拍

1. 第一次发球是重发球，这时接球员的拍弦断了。如何裁判？

答：接球员必须更换拍子。规则允许选手用断弦的拍子打完某一分，但不允许用断弦的拍子开始某一分的比赛。

注：第一次发球，拍与球接触或没有击中想要发的球，就是该分比赛的开始时间（重发球除外）。

2. 第一次发球是失误，这时接球员拍弦断了。如何裁判？

答：如果接球员换拍，则这一分发球员仍有两次发球机会；如接球员不换拍，则该分发球员还有一次发球机会。

3. 选手的最后一把拍弦断了。如何裁判？

答：不允许选手用断弦的拍继续比赛。如由此引起比赛延误，将按三级罚分表处罚。

四、选择权

1. 准备活动期间因下雨暂停比赛，雨停后，选手要求改变原先的挑边选择，可以吗？

答：可以。但只限改变发球与场地的选择。

2. 甲赢得挑边权后说："我在那边场地接发球。"乙说："不，我要在那边场地发球。"谁对，如何裁判？

答：乙对。因甲不能既选边又选接发球。

五、脚误

1. 选手在左区发球，站位时右脚踩在中点的假定延长线上，当他抛球后右脚收回到规定的区域线后发出球。如何裁判？

答：这是脚误。因整个发球过程中选手都应站在规定的区域内。

注：发球过程的开始时刻是指发球员站到准备位置的那个时刻，发球过程的结束时刻是指球与拍接触的那个时刻。

2. 发球时，球与拍接触前的瞬间，发球员双脚跳离地面，击球后脚落在场内或场外。是否判脚误？

答：不判脚误。

3. 发球时选手的脚一时悬空摆越端线、中点或边线的假定延长线，在击球前未触及规定区域以外的地面。是否判脚误?

答:不判脚误。

六、何时发球

1. 双打比赛,接球员未准备好,但看到第二发球已发出,这时他的同伴喊"等一下",接球员也随之条件反射地将球击回,然后二人同时停止。如何裁判?

答:第二次发球,发球员应观察接球员是否准备好。如果主裁确认这是接球一方搞的小动作,主裁可以按非运动员行为道德判其违反行为准则。

2. 接发球员还击发来的球出界,然后向主裁提出他还没有准备好,要求重发球。如何判罚?

答:接球员失分。他只要有回击来球的企图,就证明他放弃了"没有准备好"的要求。

七、重发球或重赛

1. 第二发球,司网报"擦网";发球线司线员报"出界",然后又更正是好球。如何裁判?

答:判第二次发球重发。

2. 一分结束后,选手要求该分重赛,因球变软已不适合于比赛。如何裁判?

答:即使主裁决定必须换球,比分仍有效,因为球软了不是重赛的理由。

3. 在双方对打过程中,选手甲将球抓住,声称球软了,不适合比赛用,要求该分重赛。如何裁判?

答:选手甲失分。但此球可以拿走不用。

4. 第二次发球时,发球员上抛球准备发球,这时司线员呼报"脚误"。发球员听到呼报后用拍接住球,没有发球。如何裁判?

答:司线员应呼报"纠正",主裁认为妨碍发球,判发球员有第二次发球。

5. 第一次发球失误,发球员展腰准备发第二次球。这时裁判喊"等一下",因为有一个球滚入场地或有其他干扰发生。如何裁判?

答:如果主裁认为发球员的第二次发球节奏被破坏,应判重赛,有二次发球机会。这里是假定闯入的球是从其他场地而来,不是发球员第一次发球的球并仍在滚动。

八、失分

1. 活球期,球触及网柱上的盖子后进入规定的场区。如何裁判?

答:击球者失分。因为对于使用网柱盖子的"网柱"来说,其盖子被视作区别于网、网柱、单打支柱、绳或钢丝绳、中心带、网边白布的永久固定物。

2. 选手拍上的"减振器"脱落,飞入对方场区或触及球网。如何裁判?

答:如果在活球期发生上述情况,该选手失分。"减振器"视作球拍的一部分。

3. 一分结束后,选手发现对方球拍的"减振器"落在他的场区内,他要求判对方失分。如何裁判?

答：原比分有效。因主裁没有亲眼看到"减振器"侵入对方场区的过程，也不知是什么时候发生的，所以他不能凭想象来判断，只有"活球期"的侵入才构成失分。

4.活球期，选手的脚触及网底的"支撑管子"。如何裁判？

答：在这种情况下，这个"管子"视作网的一部分，如活球期选手触及它，就判其失分。

5.活球期，一选手的脚滑至网下，但未触及球网。如何裁判？

答：只要选手的确未触及球网，就不能判"触网"。然而，这时很可能选手的脚侵入对方场区，如果的确侵入，主裁应呼报"侵入"，判对方得分。

九、选手妨碍对方

1.活球期选手的帽子、毛巾或他口袋里的球落到本方场地。如何裁判？

答：主裁应呼报"重赛"，同时要提醒选手如果再次发生此类事情，将判他失分。

2.活球期间选手发出突然喊叫。如何裁判？

答：同上例。

注：上述二例并不是意味着主裁遇到此类情况都要把第一次视为无意而判重赛；如主裁认为类似的举动是为了干扰对方，可直接判其失分。

3.发球员用力地发出一球，球进入规定场区，但球拍从他手中滑出，落在他自己一方场地。接球员还击失误后称他受到了对方干扰，要求该分重赛。如何裁判？

答：发球员得分。只有主裁认为接球员的确受到干扰时，才判该分重赛。

十、球触固定物

选手甲击出的球带有很强的下旋，球过网后落在网近处，而后反弹起碰到球网的顶部，但它在空中停留的时间足够选手乙还击该球，球进入甲方规定场区，这期间乙并没有触网，选手甲还击失误。如何裁判？

答：选手乙得分。击出的球，落到对方场区地面后再触及固定物，击球者得分。但这里所指的固定物不包括球网、网柱、单打支柱、绳或钢丝绳、中心带、网边白布，所以乙的还击是有效还击。

十一、有效还击

1.球越过网落下，击中用于室内场地的"支撑管子"。如何裁判？

答：这种情况，"支撑管子"视作场地的一部分，因此球击到它应视作球第一次落地。

2.选手追击一网前球，还击成功，但身体触及单打支柱与网柱之间的网。如何裁判？

答：比赛继续进行。这部分网视作永久固定物。

十二、意外阻碍

1.在第一次发球失误后，有一球从另一场地滚入本场。如何裁判？

答：如果发球员已开始做发球动作，则判第一次发球。其他情况判第二次发球。除非主裁认为由此引起的延误异常的长，不公平地影响了发球员的发球节奏。

2. 在第一次发球失误后,单打支柱倒了。如何裁判?

答:主裁应判第一次发球,除非主裁认为重装单打支柱的时间并没有延误发球员第二次球的节奏。

3. 活球期,一位观众喊"出界"。于是某选手停止比赛,声称其受到干扰。如何裁判?

答:已赛完的那一分有效。

十三、胜一盘

单打决胜局比赛中,选手甲发了该乙发的那个轮次的第二分球,该分结束后发现了这个错误。如何裁判?

答:比分有效。选手甲接着发正常轮次该他发的那两分。

十四、临场官员的任务

1. 在一场比赛中,如果司线员不足,主裁是否可让选手呼报无人看管的线(如中线)?

答:不可以。如果司线不足,主裁应承担起无人看管线的呼报(含司网)。

2. 第一发球打在发球区中线,中线司线员呼报"失误",随后又更正。主裁判判发球得分,但接球员不同意,说他已击到了球,主裁同意判该分重赛,监督或裁判长被请上场。如何裁判?

答:发球员得分。主裁不能因选手申诉而改判。

3. 选手甲发球,选手乙还击得分。这时,选手甲向主裁申诉刚才的发球是擦网。主裁说他没听到是擦网。选手甲问选手乙是否听到擦网,选手乙说是擦网。听了上述双方都说擦网,主裁说这一分重赛。选手乙反对说擦网应由裁判呼报,他认为擦网只是要向选手甲证明裁判误判了。如何裁判?

答:比分有效。主裁不能对选手乙的意见做猜想。作为主裁应在做任何决定前明确选手乙的意向是要重赛。

注:主裁决定已做出后,就不要通过猜想选手的企图而改变原判定。

4. 某一局第一分第一次发球,司线呼报"失误",主裁改判为好球,并报分15—0。这时接球员申诉说他已把球还击回对方场区,因此该分重赛。主裁基于接球员的确还击球的事实,又判该分重赛。发球员向主裁申诉说主裁不能改变自己的决定,要求裁判长上场。如何裁判?

答:这一分重赛。基于接球员的确还击到发球这一事实,主裁原先判发球方得分是错误的。

5. 第一次发球,司线员呼报"失误",主裁改判为好球,并根据他对当时情况的判定,认为接球员不可能击到球,所以判发球员得分。接球员申诉说,他本能够还击到球。这时主裁判对他上述的判定吃不准了,又判该分重赛。发球员向主裁申诉说裁判不能因选手的抗议而改判,裁判长被找上场。如何裁判?

答:发球员得分。因主裁判原先关于接球员不可能击到球的判定没有改变,因此也不可能因选手申诉而改变发球员得分的决定。

6. 司线员没看清，主裁也没看清而不能判定。如何裁判？

答：重赛。但下面情况除外，1分结束后，主裁才知道对打过程中某1球司线员没能看清，这时已赛完的一分有效。

7. 选手甲停止比赛，申诉说选手乙还击的球已经两跳。主裁说没有看到因而不能决定。如何裁判？

答：比分有效。主裁对呼报是第一责任者，司线员是第二责任者，当主裁与司线员不一致时，主裁应即刻做出决定，如果主裁从他第一责任者角度没有看到违例发生，从技术上讲这种违例就不存在。

8. 在沙土场上进行双打比赛，第二次发球，司线员做好球手势，接球员将球还击过去，但犹豫不决地寻找球印，他同伴横跑过来把球抢打落网。接球员为第二次发球作申诉，并说他是以反弹击球结束比赛的。如何裁判？

答：比分有效。检查球印的要求必须在两位选手都停止比赛后提出。或者在主裁停止该分时提出方有效。

9. 沙土场上进行双打比赛，选手乙还击第一次发球，但他的同伴甲说"等一下"，并走过去找球印。主裁停止了比赛。对方选手向裁判长说选手乙已还击了发球。如何裁判？

答：程序正确。因在甲引起干扰后主裁停止了比赛，如球印是好球，甲、乙一方失分，否则是第二次发球。

10. 在沙土场上进行比赛，司线呼报"出界"。选手要求查球印，主裁找不到球印，如何裁判？

答：原来呼报有效。

11. 在沙土场上进行比赛，作为主裁改判了一个球，选手不同意并要求查球印，然后主裁自己也觉得改判可能有误。如何裁判？

答：这时主裁要亲自查球印。无论何时球印必须主裁亲查，司线员不能查球印，而只能协助主裁找到球印。

12. 对打过程中，选手乙在底线附近打了一个反弹球，球打在司网裁判身上，司网裁判倒地，观众发出惊讶声。底线司线对上述反弹球前的呼报为"出界"，但呼报慢了。比赛因司网裁判受伤而中断，主裁查看司网裁判是否还能正常工作，恢复比赛后主裁报甲得分。二分后主裁报该局结束，甲胜。选手乙申诉比分是平分，因刚才的反弹球司线员已报"出界"。作为主裁是否可以向司线员询问刚才那个反弹球的呼报？

答：可以。如果司线员的确报"出界"，比分为平分；如果司线员说好球或记不清，主裁报的比分有效。

十五、连续比赛和休息时间

1. 在几个对某选手不利的近线呼报后，选手在换边走向休息椅时对主裁提出："我等到换这组司线后再比赛。" 60秒后，主裁宣布："时间到。"选手对主裁说："我不是已经向你提出我要等换这组司线后再比赛吗？"如何裁判？

答：令其比赛，如25秒后不继续按三级罚分表处罚。

2. 一选手的踝部受伤，裁判给他一次伤害事故暂停。5局后，他在踝部同一处又一次受到突然创伤，他再次要求伤害事故暂停。如何裁判？

答：允许再给一次伤害事故暂停。

3. 一选手的头部撞在挡网的柱子上，并在场上呕吐，这种情况他们可以要求因伤害事故而暂停吗？

答：可以。如果他不提暂停要求，主裁应暂停比赛，并叫医生上场。

4. 一选手在场上呕吐，尽管场地已适合于比赛，是否还要继续开表记时？

答：是的。因呕吐是体力不支，开表记时要到选手表示能继续比赛为止（如果超过25秒选手还不能比赛，应按三级罚分表处罚），这时主裁应暂停比赛，直到清理好场地再恢复比赛。

5. 主裁看到某选手身上突然僵住，似乎背部受伤。经检查，医生说选手是背部痉挛。如何裁判？

答：给他一次伤害事故暂停。痉挛不是选手体力逐渐消耗的表现，而是由于异常的动作或扭转而突然发生的。

6. 一选手踝关节突然受到伤害，主裁确信继续比赛将导致此场比赛非职业化，并且会造成选手永久性的身体伤害。这种情况下，主裁可以暂停比赛并叫医生上场吗？

答：可以。

7. 伤害事故暂停从什么时间开始？

答：当医生到达，做好准备工作能为选手治疗时，开始记时，即医生结束检查或诊断后。如上例，应在医生开始为选手包扎踝部时开始记时（开表）。

8. 一选手因脚底打水泡（没有出血）向主裁要求伤害事故暂停，允许吗？

答：允许选手接受伤害事故暂停。打水泡（不管出血与否）应认为是伤害事故，但赛前已有的水泡不算。赛前已有的水泡，只有出血了，才能认作是伤害事故。

9. 选手的踝关节扭了，医生对他进行了包扎（绷带）。在下一换边局他想重新包扎，可以吗？

答：可以。但必须在90秒内完成，否则将按三级罚分表处罚。

10. 一选手受到突然伤害，并要求在换边时接受伤害事故暂停。如果医生在下述两个时间到达，治疗时间分别应按什么程序进行？

（1）在换边时已过30秒。

（2）在换边60秒后。

答：（1）医生在结束诊断后有3～5分钟治疗时间，一旦主裁宣布时间到，选手应在30秒内继续比赛，否则将按三级罚分表处罚。

（2）主裁应在60秒后停表并暂停比赛，直到医生准备好可以为选手治疗为止，3分钟伤害事故治疗暂停就从这时开始。在主裁宣布时间到后，选手应在30秒内继续比赛，否则将按三级罚分表处罚。

11. 受伤后已暂停比赛4分钟等医生上场，医生到达后用了半分钟结束治疗。什么时间重新开始比赛？

答：比赛立即开始。

上述问题,医生用了2分钟治疗,什么时间重新开始比赛？

答：当选手和医生都认为治疗是满意的,就没有必要非延迟到3分钟。

12. 在医生上场前已过8分钟,30秒后医生开始治疗,2分钟后治疗结束。这种情况是否允许重新做准备活动？

答：允许,时间为3分钟。

13. 3分钟治疗后,选手还有延误。如何裁判？

答：在主裁宣布时间到后,选手应在25秒内开始比赛(换边时治疗则在30秒内)。对25秒(或30秒)后的任何延误,将按三级罚分表处罚。

14. 比赛期间运动员遭遇伤害事故,但他不想马上以伤害事故暂停,将会有什么情况发生？

答：只能在伤害发生这一刻到下一换边休息结束这段时间内接受伤害事故治疗。超过这一时限,将失去这次受伤3分钟暂停治疗的机会,而只能在以后换边局的90秒内接受治疗。

15. 选手甲因愤恨或厌恶打球,把该球打在选手乙的脸部,使乙靠近眼睛部位立即肿起,不能再继续比赛。如何裁判？

答：不管选手乙是否能进行下一场比赛,都要取消选手甲的比赛资格。

16. 以双数局结束时,选手要求医生在下一换边休息时为他治疗。一局结束并且换边休息90秒已过去,医生还没到,选手要求延长休息时间以便接受治疗,理由是医生未按时来不是他的错。如何裁判？

答：不准延长换边休息时间。虽然选手提出了要求的时间,但需与医生联系,加上医生到场的距离,以及医生可能正忙工作,使得不可能一有治疗就要求医生马上到场。

17. 一选手在90秒换边时接受医生治疗,如时间已超过90秒,如何判罚？

答：在主裁宣布"时间到"后,选手必须在30秒内开始比赛,任何延误将按三级罚分表处罚(违反90秒规定等于违反行为准则)。

18. 一选手要求并接受了伤害事故暂停,但在进行了诊断后,医生认为这是选手体力不支所致。作为主裁这时应如何裁判？

答：指示医生终止治疗,并令选手开始比赛,任何延误将按三级罚分表处罚。在极少见的情况下,主裁还可判选手违反行为准则中的"非运动员行为"(这里指选手故意骗得受伤暂停)。

19. 比赛期间,一选手的膝部支架失调,他要求暂停来修理。如何裁判？

答：允许选手用合理的时间进行修理,并且无处罚。选手穿戴的任何医疗器械均应视作装备一项。

20. 比赛中,选手要求暂停,以便整理他的踝部绷带,如何裁判？

答：比赛必须继续进行,绷带失调不能认为是"装备失调"。

注：在90秒换边休息时,可叫医生进行处理,但任何延误将按三级罚分表处罚。如选手自己处理而没有医生帮助,由此引起比赛的延误则按"无理延误"条款处罚,即按违反时间规定

处罚。

21. 医生可否用手触摸体力不支选手的身体？

答：可以。但仅限于诊断，而不是治疗。

22. 一选手的鞋断裂需要更换，但他的第二双鞋在更衣室柜里，如何裁判？

答：暂停比赛，允许他去取。

23. 比赛期间，选手说他现在穿的鞋太滑，要求允许离开场地去更衣室换另一双鞋。如何裁判？

答：拒绝此要求。因这不是装备失调。然而，主裁应尽可能采取一切办法，使鞋拿到场地，一旦选手拿到，主裁应给他一段合理的换鞋时间。

24. 换边时选手是否可以得到额外的时间来换袜子或鞋？

答：可以。为了选手能换完袜子或鞋，主裁可以适当延长换边的时间，但这种情况下是不允许选手离开场地的。

25. 去厕所应在换边时去，是否也可以在其他时间去？

答：如果主裁认为这是情急，是可以的。但是如这时他上厕所的次数已用完，则按延误比赛的规定，延误比赛将按三级罚分表处罚。

26. 三盘二胜制比赛，选手已用过一次去厕所的机会，但他仍提出想在下一换边休息时再去一次厕所。如何裁判？

答：可以。但必须告诉他超过90秒的任何延误将按三级罚分表处罚。额外的上厕所被认为是选手体力不支。

27. 比赛暂停，选手去上额定的那次厕所，什么时间开表恢复比赛？

答：主裁应在选手回到场地拿起球拍这一时刻开表，同时宣报"时间到"。这个宣报指示选手继续比赛。

28. 双打比赛，甲与乙为同一队，乙已用过一次上厕所机会，但还想在换边时去一次。主裁告诉他必须在90秒内回来，这时选手甲也要求上厕所（第一次要求）。如何裁判？

答：选手乙必须在90秒内回来，否则将按三级罚分表处罚。选手乙在90秒内回来后，主裁应暂停比赛等到选手甲回来后再重新开始比赛。

注：遇到这种情况，主裁应明确告诉乙选手必须在90秒内回来，以免被处罚。

29. 比赛期间，选手要求允许他离开场地以便去戴上隐形眼镜。如何裁判？

答：允许选手在换边时离开场地去戴上隐形眼镜，这时场上官员应陪同他一起去。隐形眼镜只有在选手戴着的时间才视作是装备，因此在没戴着的时候就不算是装备失调。然而由于光线变化或赛场周围其他环境变化，允许选手戴上隐形眼镜的做法是必要的，也是合适的。

30. 选手在换边90秒后没能准备好比赛（不涉及伤害事故）。如何裁判？

答：判违反时间准则，并宣报继续比赛。

31. 选手在上例所述的情况下又继续延误比赛，并在25秒内没能准备好继续比赛。如何裁判？

答：判选手违反行为准则，并宣报继续比赛。

主：违反时间准则加违反25秒规定等于违反行为准则。

32. 一选手被判违反时间准则，他走向主裁提出："为什么？"主裁给予解释并宣布继续比赛。而选手继续与主裁争讨，主裁判他违反行为准则。于是选手向裁判长申诉应判断他再次违反时间准则罚一分。如何裁判？

答：由于主裁的裁决不涉及比分，所以告诉选手在裁判长到达之前应继续比赛（这样做对于对方是公平的）。裁判长到后肯定了主裁的判决（因两次违反时间规定的判罚并不是一前一后中间无关联地给出的，中间有交换场地的间隔）。

33. 选手要求解释并得到了一次回答，然后他又提出了另一个问题也得到了回答后。问这样的问题可进行多少次？

答：通常只有两次，否则就无法遵守"继续比赛"这一条款。在两次简明的回答后，主裁应宣布继续比赛，如再因该选手的行为导致比赛不能开始，则判其违反行为准则。

34. 比赛中，一戴眼镜的选手由于场上的雾气使其视线受到影响，故要求暂停比赛。如何裁判？

答：比赛继续，是否应暂停比赛由主裁决定，双方选手都应遵循同一暂停比赛的规则，这不管对戴眼镜的一方选手是否有利或不利。

十六、换球

1. 某局第一分的发球失误，在选手开始第二次发球时，主裁意识到该换球了，怎么办？

答：暂缓换新球，直到该选手下一发球局再换。但如果第一分的第一次发球是重发球，则可以马上换新球，因这是第一分重赛。

2. 错把新球给了某选手（或某队）去发，怎么办？

答：如发现错误时第一分已结束，则该选手（或该队）继续用新球发球，应该用新球发球的选手（或队）下一局用新球发球，但是一旦错误持续到下一局的第一分已开始才发现，则下面的换球次序以此为准交替进行。

注：在任何情况下，只要发球局已开始，就不能用旧球把新球换下来。

3. 某局结束，因下雨比赛暂停15分钟，正好该局完后该换新球，当比赛重新开始换新球时，重新准备活动应用什么样的球？

答：重新准备活动用新球。准备活动结束后，把准备活动用球拿走，换上新球继续比赛。

十七、双打发球次序有误

双打中，甲球发球次序错，在赛完2分后主裁才发现，怎么办？
答：立即纠正。

十八、双打接球次序有误

双打某一盘中，接发球一队改变了站位，主裁发现了这一错误，怎么办？
答：这一盘中的下一个接球局纠正。

课后思考与讨论

※ 简述主裁判的分工与职责。

※ 请设计比赛中司线裁判的站位示意图。

※ 裁判长在网球比赛前要做哪些准备工作？

※ 比赛时有哪几种情况要交换场地？

※ 请设计一盘比赛比分为7—6的网球记分表。

※ 网球比赛中关于时间的判罚有哪几种情况？

网球运动教程

第八章　网球医务监督

本 章 提 要

学习目标

※ 熟悉和掌握网球常见的运动损伤的症状及预防。

※ 熟悉和掌握网球常见的运动疾病的症状及预防。

※ 熟悉和掌握网球常见的运动疲劳的症状及预防。

重难点

※ 运动损伤和疾病的处理。

※ 运动疲劳的消除方法。

关键词

网球运动损伤　网球运动疾病　网球运动疲劳

医务监督

网球医务监督是网球运动教学的重要组成部分。其主要任务是预防运动损伤、运动性疲劳及运动性疾病的产生；研究损伤的发生规律、机制、防治措施、治疗效果以及康复和伤后训练安排等等；为改善运动条件、改进教学训练方法、提高运动成绩和健康水平提供科学依据。在网球运动教学、训练及比赛中应当重视运动损伤、疲劳、疾病的预防工作，掌握发生规律，并采取有效安全措施，应最大限度地避免意外的发生，保证网球运动参加者的身体健康，提高网球教学和训练的效果。

第一节　网球运动损伤及预防

运动损伤是指在体育运动过程中所发生的各种损伤。对运动损伤的预防看似是个复杂的问题，但归结成一点就是"责任感"的问题。增强教练员、运动员、管理人员和医务人员的责任感，将大大有助于预防损伤。而在这些人群中，教练员在监督和教育方面对运动员的影响总是大于医务人员，因为教练员与运动员接触的时间较多，而且事实上医务人员只有在出现伤情时才出现。因此，教练员在防止运动员受伤这一方面能起到重要的作用，这也是教练员义不容辞的责任。

一、常见的网球运动损伤

（一）网球肘

1. 网球肘的症状

网球肘的症状主要表现为，前臂肌肉的两端肌腰之间产生红肿和疼痛，尤其是靠近肘部外侧和内侧肌胆上端的骨附着点。本病多数发病缓慢，网球肘的症状初期，患者只是感到肘关节外侧酸痛，患者自觉肘关节外上方活动痛，疼痛有时可向上或向下放射，感觉酸胀不适，不愿活动。手用力做握、提、拧等运动可使疼痛加重。一般在肱骨外上髁处有局限性压痛点，有时压痛可向下放散，甚至在伸肌腱上也有轻度压痛及活动痛。局部无红肿，肘关节伸屈不受影响，但前臂旋转活动时可疼痛。严重者伸指、伸腕或执筷动作时即可引起疼痛。有少数患者在阴雨天时自觉疼痛加重。如果症状严重到做徒手挥拍都很痛，就需停止任何肘部的活动，立即就医。

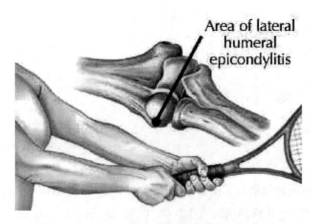

图8-1　肘部损伤

2. 网球肘产生的原因

（1）从击球动作分析，挥拍姿势不正确、用力不合理，是造成网球肘的主要原因。具体表现为：反手击球时过于急速伸直；正手击球时以肘为支点；过于暴力击球；经常不能击中甜区，击球时肘部常常远离身体腋下等。

（2）从肌体的生理特性分析，打球时肘部所承受的冲击和震动是造成网球肘的根本原因。每个人的肌肉、关节、韧带的运动能力都有一定的极限。当击球动作的力量、旋转超过了手臂的正常承受能力时，长期练习就会使前臂的肌腰纤维因反复过度牵扯而劳损，形成了网球肘。有时，也因为网球拍的减震效果差，穿弦磅数过大，增加了手臂的负担，从而形成了网球肘。

3. 网球肘的应急处理

（1）找一个平面，如桌面，向内旋转双手，让手指对着身体，双手放在桌面上。右大拇指此时应指向右边。左手放在右手手指上。右手臂完全伸直。小心地朝着身体的方向拉右手臂，拉伸5—10秒，直至右前臂出现轻微的刺痛感。放松肌肉5—10秒。见图8-2。

（2）指关节小心地下压桌面5—10秒，以产生抗阻力。放松肌肉5—10秒。继续向后拉手

图8-2 拉右手臂　　　　　　图8-3 下压桌面

臂以进一步拉伸到达新的终止点。重复2—3次。见图8-3。

4. 网球肘的常规治疗与预防

（1）合理的休息。当你出现网球肘症状，首先就是要注意休息，避免引起疼痛，疼痛消失前不要打网球。

（2）坚持冰敷。建议冰敷肘外侧1周，1天4次，1次15—20分钟。毛巾包裹冰块时不要将冰块接触皮肤以免冻伤皮肤。

（3）带上护具。出现轻微网球肘症状，或者你是力量薄弱的练习者，或者网球肘治愈后当你再度拾起球拍打球时，建议戴上防护绷带或其他可以除去手肘压力的紧压护具。

（4）牵拉疗法。当急性疼痛消失后即按医嘱开始轻柔牵拉肘部和腕部，不要产生疼痛，保持牵拉状态10秒钟，重复6次。

（5）手术治疗。如果是网球肘的晚期或顽固性网球肘，经过正规保守治疗半年至1年后，症状仍然严重、影响生活和工作，可以采取手术治疗。手术方法有微创的关节镜手术和创伤亦不大的开放性手术，以清除不健康的组织，改善或重建局部的血液循环，使肌腱和骨愈合。

（6）改变击球方式。

① 单反选手改用双手击球：采用双手反拍的球员较少出现网球肘。原因是：单手反拍运用肩膀与手臂更多的扭转力量；相反地，双手反拍则可以减少压力，同时又可以生成更大的力量。

② 运用肩膀：你的手肘就像铰链，两个方向移动。然而，你的肩膀却是个球窝关节，可以提供更大范围的活动。因此，最好是从肩膀挥拍，让每一球都能用到整个身体的力量。

③ 尽早击球：手与手腕在身体之前，而且击球早一点。"手肘在前"的反拍通常造成前臂筋腱的虚弱。

④ 放松球线：为降低手肘所吸收的冲击，放松你的球拍线，让它比厂商所建议的适中紧度来得松一点。

⑤ 减少冲击：现今的球拍又轻又灵巧，但却在与球接触的一刹那，身体必须承受更多的冲

击力。寻找一支为降低震动所特别设计的球拍,像Pro Kennex Kinetic系列或Volkl V1的球拍既短且大,大拍面的球拍具有较大的击球"甜点",产生的震动相对较小。

(二)水泡

球拍经常与手掌表面转动摩擦,手经常会磨出水泡,这是比较常见的。但对于一般的爱好者,如果打球时特别容易磨出水泡,则存在着其他的原因。找出这些原因,提出预防的办法,并对已磨出的水泡进行正确的处理。

1. 磨出水泡的原因

(1)正常原因:一般爱好者初学网球时,有些人总会磨出水泡。主要原因是,握力较差,手掌皮肤较细嫩。当不能有效击球而使球拍被动转动时,增加了手掌皮肤与拍柄的转动摩擦,从而产生了水泡。

(2)非正常原因:首先是技术动作不准确,造成经常将球打在球拍的甜区外、拍框边缘等处,增加了手掌与拍柄的摩擦强度;其次是在击球准备、引拍、挥拍的整个过程中,手腕过于紧张,握拍太紧、太死;最后是拍柄不合适,拍柄太粗或太细,柄皮太硬或不吸汗而太滑。

2. 预防的方法

对于因皮肤细嫩而磨出水疱的正常原因,只要不断加强练习,增加常与球拍摩擦部位的皮肤厚度,让其生成老茧,即可解决。而对于其他非正常原因造成的水疱,主要预防的方法有:

(1)提高击球技术动作准确性,固定球拍的击球点在甜区内。

(2)只有在球拍击球的瞬间才用力握紧球拍,其他时间放松握拍。

(3)选择拍柄合适的球拍打球,粗细要以自然握住拍柄、手指与手掌间的缝隙恰好能放入一只手的食指为准。柄皮要软,要有吸汗和减震的作用为最佳。

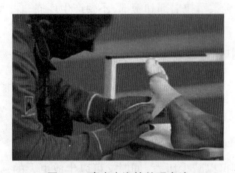

图8-4 磨出水泡的处理方法

3. 对已磨出水泡的处理

首先,应遵循避免感染的原则进行消毒、消菌。小而没有破裂的水泡经过一段时间自然收干,无需特别照顾。大水泡则需要用消毒的针头刺穿水泡边缘,轻轻挤出水质,再盖上消毒纱布,轻轻简单包扎即可。为避免水疱下的真皮感染,请尽量保留形成水疱时的松弛的表皮,切不可将其随意撕去。

(三)小腿抽筋

许多网球爱好者在练习或比赛中,都发生过小腿抽筋的事情。而且有些人在初次发生小腿抽筋之后,在小腿的同一位置还会经常发生抽筋的现象,好像成了习惯性抽筋。面对这种现象,该如何处理和预防呢?

小腿抽筋,学名叫腓肠肌肌肉痉挛,是小腿的腓肠肌发生不能控制的强力收缩所表现出的一种生理现象。

1. 小腿抽筋的处理方法

这种情况发生时,首先应保持冷静、放松,不要太紧张。然后原地坐下,伸直膝关节,自己用同侧手拉住脚尖,慢慢地、尽力向后拉;或者由同伴帮助,握住脚尖固定,自己双手放在身后,撑住地面,防止身体后移,同时慢慢用力向前蹬,伸直腿。切忌用力过大、过猛而损伤肌肉。在有条件时,可用热毛巾热敷小腿,促进血液循环,加快恢复正常。

2. 预防小腿抽筋的方法

主要有:

(1)上场打球前,一定要充分做好热身准备活动练习。

(2)下场时,应做好肌肉的放松活动,防止肌肉僵硬造成肌肉紧张与放松不协调。

(3)加强身体素质的锻炼,提高肌肉的耐久力。防止因一般疲劳而抽筋。

(4)控制好运动量,不要使肌肉过度疲劳。

(5)在冬季室外打球时,应注意保暖,不可穿衣服太少而使肌肉迅速冷却。有必要时,可戴上护腿或穿上网球袜来保护小腿。

(6)在夏季打球时,尤其在长时间的运动时,应注意多喝水和运动饮料,及时补充体内的水分和电解质。

(7)经常发生小腿抽筋的网球爱好者,上场之前除了充分地伸展小腿肌肉外,还要对小腿肌肉做些适当的按摩。

(四)踝关节扭伤

网球场上最常见的一种损伤,就是扭脚即踝关节扭伤。在网球运动中,前后左右的跑动以及快速启动和急停十分频繁。当脚扭伤之后,我们该怎么办?该如何根据伤情及时地处理?又该如何预防和保护自己的脚踝?脚踝受伤之后,该如何恢复?

1. 踝关节扭伤的症状

有些比较严重的扭脚,当时就可以听到较响的韧带撕裂声,内部开始充血、肿胀,并且脚踝疼痛剧烈。在踝关节韧带损伤处有压痛感。

2. 踝关节扭伤的原因

网球场上扭脚的原因主要有:

(1)踝关节力量较差,打球跑动时起动和急停动作过于短促、用力。

(2)身体出现疲劳现象,尤其是下肢疲劳导致脚踝承压过重。在这些情况下,仍然在球场上强迫激烈打球。

(3)准备活动不充分,踝关节的韧带未得到充分伸展,就迅速进入激烈的运动状态。

(4)思想麻痹大意,常做一些无谓、盲目、多余的危险动作,如跳过球网。

(5)对打球环境的不适应。如球场太硬、太涩,或者不平整,还有球鞋不合适等。

(6)打球的运动量过大,脚踝的紧张时间过长。

3. 踝关节扭伤的处理

扭脚的当时,首先要控制关节内充血,即抬高踝关节,并立即冷敷。如果特别严重,应及时送到医院就诊。

对于一般的扭伤,应在24小时内禁止在扭伤部位有任何活动。扭伤处要迅速冷敷,防止关节内继续充血、肿大,并减轻痛苦。若使用冰块冷敷,则应用毛巾包住冰块,不要直接将冰块放在脚踝上,防止冻伤皮肤。若在水龙头下用冷水冲洗伤处,则应保持踝关节的适当高度。

还有一种有效的消肿方法：在伤情稳定以后，取一盆较热的水和一盆凉水，分别把受伤的踝关节浸泡在热水里15秒钟；然后迅速移至凉水中5秒钟，再反复更换。利用温度的变化产生的热胀冷缩，促进踝关节的血液循环，使肿胀最快、最有效地得到恢复。

脚踝扭伤之后，在没有彻底痊愈之前，需要经常裹上护踝或弹力绷带来保护踝关节。

4. 如何预防

（1）平时应注意脚踝周围肌肉力量的练习和踝关节的柔韧性练习。

（2）加强安全意识教育，不要在疲劳状态下打球，不做危险的动作。

（3）认真做好热身运动，促进下肢的血液循环。

（4）要穿合适的网球鞋，与场地相适应。

5. 踝关节扭伤后的积极恢复

对于网球爱好者来说，扭脚之后，为了尽快痊愈，不让停止打球的时间过长，同时也为了日常生活的需要，一定要重视伤后的脚踝康复练习，恢复到原来的状态，保持原有的网球运动水平。

一般来说，拉伤之后，积极恢复要注意：

（1）尽快利用各种方法去充血、消肿胀。

（2）根据具体伤情，在损伤早期的一定时间内保持静养状态。

（3）待伤情有所好转、症状有所减轻之后，就要尽量进行踝关节的功能练习。如缓慢地开始做踝关节的屈、伸、内绕环、外绕环等静力或阻力练习。

（4）根据功能练习的效果，判断踝关节的具体恢复情况。适当地、循序渐进地上场练习，这有助于踝关节的恢复。刚开始上场练习时，一定要戴护具或弹力绷带来保护踝关节。打球时，运动的强度要小，运动量要小，应从网前原地慢球练习开始。

（五）肌肉酸痛

肌肉酸痛发生在运动之后的1—2天，并且有时会持续好几天才能自然消退、恢复正常。这种现象因为不是发生在运动过程中或运动后立即产生，所以把这种肌肉酸痛称为肌肉延迟性疼痛。

1. 造成肌肉酸痛的原因

造成肌肉酸痛的具体原因是，当较长时间不打球，或某次打球的运动量突然增加很多，使肌肉对偶尔的上场打球和大运动量没有完全适应。由于这种肌肉细微损伤和痉挛是局部的、少数的，相对整块肌肉来说，仍然不会影响完成动作。肌肉一旦产生酸痛后，经过肌肉内部细微组织的自我修复，还会提高它的质量。如果接着在一定时间内，肌肉质量尚未退化，继续打球就不会再发生肌肉酸痛。

2. 容易产生肌肉酸痛的人群

肌肉酸痛是人体的一种正常生理反应。对于不同的人群，如果做相同的运动并保持相同的运动量，那么有的人就会出现肌肉酸痛，有的人则不会。一般来说，容易产生肌肉酸痛的人主要有以下几类：

（1）打球次数少、打球频率低的人。

一般没有定期运动习惯的人比定期打球且次数较多的人容易产生肌肉酸痛；长期不运动

而打球的人，也肯定会因肌肉的起初不适应而出现酸痛；平时经常打球的人，因为运动量、运动强度的突然增加，同样会造成肌肉酸痛。

（2）女性。

虽然女性和男性在运动生理上没有太大差异；但相对来说，女性的运动素质一般比男性差，如肌肉力量、耐久力等，所以，同样在网球场上挥拍击球，女性更容易肌肉酸痛。

（3）中老年人群。

一般来说，中老年人比年轻人更容易产生肌肉酸痛。因为同样的运动负荷，对年轻人来说可能较低，但对于中老年人来说就可能很高了。因此，同样在网球场上活动，中老年人更容易出现肌肉酸痛，并且由于新陈代谢较慢，消除肌肉酸痛需要的时间更长。

3. 肌肉酸痛的处理

在已经出现肌肉酸痛后，有效缓解和消除肌肉酸病的方法：

（1）对酸痛局部肌肉进行热敷，可促进血液循环、肌肉酸痛的缓解和消除。

（2）按摩局部酸痛肌肉，使之彻底放松。

（3）对酸痛局部进行用力伸展练习，保持"较劲"的伸展状态2分钟，放松1分钟。反复练习，每天坚持3—4次，可较好地缓解肌肉酸痛。

（4）适当地补充维生素E，也是有效的对策。

（5）利用电疗、针灸等手段也可以适当地缓解肌肉酸痛。

4. 预防肌肉酸痛的方法

（1）打球前充分热身，特别是击球用力的局部肌肉、韧带要充分活动开。

（2）打球结束后做放松练习，做些肌肉再伸展练习，提高韧带的柔韧性。

（3）打球后去游泳，彻底放松全身肌肉。

（4）保证打球的合理计划，尽可能地做到每周打球2—3次。保证每周用其他运动方式来刺激肌肉活动2—3次。

（5）在网球场上，尽量避免全力击打球。

（6）避免练习时间过长，肌肉过度疲劳，当感觉到有些累时，就要停下来。

（7）刚上场打球时，一定要由近到远、由慢到快地增加速度和力量，体力完全适应后，方可进入正常练习状态。

（8）打球时，应注意多喝水多做深呼吸，可增加肌肉的持久力。

（六）肌肉拉伤

1. 原因

由于准备活动不充分或不到位，部分肌肉生理机能尚未达到适应运动所需的状态，训练水平不够，肌肉的弹性和力量较差，疲劳或过度负荷使肌肉的机能下降、力量减弱、协调性降低，错误的技术动作或运动时注意力不集中，动作过猛或粗暴，气温过低，湿度太大，场地或器械的质量不良等都可能引起肌肉拉伤。

2. 预防办法

注意加强易伤部位肌肉的力量和柔韧性练习，使屈肌和伸肌的力量达到相对平衡，这是防止肌肉拉伤的有效措施。

3. 解决方法

（1）休息：如果锻炼中，身体某部位感到某种异常的疼痛，就别再做下去了，应该彻底放松和休息。

（2）弄清伤势：将受伤部位轻轻转动，随便做一些轻柔动作以确定哪些肌肉、肌腱、韧带疼痛或受了伤，这样就能知道治疗动作应该集中在何处、在强烈锻炼时应该避开哪些动作。

（3）不增加伤处的负担：弄清受伤部位后，不仅仅不要做影响这些伤痛处的锻炼动作，就是在日常活动中，也须注意不给伤处增加负担，例如，后腰疼痛就别去提重物，脚疼就要避免跑步。

（4）采取"积极休息法"：人体有600多块肌肉，即使伤了100块肌肉，还有500多块肌肉可练，应该锻炼全部肌肉，才能改善健康，获得均匀发展。

（5）促进局部血液循环：必须很仔细地测定受伤的部位，寻找一种能很轻柔地活动受伤部位的动作，用这种动作促进血液循环，以补充新鲜养料，清除废弃物质。

（6）轻轻伸展：慢慢伸展伤处，直到遇到有轻微抵触处即停止，然后试着放松损伤部位。这样做时，试试作进一步的伸展，当肌肉达到伸展和轻松时，起治疗作用的血液会更多地流往该处，就能更快地得到治愈，但如伸展过分，就会导致创伤的恶化，甚至再受伤。

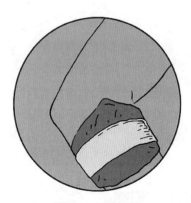

图8-5　冰敷包扎

（7）按摩：轻轻地按摩能直接增进血液流量。可以自我搓揉，但更有效的解痛办法是自己放松，让一位懂推拿术的人帮忙推拿。

（8）热力：热力能凭借人体自然的冷却反应而促进血液涌向身体表面，热力也能减缓受伤肌肉的紧张状态，从而使血液循环加速，给肌肉带来更多的营养物质。

（9）冰敷：热力作用往往用于长期的受伤后的养治，而不能用作临场的急救，刚受伤即加热会造成伤处肿胀而引起组织进一步损伤，一般受伤后的48小时内，用冰敷可减轻肿胀。

（七）扭伤

1. 原因

扭伤的部位一般是脚踝、膝、腰。脚踝扭伤多数是急停或奋力奔跑时以脚外侧先触地面，而单侧脚踝难以承受身体因惯性或制止惯性所产生的强大力量，导致踝关节韧带、肌肉甚至骨骼的损伤。膝部扭伤多数要归于侧向的急跑和急停所致。腰部突发性扭伤往往发生于球员急停变向（尤其是向后变向）转身跑的时候，发球时背弓及反弹背弓发力也容易使腰部吃力不起而导致损伤。

2. 预防办法

加强相应部位的肌肉力量，以适当限制关节活动范围；对易伤部位进行保护性固定，如包扎弹性绷带等；掌握正确的用力方法，并通过练习努力使之熟练化、规范化；在做生疏的动作时不要急于求成；清除场地内的杂物；认真做好准备活动。

3. 解决方法

（1）不管是哪个部位扭伤，必须先休息。腰部扭伤要及时地卧在平坦的地方；脚部扭伤要避免使扭伤的脚用力着地。受伤后马上休息，可以促进较快地复原，减少疼痛、出血或肿胀，以防伤势恶化。

（2）尽量在扭伤几分钟之内进行冷敷。用冰袋或者凉湿毛巾冷敷，冷敷可使血管收缩，减少内出血、肿胀、疼痛及痉挛。有时候身边没有冰袋，最简单的办法是用凉水浸湿毛巾敷在扭伤脚的部位，或者直接取来半盆凉水把脚放进去。冷敷时间一般在半个小时，中间停一个小时之后进行第二次冷敷。

（3）到医院做X光检查，任何部位扭伤一般不会骨折，常见的是软组织损伤和韧带拉伤，拍片子是为了排除骨折或者关节错位。如果没有骨折和关节错位，就可以进行下一个步骤的治疗。

（4）确诊没有骨折和关节错位之后，等扭伤过24小时之后就可以热敷了。热敷的办法和冷敷差不多，温度正好相反，用暖袋或者热毛巾直接敷在扭伤部位。也可以用热醋、热酒等进行热敷，以活血通络、消肿止痛。热敷的时间也不能太长，每天两次，每次在二十分钟即可。

（5）热敷之后还可以加压，腰部扭伤不用加压治疗。方法是先用干净敷料盖住伤口，用手、绷带等压迫患处，可减缓伤势恶化；包扎时，从伤处几寸之下开始往上包，大约以一半左右做螺旋状重叠，以平均且稍加压力的方式逐渐包上。但经伤处时要松些，保证伤肢血液循环畅通。观察露出脚趾或手指的颜色，若有疼痛、皮肤变色、麻痹、刺痛等症状，表示包得太紧，应解开重包。

（6）还可以外用跌打损伤药物，比如外涂红花油、活络油、云南白药喷雾剂、活血止疼酊之类的外用药物。外用药物最好是在受伤一到两天之后使用。

（八）腱鞘炎

1. 原因

腱鞘主要分布在跨越手指、手腕、肩、踝关节等部位的肌腱上，它像套子一样套于肌腱之外，其作用是减少肌腱活动时与相邻肌腱的摩擦。在网球项目中，由于击球动作的特点，手腕及肩部肌肉反复收缩牵拉肌腱，使这些部位的腱鞘受到过度摩擦或挤压而引起发炎。其症状是在做挥拍动作或在做上臂外展上举动作时感到手腕或肩部疼痛，平时也有压痛感觉。

2. 预防办法

合理安排训练；防止局部过度负荷；运动前后充分做好准备活动和局部放松活动；运动后按摩和热敷也对预防有积极作用。

3. 解决方法

（1）休息：合理的休息对肌腱炎很有好处，减少对关节的伤害。

（2）热敷：将毛巾放入热水中，拧干热敷在关节处，能够缓解疼痛。

（3）桑拿治疗法：能够放松肌腱，改善血液循环。

（4）理疗：适当对疼痛部位进行锻炼，做一些简单的运动，疼痛时就停止。

（5）吃维生素：对肌腱愈合有好处。

（6）到医院治疗，也可以服用止疼药物。

（九）跟腱炎

1. 原因

跟腱负荷太重，足部韧带脆弱；扁平足；击球时脚的位置不正确；鞋子不合适（多是鞋子太大）；网球场地面坚硬等。

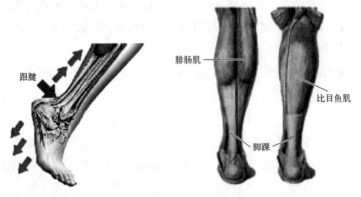

图8-6　跟腱结构图

2. 症状

抬脚时脚疼痛；脚后壁肿胀。

3. 紧急措施

用冰块按摩；短暂休息。

4. 预防和治疗

选手在网球比赛或训练前充分做好热身活动和伸展运动，尤其是先天性足弱者；挑选合适的鞋子；检查击球时脚位置的正确性。患病后，可用冰块按摩或使用消炎注射剂，包扎医疗绷带等。严重者须做手术。

（十）跟腱断裂

1. 原因

选手进行激烈训练、比赛时强烈急停、变向；跟腱韧带劳累过度。

2. 症状

足部表面无异常现象但有剧烈撕裂疼痛。

3. 紧急措施

快速用冰水冷却，固定踝关节，抬高患肢，求助医生。

4. 预防和治疗

充分做好热身活动。损伤发生后需手术。

（十一）腰疼

1. 原因

脊柱负荷过重；腰部肌肉紧张过度；脊柱出现畸形或锥间盘突出。

2. 症状

腰部僵直,突发性锐利疼痛;脊柱突出,以至大腿失去知觉,肌肉无力。

3. 紧急措施

中断比赛,热敷疼痛部位;找医生。

4. 预防和治疗

经常加强肌肉锻炼,增强腹部和背部的肌肉力量,建立身体肌肉平衡。损伤出现后作热敷处理、按摩或脊椎骨复位。

(十二)肩关节疼

1. 原因

肩关节的肌肉、韧带、关节囊等负荷过重多是由于发球、高压球用力过猛造成的。

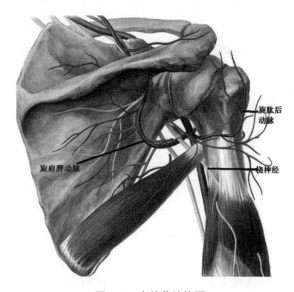

旋肱后动脉

旋肩胛动脉

桡神经

图8-7　肩关节结构图

2. 症状

肩关节在发球、击球、高压球时出现疼痛,并手臂痉挛。

3. 紧急措施

停止比赛,短时间固定肩关节。

4. 预防和治疗

平时加强肩部肌肉的训练;赛前做好准备活动;提高发球、击球、高压球的技术动作的规范性。出现损伤后,采用超声波疗法、消炎药物等。此损伤很少做手术。

(十三)肌肉痉挛

1. 原因

体力不支、天气太冷而引起的肌肉僵直;或者天气太热、出汗过多而使盐分损失过多所致。

2. 症状

痉挛部位的肌肉突然伴有疼痛和无法控制的僵硬感。

3. 紧急措施

拉伸痉挛肌肉。

4. 预防和治疗

打球时间过长,多补充一些含有盐分的水、饮料等。损伤后注意休息。

(十四)踝部韧带拉伤断裂

1. 原因

运动中剧烈变向,或者鞋子不合适,或网球场上表面起伏不平,或踩球所致。

2. 症状

踝部剧烈疼痛。

3. 紧急措施

冷敷,包扎医疗绷带,找医生。

4. 预防和治疗

正确地选择鞋子;加强肌肉练习;运动时带护踝。出现损伤后,用冷水泡;应用按摩方法。

(十五)膝关节疼痛

1. 原因

膝关节韧带紧张过度,比赛地面坚硬,先天膝关节脆弱。

2. 症状

紧张剧烈运动或负荷过重时疼痛,伴有水肿。

3. 紧急措施

用冰块按摩;使用消炎软膏、超声波,缠绷带等。

4. 预防和治疗

采用正确技术动作;加强膝关节的保护,如减少变向跑、选合适的鞋子、佩戴护膝等。

(十六)半月板损伤

1. 原因

屈膝制动击球,抢占最佳位置,变向,膝关节同时完成快速伸膝并伴随旋内旋外的动作。

2. 症状

半月板突出,变形,剧烈疼痛。

3. 紧急措施

找医生。

4. 预防和治疗

充分准备活动,使用护膝,加强膝盖力量练习,选择合适的鞋子,规范技术动作。长期休息,使用消炎软膏或注射剂或手术。

(十七)腓肠肌损伤(网球腿)

1. 原因

"网球腿"是由于腓肠肌内部不完全性撕裂所致(图8-8),是一种典型的网球运动损伤,高发于35—50岁年龄。

2. 症状

这类损伤常发生于腓肠肌快速收缩时,如冲刺跑。受伤时,小腿为突发的剧烈的或灼烧样的疼痛,有时可伴撕裂声。大多数情况下,由于剧痛而无法继续比赛。根据损伤程度不同,恢复时间为几天到6周。

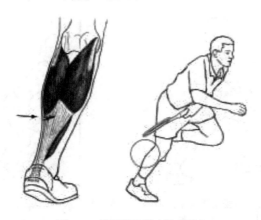

图8-8 腓肠肌损伤(网球腿)

3. 紧急处理

尽快实施以下措施,确保48小时内进行(参看RICE技术):

(1)Rest:限制(制动)。停止活动,避免患侧下肢负重。

(2)Ice:冷敷疼痛部位(冰块、冰袋、冷制品等)10—15分钟,每天数次。不要让冰块直接接触皮肤,可用毛巾隔离,避免冻伤皮肤。

(3)Compression:使用弹力绷带,可以压迫腓肠肌受损小血管,限制出血肿胀。

(4)Elevation:抬高小腿。

快速和适当的急救措施有利于尽快康复。症状严重或有疑问,请运动创伤的专业医生帮助诊断,并安排物理治疗计划。

4. 预防

疼痛和肿胀开始消退(1—2天后),即开始进行负重训练。在此期间,疼痛是休息的信号。超过痛阈的训练会减缓愈合进程,应当避免。负重训练分以下三个阶段:

a. 第一阶段 改善正常功能

● 疼痛能够耐受的情况下,可以逐渐将身体重心移至患足。第一周内,必要时可使用肘杖助步。进行正常的步态训练。

● 两只鞋内各放置足跟垫(带避震)1—2周可减轻步行时腓肠肌承重。"粘性足跟垫"对此很有用。

● 每天进行30分钟的游泳或骑脚踏车训练可以增加腓肠肌血流量,促进愈合。

● 腓肠肌长头牵拉训练(图8-9)。正常腿向前跨一步,后面的腿(患腿)足跟不离地,并保持膝关节伸直。重心在双腿间前后转换,使患足后跟向下施加压力。可用手扶固定物体休息。感受到腓肠肌上端被牵拉，保持15—20秒（停止跳动式的不连续牵拉），接着休息10—20秒。重复3次。

● 腓肠肌短头牵拉训练（图8-10）。起始动作同长头牵拉训练，但是后足膝关节屈曲，并保持足跟不离地。感受到腓肠肌下端被牵拉。同样维持15—20秒（停止跳动式的不连续牵拉），接着休息10—20秒。重复3次。

图8-9　腓肠肌长头牵拉训练　　图8-10　腓肠肌短头牵拉训练

图8-11　腓肠肌肌力训练

● 加强足部肌肉力量。坐在椅子上，用患足在空中书写字母。双手拉住毛巾两头，患足脚趾踩于毛巾折叠处。保持此动作15—20秒，接着休息10—20秒。重复10—20次。

b. 第二阶段　加强练习

● 当上述练习可以完成且步行无疼痛时，方可考虑重新进行网球训练或其他运动训练。

● 增加腓肠肌肌力（图8-11）。慢慢踮起脚尖并保持10—20秒，然后放松回到原来的姿势。从双脚同时进行此练习过渡到用患侧下肢单独练习。若承受身体重量有困难，可使用弹簧管拉力器（如前足下蹬对抗弹簧管拉力器）。

● 左右脚交替小幅、快频地做原地抬腿。

● 若上述动作可完成，则可进行慢跑活动。以较容易的快步走开始，逐步加入一些冲刺跑，然后可以进行急转弯、起跑、急停等训练。

● 最后进行跳跃训练。

c. 第三阶段　重返运动

● 从练习墙或小型球场开始训练，逐渐增加与墙的距离或与对手进行练习。步伐宜小，并确保移动安全。

● 在此期间，可增加挥拍截击训练。

● 1—2周后，逐渐增加更多的练习包括加大跑动范围。

● 接着进行低截球训练，随后进行过顶击球和发球训练。

● 若可轻易完成用力踢腿动作，则可进行计分赛或练习赛。

- 若可连续2周进行练习赛,则可重返赛场。

5. 预防

"网球腿"的发生有时是不可避免的,但以下几点注意事项可以降低发生率:

- 运动前后进行10—15分钟的整理和放松活动。特别注意进行正确的牵拉练习,尤其是腓肠肌的牵拉。

- 逐渐增加运动量,以使机体充分适应。

- 选择与气候适应的衣服。特别是季节交替或大风时,在热身活动时尽量穿着运动服或跑步衫。充分预热的肌肉和肌腱能更好地承受牵拉。

- 穿着专业网球鞋,提供良好的避震、侧方支持、抓地力以及理想的舒适度。

- 当腓肠肌僵硬和紧张时进行运动按摩。

- 登梯运动、骑脚踏车和跑步是维持腓肠肌肌力的最佳运动,在训练过程中充分休息。

二、运动损伤护理的阶段

软组织损伤是大多数体育运动中常见的损伤。由于向软组织供血的血管发生破裂,血液堆积于受伤组织周围,出现疼痛、肿胀及皮肤颜色的变化。因此,损伤护理的三个阶段就是根据这种组织内出血的程度而划分的。

(一)受伤后经历的三个阶段

所有伤势都经历这三个阶段:急性期0—24小时,中期24—48小时,后期48小时以上,教练员应认识这个过程,以便根据伤情做出有效处理。

(二)紧急处理与急救

使受伤运动员成功地重返赛场,往往要取决于第一个对他伤势做出诊断并采取正确急救措施的人。如果医务人员不在场,教练员就必须做出诊断并决定是否让受伤运动员继续参加比赛或训练。如果伤势严重,自然容易做出决定,但在伤势较轻、运动员仍可活动时,教练员就不容易做决定了。当你无法判断时,应先让运动员休息。

1. 紧急情况的处理

处理创伤是一项非常专业化的业务,教练员应有(必要)经过诊断和处置创伤的训练。如果有疑虑,在合格的专业人员到来以前,教练员不应作任何处置。保持冷静是非常重要的,如果必要,应防止其他人试图"给伤者以安慰"。

教练员也应该能够:

- 对运动创伤提供紧急治疗。

- 在队医不在场的情况下,实施急救。

- 有效地委托能胜任的助手进行处理。

运动急救的基本做法包括:

- 对威胁生命的问题进行初步检查。

- 在进行医疗以前,提供维持生命的救护。

为此必须具备的技能包括:

- 保持通风。
- 进行心肺复苏（CPR）。
- 控制出血。

教练员在辅助性的检查中还应该能够分辨出（不是诊断）创伤是急性的还是慢性的，是软组织还是非软组织，这将有助于提供合理的急救。

教练员有必要参加培训处置运动员创伤的训练班和讲习班。

2. 损伤处理

立即处理擦伤以及肌肉、肌腱和韧带的损伤，对于立即处理，教练员应采用以下原则（RICER）：

（1）休息、马上停止运动，不要让受伤的部位再负重，或持续损伤。

（2）冷敷。冰块或者其它冷敷可以帮助减少疼痛和肿胀，因为降低温度可以减少血液循环。每次冷敷15到20分钟，每天三到四次。

（3）压迫。用绷带或其他办法压迫受伤局部可以减少出血、淤血。绷带缠的紧度要适中，你能感觉到有压力但又不会让你支端发麻或缺血。

（4）抬高患肢。抬高患肢的主要目的是减少肿胀，促进血液回流。

三、竞技网球运动损伤预防方法

（一）通过提高技能进行预防

技能对于保证安全来讲是非常重要的。必须认识到技能训练不仅仅是提高成绩的途径，同时也是预防受伤事故的手段。技能不仅包括控制身体按大脑的指令做出各种动作，还包括预知损伤的心理能力，以了解危险的存在并避免其发生。

培养运动员在比赛和训练中的放松能力也很重要，这样身体才能自如地做出所需的动作。紧张与焦虑会破坏技能完成中的神经反射过程，并大大增加出现受伤事故的危险性。

疲劳对技能也有很大破坏作用，它可能在一次训练课中出现，也可能会由于训练负荷过高或密度过大而积累。不管过度训练是短期的还是长期的，教练员都应识别出疲劳的症状，并在伤病出现之前降低训练负荷。

（二）通过加强身体素质进行预防

仅有技能还不能完全保证运动员安然无恙，因为在他所进行的活动超过他身体素质所能承受的范围时就有受伤的危险。身体素质应包括五个主要方面：力量、协调、耐力、速度和柔韧。

增强身体素质可在两方面减少受伤的危险性，即通过它对肌肉、肌腱和关节所起的作用和通过增加一般耐力使运动员能够在训练和比赛中不出现疲劳。

1. 力量

肌肉要锻炼才能变得更强壮。所采取的训练负荷必须适合于运动员所从事项目的特殊要求。例如对铁饼运动员所进行的加强肩带肌群力量的练习，对马拉松选手显然是不必要的。力量训练必须符合个人的需要，最好按照完成技能的工作类型反复进行练习。合理地加强肌肉力量能有效预防损伤的发生。

2. 耐力

它包括肌肉耐力和心肺功能。发展耐力素质能有效防止疲劳。对所有运动员发生伤害事故的统计表明,运动员在疲劳状态下更容易受伤。

3. 柔韧

这是常被低估甚至有时被忽视的一种身体素质。使运动员认识到柔韧性也是肌肉素质的一个重要组成部分,它对预防损伤发生起着重要作用。僵硬的肌肉显然更易被拉伤,例如,常见的大腿后群肌肉拉伤。可通过各种方式的伸展练习增加柔韧性,它们简便易行,不需要专门器械,而且只要不懈的练习就能有所提高。

（三）通过合理营养进行预防

良好、合理的营养可以在训练课与训练课之间帮助运动员加快恢复过程,从而起到预防损伤的作用。运动员密切注意他的饮食习惯是非常重要的,饮食必须要满足训练对于身体所提出的特殊要求。运动员尤其要摄入足够的碳水化合物来获得能量,保持肌肉中的能量储存,防止疲劳出现。运动员应在训练或比赛前2.5—4小时进食易消化的高能食物。

（四）通过准备活动进行预防

做准备活动基于三个主要原因:

（1）伸展肌肉、肌腱、韧带,特别是那些将投入工作的部分。

（2）增加体温,特别是深层肌肉和关节的温度。

（3）刺激运动员在心理和生理上做好准备进入工作状态。

只要准备活动做得正确,上述每一条因素都有助于预防损伤的发生。准备活动应是有条不紊的,从头开始做,直至脚趾;或从身体中部开始做,扩展到四肢。在不同的身体部位,练习应有所不同,日常的准备活动中允许个人特点的存在。

（五）通过改善外界环境进行预防

许多受伤事故的发生是由于运动员的粗心大意造成的,我们常会看到一些运动员被放置在跑道旁的器械或其他物品绊倒扭伤踝关节,或被摔得鼻青脸肿,所以教练员必须在训练过程中高度重视环境的安全问题。

1. 设施

安全、设计合理的训练器材对预防受伤具有重要作用,尽管专项的要求不同,但有些事情是应被普遍注意的。要抽出时间检查所有设施是否确保安全,并保证随时都可投入使用。被损坏、有毛病的设施或器械常常是造成受伤事故的原因。如果你自己不负责保养设施、器械的话,那么就要保证有专人负责管理设施与器械并定期维修和保养。

2. 场地

运动可能在各种不同的场地进行,有些是天然场地,也有些是塑胶场地,它们都可能造成受伤事故。天然场地会由于天气的不同而发生变化;经常使用塑胶场地则会容易使运动员产生劳损。无论使用何种场地,都要确保队员穿着合适的运动鞋,并根据训练的内容在可能的情况下变换场地,以此来减少受伤事故的发生。

（六）通过治疗进行预防

运动员的旧伤无疑有复发甚至进一步加重的可能。复发的肌肉拉伤或关节扭伤往往是肌力较弱或关节稳定性差所造成的，所以在可能的情况下必须对运动员的急性损伤进行正确的诊断和治疗。对受伤关节采用保护带固定会很有帮助，但这决不能取代对受伤关节的治疗和康复。

（七）合理的着装

着装在很大程度上受个人爱好的影响，但必须认真选择。比如尼龙服装要比用天然纤维制成的服装便宜，但在炎热天气下或从事产热量高的运动时穿尼龙服装就非常不利。鞋的设计已取得高度发展，选择设计合理、安全舒适的运动鞋是完全能做到的事情。要根据不同的项目，特别是场地条件，选择合适的运动鞋。作为教练要随时给予正确指导。

（八）运动后的合理休息

只要提到"休息"或"暂停"这些字，便可使某些选手晕头转向。因为这些字眼多与慵懒和虚弱有关。但这是误导的想法。没有心理的放松或实质远离网球的时间（恢复），则训练与比赛时生理上的消耗、撕扯与心理上的压力依然存在。

a. 不管你打得好坏，休息要正常

一直练习不休息绝对会浇熄你如日中天的盛势，或使你的低潮愈陷愈深。你的休息可以是在网球活动中加入不同的变化。例如，找个新对手来打，或假使你总是单打，那就试试双打。

b. 经常的短休息比长休息更有效率

长休息（三星期或更多）可能具有破坏性，因为长休息会使你丧失节奏。

c. 练得勤就应休息多

压力就像开支票，而恢复就像存款。我们都知道花钱要比存钱容易多了。

d. 学着去解读你过度训练的征兆

注意过度训练的征兆，疲劳、意志低落、生气、郁闷、状况不佳等。

e. 了解恢复的感觉

放松与舒适这些感觉会在你进行动态性休闲（打高尔夫球、钓焦）或静态性活动（听音乐、打牌）中产生。

f. 与赛前训练一样去训练恢复。

g. 把恢复想成是全身心的休息和放松，假如压力击倒你，恢复便是重建和加油。

h. 建立例行性的恢复措施并加以实行。

i. 平衡压力和恢复，太多的压力而没有恢复或太多的恢复而没有压力都不是一种平衡。

j. 保持强健，你愈强健，就恢复得愈快。

（九）运动受伤的心理辅导

像磨出水泡、肌肉抽筋、扭伤或拉伤等不同程度的受伤，无论程度大小，虽然不会对你的身体健康造成多么严重的影响，但却会在打球时干扰你的注意力，影响你的乐趣和自信心。因此，无论是谁，拥有充分的心理武器来消除伤病带来的不良影响十分必要。那么究竟该如何在心理上处理伤病，继续保持高昂的竞技状态呢？

1. 自我疗伤,臆想训练

对已经有伤在身的人来说,准备活动中进行心理调整十分必要。臆想的方法不仅可以帮你在养伤期间熟悉技巧和战术,对身体的恢复也大有裨益。比如,你可以在脑海中尽力达成这样的状况:"脚趾虽然还在隐隐作痛,但身体却放松得恰到好处,注意力已完全集中在击球上。"

如果是刚刚痊愈的话,担心再次受伤的心理阴影将构成你重返球场的最大障碍。臆想的方法对消除这种恐惧感也同样有效。

2. 转移注意,强迫积极

千万别对小伤病放任自流。因为太不起眼了,刚刚开始比赛的时候你几乎察觉不到它们对心理的影响。然而当比赛延续下去之后,消极的心理影响也逐渐强烈起来了。心理学中有这样一条公理:人不可能在同一时间内经历两种截然相反的心理感触。所以,如果你能持续将注意力转移到那些能让自己兴奋起来的环节上,强迫自己处于积极情绪的话,就能有效摆脱伤病引发的消极情绪了。对伤病付之一笑,对取得比赛胜利充满渴望,即便面临困境,你也不会再顾及旧伤了。

3. 摆脱陷阱,放弃完美

许多人在受伤的时候都会有这样的不满情绪:"为什么倒霉的总是我。"这是"完美主义"给你铺设的危险陷阱。总是带着"只有身体处于最佳状态才能打好网球"的观念去比赛,在遇到伤病的时候,就会过多夸大伤病的影响,在心理上产生更多的焦虑,比赛中犯错的可能也就大了。如何摆脱这一心理陷阱呢?你需要正视现实,将伤病作为自己打球中不可或缺的一部分,在不把自己想象成超人的前提下研究制胜之策,淡化对伤病细微的感触。多想一下自己有哪些技术可以不受伤病影响,又有哪些战术可以配合得上这些技术;揣测对手在得知自己的伤病后可能采取的诡计,筹划因势利导的化解之道。

4. 保持平静,放松身心

通常,肌肉越是紧张,疼痛的感觉就越是强烈。放松身心,无疑是削减伤病痛苦的最佳途径。别让自己像热锅上的蚂蚁,要放松肌肉、深呼吸。在结束一分的争夺之后,不妨放慢动作,在发下一个球之前,给自己多找点儿时间进行调整,恢复平静的心理状态:能成功地让身体持续处于放松状态,排除疼痛的影响也就不难了。

第二节　网球运动疾病及预防

一、中暑

(一) 中暑症状

1. 中暑先兆

在高温的环境下出现头痛、眼花、耳鸣、头晕、口渴、心悸、体温正常或略升高。

2. 中暑初期

大量出汗、口渴、明显疲色、四肢无力、头昏眼花、胸闷、恶心、注意力不集中、四肢发麻等,体温正常或略高。

3. 轻度中暑

体温在38℃以上,面色潮红成苍白、大汗、皮肤湿冷、血压下降、脉搏增快。

4. 重度中暑

也称热衰竭,表现为皮肤凉;过度出汗;恶心、呕吐;瞳孔扩大,大量出汗、皮肤湿冷、体温升高到38℃以上、血压下降、脉搏加快;腹部或肢体痉挛;常伴有昏厥,昏迷,高热甚至意识丧失。

(二)急救方法

(1)中暑初期应迅速到通风阴凉的地方,平卧并解开衣扣,松开或脱去衣服;如衣服被汗水湿透应更换降温。头部可捂上冷毛巾,可用酒精、白酒、冰水或冷水进行全身擦浴然后用扇或电扇吹风,加速散热。

(2)轻度中暑可以为患者泼水。泼在皮肤上的水,蒸发较快,以增加降温的效率。或者用冷毛巾湿敷患者,如果可能,将患者移到有冷气设备的地方。初期与轻度时,患者仍有意识时,可给一些清凉饮料;在补充水分时,可加入少量盐或小苏打水。但千万不可急于补充大量水分;否则,会引起呕吐、腹痛、恶心等症状。

(3)重度中暑时病人若已失去知觉,可指掐人中、合谷等穴,使其苏醒。若呼吸停止,应立即实施人工呼吸。对于重症中暑病人,必须立即送医院诊治。搬运病人时,应用担架运送,不可使患者步行,同时运送途中要注意,尽可能地用冰袋敷于病人额头、枕后、胸口、肘窝及大腿根部,积极进行物理降温,以保护大脑、心肺等重要脏器。

二、低血糖

(一)症状

低血糖常见的症状有饥饿感、心慌、出冷汗、头晕及四肢无力等。

(二)预防措施

尽量不要进行空腹运动。运动前应适量补充含糖类食物,也可在饭后1—2小时内运动,应随身准备含糖类食物(糖果、葡萄干、巧克力等均可)。

(三)解决方法

停止运动,找到一个有靠背的地方坐下来靠着休息,并且上半身尽量微微向后倾。

立即补充适量碳水化合物(不要超过15克),使血糖升高。例如,两勺葡萄干、三片5克装的葡萄糖片、白糖15克、糖果几块等等。

如果通过上述方法症状没有得到明显的缓解,可重复进食碳水化合物(5—10分钟后),然后再吃些馒头或是面包,以防再次发作。若是效果仍不明显,建议及时就医。

当我们运动结束后还应给身体洗个澡,不仅可以让皮肤干净、清爽,也有利于周身血液循环,帮助恢复全身体能。

三、晕厥

(一)症状

运动时出现头晕、目眩、恶心、面色苍白甚至无力突然跌倒等现象,运动中或运动后一过性知觉丧失,都被称为运动性晕厥。其主要原因是脑部突然缺血缺氧所致。

（二）预防

（1）坚持锻炼,增强体质。

（2）久站时,要经常交替活动下肢,久蹲后不要突然起立,要缓缓站起。

（3）疾跑后不要骤停不动,要继续慢跑并作深呼吸片刻。

（4）久病、体弱者,暂不参加剧烈运动。

（三）解决方法

（1）立即平卧,头部略低；抬高下肢,以增加回心血量。

（2）松开衣服和衣领。

（3）喝热茶或糖水。

（4）若意识未恢复,应将头后仰,托起下颌,防止舌后坠阻塞气管。可针刺或手掐患者旳人中、合谷、内关等穴位加速苏醒。

（5）当意识恢复后可慢慢坐起,再慢慢站起,但至少需要休息30分钟才可站起。

四、运动性腹痛

（一）症状

腹痛的早期表现为腹部的胀痛或钝痛；持续性疼痛常见于损伤；阑尾炎呈现为转移性右下腹痛、反跳痛和腰大肌试验阳性。腹痛外脏器疾病特点是无明显腹部压痛、反跳痛或板状腹等急腹症表现。

（二）预防方法

注意运动前的饮食结构及时间间隔,运动不宜过食和过度饮水,也不宜在饥饿状态下运动,在进食1—2小时内进行运动。

运动前做好充分的准备活动,使内脏血供、氧气均能迅速提升到运动所需态。注意防寒及避暑。夏季运动出汗时保持体液的补充。

调整呼吸节律,尽可能用鼻呼吸而不要张嘴呼吸。

（三）解决方法

运动中出现腹痛,应立即减慢运动速度并降低运动强度,缓慢深呼吸,调整呼吸与运动的节奏,用手按压阿是穴（痛点）,一般疼痛即可减轻。如果无效应,立即停止运动。用针刺或点掐内关穴、足三里。

腹痛在没有明确诊断前,不能服用止痛药,因为会掩盖病情造成误诊。在运动中发生腹部疼痛时,不单可能是运动性疾病的运动中腹痛,还有可能是内脏器质性病变及其他内科疾病发生,尤其是首先要考虑到急腹症发生的可能性,要迅速准确地做出鉴别,停止训练送医院急救。

五、运动性贫血

（一）症状

血液中的红细胞和血红蛋白低于正常值,剧烈运动之后,出现面色苍白、头晕目眩、心慌气促、四肢无力、精神萎靡等症状。

（二）预防方法

（1）合理安排运动强度和运动负荷，遵守循序渐进和个别对待的原则。

（2）定期检测血红蛋白和血清铁蛋白，做到早发现早治疗。

（3）加强运动员中贫血易感人群的全面营养，膳食要合理，营养丰富，尤其要富含蛋白质和铁，食物烹调加工要科学。

（4）运动前后补充维生素C。

六、运动性脱水

（一）症状

运动性脱水主要是高渗性脱水，其临床特点是：早期出现口渴、尿少，脱水越严重则口渴越剧，尿越少而尿钠越高；中度以上脱水，常有面部潮红，易发生脱水热，神经精神症状以幻觉、躁狂、妄言为突出。

（二）预防方法

（1）提高对运动性脱水的耐受性。经过在各种环境下进行各种强度的运动和训练，可增强对运动性脱水的耐受性。

（2）进行补液，防止和纠正脱水。及时的补液能使机体水分达到平衡。应根据运动情况和运动特点，在运动前、中、后补水补液。补液的原则是少量多次进行补充，同时还应适量补充无机盐。

（三）解决方法

最主要的治疗措施是及时补充丢失的体液。补液应根据其脱水程度和机体的情况决定补液量、种类、途径和速度。

按丢失1 kg水需补充1 000 mL液体计算，体重为75 kg的运动员，轻度脱水需补充液体1 500—2 250 mL，中度脱水需补充液体2 250—4 500 mL，重度脱水需补充液体4 500 mL以上。运动性脱水初期可补充水或5%的葡萄糖溶液，待血钠回降、尿比重降低后，可适当补充含电解质的溶液如5%的葡萄糖生理盐水。

对液体能从消化管吸收的脱水运动员，首选胃肠道补液；中度脱水常需辅以静脉补液；重度脱水则需从静脉补给。补液速度先快后慢。

第三节　网球运动疲劳及恢复

一、网球运动疲劳产生的机制

根据运动性疲劳产生的四大学说（即"中枢递质失衡学说；内稳态失调学说；衰竭学说；堵塞学说"），网球运动员运动性疲劳产生的主要部位：一是中枢神经系统；二是外周部分；三是外周部分与中枢神经系统；四是肌肉收缩产生降阻。另外还有一些其他因素也可能导致机体产生疲劳，如体液减少和无机盐丢失、血清酶活性升高、线粒体变形等等。根据网球运动项目的特点,疲劳主要产生在外周和中枢神经。

二、恢复手段

(一)牵拉按摩

牵拉按摩法是将牵引疗法和按摩疗法结合在一起的放松方法,是目前消除运动疲劳最为有效的手段之一。网球运动过程中需要完成大量的跑动和击球动作,就需要相关肌肉承受较大的负荷量,训练或比赛后通过牵拉按摩可使肌膜张力发生变化,加速运动后乳酸的消除,减轻肌肉酸痛,改善肌肉的供能效率。

(二)睡眠

睡眠状态下,人体各系统、器官的活动水平显著降低,仅仅维持基础代谢水平;睡眠对于网球运动中大脑皮层由于运动训练过度兴奋和过度抑制也是一种缓冲,对促进身体机能的恢复无疑是最简单有效的恢复手段。

(三)营养补充

赛前、赛中和赛后给予运动员一定的营养补充,是延缓疲劳出现和消除疲劳的有效手段。补液要遵循少量多次的原则;很多网球运动员对香蕉情有独钟,这是因为运动员需要补充大量的矿物质钾、镁和果糖及维生素,这些物质对于延缓疲劳、防止肌肉痉挛具有独特的功效,因此在日常的训练和比赛时同样要对运动员的营养结构给予高度重视。

(四)心理放松

网球运动员要想获得动力定型的技术动作,取得优异的运动成绩,就需要在千万次的锤炼中打磨技术的细节。运动训练过程往往是一个枯燥乏味的过程,这就要求教练员要把握运动员的个性特征,因材施教,在不影响训练的前提下,适时变化训练内容与形式,提高运动员参与训练的积极性。运动员也要设置短期目标,学会调节不良情绪,以积极饱满的热情投入到训练和比赛中。

(五)温水浴

温水浴有刺激血管扩张、促进新陈代谢和血液循环、消除疲劳的作用。温水浴的温度在40℃左右,每天浸浴不超过两次,每次15—20分钟为宜。入浴时间长、次数过频,会因消耗能量更加疲劳。

课后思考与讨论

※ 网球常见的运动损伤有哪些?有何症状?

※ 网球常见的运动损伤如何现场紧急处理?如何预防?

※ 网球常见的运动疾病有哪些?有何症状?

※ 网球常见的运动疾病如何现场紧急处理?如何预防?

※ 网球运动疲劳是如何产生的?

※ 简述常见的消除网球运动疲劳的方法。

附　录

Ⅰ　国际网联比赛规则

（一）场地设备

　　单打球场是一个长方形的场地，长23.77米（78英尺），宽8.23米（27英尺）。用球网将全场分隔为两个相等的区域，球网悬挂在直径不超过0.8厘米（1/3英寸）的网绳或钢丝绳上，球网两端越过或悬挂在直径不超过15厘米（6英寸）的圆形网柱或边长不超过15厘米（6英寸）的正方形网柱顶上。网柱高不得超过网绳顶部2.5厘米（1英寸）。网柱中心距边线外沿0.914米（3英尺）。网柱高度应使网绳或钢丝绳的顶部距地面1.07米（3英尺6英寸）。

　　当一个兼有双打和单打的场地挂着双打球网用于单打时，球网必须用高度为1.07米（3英尺6英寸）的两根支柱支撑，这两根支柱称为"单打支柱"。它的直径或边长不得超过7.5厘米（3英寸），单打支柱中心距单打场地边线外沿0.914米（3英尺）。

　　球网应充分展开，完全填满两柱间之空隙，网孔大小以不让球穿过为准。球网中央高0.914米（3英尺），并用不超过5厘米（2英寸）宽的白色中心带绷紧束于地面。

　　在球网、中心带、网边白布或单打支柱上均不得有广告。

　　球场两端的界线叫端线（也叫底线）。球场两边的界线叫边线。在球网两侧6.40米（21英尺）处的场内各画一条与球网平行的横线，叫作发球线。联结两发球线的中点画一条与边线平行的宽5厘米（2英寸）的横线，叫做中线。中线与球网成"十"字形，将发球线与边线之间的地面分成四个相等的区域，叫作发球区。在端线的中心，向场内画一条10厘米（4英寸）长、5厘米（2英寸）宽的垂直于端线的短线叫做中点。全场除端线可宽至10厘米（4英寸）外，其他各线的宽度均不得超过5厘米（2英寸），也不得少于2.5厘米（1英寸）。全场各区的丈量，除中线外都从各线的外沿计算。所有的线应是同一颜色。

　　戴维斯杯或国际网联主办的其他正式锦标赛规定，端线以外至少要有6.40米（21英尺）的空地，边线以外至少要有3.66米（12英尺）的空地。

　　双打球场应为10.97米（36英尺）宽，比单打球场每边多1.37米（4 1/2英尺）。两发球线间的单打球场边线为发球区的边线。其余各项均和单打相同。

（二）球场固定物

　　球场固定物包括球网、网柱、单打支柱、绳或钢丝绳、中心带、网边白布，还包括球场四周的挡网、看台、固定的或可移动的座位或座椅，安置在场地周围上空的设备等。除主裁判外，网球比赛还需要有出于各自预定位置的裁判，包括：司网裁判、脚误裁判、司线员和球童。（注：

ITF规定,裁判员的含义为,坐在球场裁判席的裁判,以及所有在比赛中协助裁判执法的工作人员。)

（三）球

球为白色或黄色,外表毛质均匀,接缝处没有缝线。球的直径是6.35—6.67厘米（21/2—25/8英寸）,重量是56.7—58.5克（2—21/16盎司）。球的弹力为:从2.54米（100英寸）的高处自由落下时,能在混凝土地面上弹起1.35—1.47米（53—58英寸）;气温在20℃（68F）时,如果在球上加压8.165千克（18磅）时,推进变形应大于0.89厘米（0.3英寸）,小于1.08厘米（0.425英寸）。

（四）球拍

球拍如不符合下列规格,则不得在比赛中使用。

（1）球拍的击球面必须是平的,由弦线上下交替编织或联结组成,其组成格式应完全一致。

弦线不应有附属物或突起物。如有附属物,只限用来限制或防止弦线的磨损、振动或分散重力,其大小和布置均应合理。

（2）拍框和拍柄的总长不得超过81.28厘米（32英寸）,总宽不得超过31.75厘米（121/2英寸）。拍框内沿总长不得超过39.37厘米（151/2英寸）,总宽不得超过29.21厘米（111/2英寸）。

（3）拍框包括拍柄,不应有附属物或设备。如有附属物或设备,只限用来限制或防止拍框和拍柄的磨损、振动或分散重力。任何附属物或设备,其大小和布置必须合理。

（4）拍框包括拍柄和弦线,在每一分的比赛期间,不应有任何可使运动员改变其球拍形状或改变其重力分配的设备。

（五）发球员和接球员

运动员应各自站在球网的一边,先发球的运动员叫作发球员,另一边的运动员叫作接球员。

（六）选择权

第一局比赛用掷钱币的方法来决定选择场区或发球权、接发球权。猜中钱币的规定面者,有权选择或要求对方选择。

（1）选择发球或接发球者,应让对方选择场区。

（2）选择场区者,应让对方选择发球或接发球。

（七）发球

应按下列方法将球发送出去:

发球员在发球前,应先站在端线后、中点和边线的假定延长线之间的区域里,然后用手将球向空中任何方向抛起,在球接触地面以前用球拍击球（仅能用一只手的运动员,可用球拍将球抛起）,球拍与球接触,就算完成球的发送。

（八）脚误

（1）发球员在完成整个发球动作中,应做到以下两条,否则就是脚误。

① 不得通过行走或跑动改变原来站立的位置。发球员发球时如果两脚轻微移动而未变更原位,不算脚误。

② 两脚只准站在端线后、中点和边线的假定延长线之间,不能触及其他区域。

（2）脚是指踝关节以下部分。

（九）发球员的位置

（1）每局开始发球时，发球员应先从右区端线后发球；得（失）一分后，再换到左区发球。这样每得（失）一分就轮流交换发球位置。如发球位置错误而未察觉，比分仍然有效；一旦察觉，应立即纠正。

（2）发出的球，在对方还击前，应从网上越过，落到对角的对方发球区内或其周围的线上。

（十）发球失误

发球时发生下列任何一种情况，均判为失误：

（1）发球员违反上述规则第（七）、第（八）和第（九）条的各项规定；

（2）未击中球；

（3）发出的球，在落地前触及固定物（球网、中心带、网边白布除外）。

（十一）第二次发球

发球员第一次发球失误后，应在原发球位置进行第二次发球。如果第一次发球失误后，发觉发球位置错误，应按规则第（九）条改在另一区发球，但只能再发一次球。

（十二）发球时间

发球员须等待接球员准备好后才能发球。接球员做出还击姿势就算已做好准备；如接球员表示尚未准备好，即使所发的球没有落到发球区内，接球员也不能要求判此球失误。

（十三）重发球和重赛

（1）下列情况应判发球无效，重新发球：

① 合法的发球触及球网、中心带、网边白布后，仍落到对方发球区内，或发球触及球网、中心带、网边白布后，在落地前，触及接球员的身体或其穿戴的物件。

② 无论发球成功还是失败，接球员均未做好准备。

（2）遇到下列情况时，应判重赛，并给予两次发球机会：

① 活球期间球破了，应判重赛。

② 观众进入场内妨碍运动员击球。

③ 当球击中空中的另一只球时。

④ 裁判员或司线员由于纠正错判而影响运动员还击。

（十四）发球次序

单打：第一局比赛终了，接球员成为发球员，发球员成为接球员。以后每局终了，均依次互相交换，直至比赛结束。

双打：应在每盘开始之前，决定发球次序如下：

每盘第一局开始时，由发球方决定由何人首先发球，对方则同样地在第二局开始时决定由何人首先发球。第三局由第一局发球方的另一球员发球。第四局由第二局发球方的另一球员发球。此后各局均按此次序发球。

（十五）运动员何时交换场地

双方应在每盘的第一、三、五等单数局结束后，以及每盘结束且双方局数之和为单数时，交换场地。如一盘结束,双方局数之和为双数,则不交换场地,须等下一盘第一局结束后再进行交换。

(十六)"活球"期

自球发出时起(除失误或重发外)至判定该分胜负时止为"活球"期。

(十七)发球员得分

发生下列任何一种情况,判发球员得分:

(1)发出的球(发球无效除外)在着地前触及接球员或他穿戴的任何物件。

(2)接球员违反第(十九)条规则的规定而失分。

(十八)接球员得分

出现下列任何一种情况,判接球员得分;

(1)发球员连续两次发球失误。

(2)发球员违反规则第(十九)条的规定而失分。

(十九)失分

发生下列任何一种情况,均判为失分:

(1)在球第二次着地前未能还击过网,规则第(二十三)条(1)和(3)款规定的情形除外。

(2)还击的球触及对方场区界线以外的地面、固定物或其他物件,规则第(二十三)条(1)和(3)款规定的情形除外。

(3)还击空中球失败(站在场外击空中球失败也算失分)。

(4)在比赛进行中,运动员故意用球拍拖带或接住球,或故意用球拍触球超过一次。

(5)"活球"期间运动员的身体、球拍(不论是否握在手中)或穿戴的其他物件触及球网、网柱、绳或钢丝绳、中心带、网边白布或对方场区以内的地面。

(6)来球尚未过网即在空中还击(过网击球)。

(7)除握在手中(不论单手或双手)的球拍外,运动员的身体或穿戴的物件触球。

(8)抛拍击球。

(9)比赛进行中,运动员故意改变其球拍形状。

(二十)阻碍击球

甲方的举动妨碍乙方击球时,该举动若属故意,判甲方失分,若系无意则判该分重赛。

(二十一)压线球

落在线上的球都算界内球。

(二十二)球触固定物

击出的球,落到对方场区地面后再触及固定物(球网、网柱、单打支柱、绳或钢丝绳、中心带、网边白布除外)时,判击球者得分;球在落地前触及固定物,判对方得分。

(二十三)有效还击

下列任何一种情况,都是有效还击:

(1)球触球网、网柱、单打支柱、绳或钢丝绳、中心带或网边白布后,从网上越过落入对方场区内。

（2）对方发出或还击的球落到对方场区内。或在风吹回对方场区上空时,本方运动员挥拍过网击球,球落到对方场区内,其身体、衣服或球拍并未触及球网、网柱、单打支柱、绳或钢丝绳、中心带、网边白布或对方场区的地面。

（3）球从网柱或单打支柱以外还击至对方场区（不论还击的球是高还是低于球网或是触及网柱或单打支柱）。

（4）合法击球后,球拍随球过网。

（5）对方发出或击出的球,碰到本方场区内的另一球,而还击的运动员仍能回球到对方场区内。

（二十四）意外阻碍

运动员遇到不能控制的意外阻碍,球场固定物及规则第（二十）条规定的情形除外,妨碍其击球时,该分应重赛。

如有观众进入场内妨碍了运动员击球,该分重赛。

（二十五）胜一局

运动员每胜一球得一分,胜第一分记分15,胜第二分记分30,胜第三分记分40,先得四分者胜一局。但遇双方各得三分时,则为"平分"。"平分"后,一方先得一分时,为"该运动员占先"。"占先"后再得一分,才算胜一局;如一方"占先"后,对方又得一分,则仍为"平分"。依此类推,直到一方在"平分"后净胜两分,才算结束该局。

（二十六）胜一盘

（1）一方先胜六局为胜一盘。但遇双方各得五局时,一方必须净胜两局才算胜一盘。

（2）决胜局计分制可作为本条规则（1）款在平局时处理长盘的变通办法,但要在比赛前宣布这一决定。

决胜局计分规则:

决胜局计分制可应用于每盘的局数为六平时,但三盘两胜制的第三盘和五盘三胜制的第五盘不得使用此制度,应使用本条（1）款的长盘制,除非另有规定并在比赛前宣布。

决胜局计分制如下:

单打

① 先得七分者为胜该局及该盘。若分数成六平时,比赛须延长到某方净胜两分为止。决胜局应全部采用数字计分制。

② 该轮到的发球员发出第一分球后,接着由对方发第二分及第三分球;此后轮流交替发球,每人连发两分球,直至决出该局与该盘的胜负为止。

③ 该轮到的发球员在右区发第一分球后,即改由对方依次在左区和右区发第二、三分球;此后轮流交替发球,每人连发两分球,其中第一分球均应在左区发球。如果从错误的半区发球,在发觉前已得的分数均有效,但在发觉后应立即纠正错误的站位。

④ 运动员应在每六分及决胜局结束时交换场地。

⑤ 更换新球时,决胜局作为一局计算。如逢该局更换新球,应暂缓更换,待下一盘第二局开始时,再行更换。

双打

单打比赛的规定都适用于双打比赛。轮到发球的运动员发第一分球,此后发球次序仍按该盘比赛中原先的发球次序排定,每人轮流交替发两分球,直到决出该局与该盘的胜负为止。

轮换发球

运动员(或双打时一对运动员)在决胜局首先发球者,在下一盘第一局中为接球方。

(二十七) 最多盘数

一场比赛最多盘数是五盘,女子参加时最多盘数是三盘。

(二十八) 临场官员的任务

比赛时如设裁判员,裁判员的判定就是最后的判定。

比赛设有裁判长时,如运动员对裁判员涉及有关规则问题的判定有异议,可提请裁判长解决,裁判长的判定就是最后的判定。

比赛中设有司线员、司网和脚误裁判员等辅助人员时,对于具体发生的事例,他们的判定就是最后的判定。如果裁判员认为是明显误判,他有权纠正辅助人员的判定或指令该分重赛。当辅助人员不能作出判定时,应立即向裁判员示意,由裁判员作出判定。如裁判员对于具体发生的事例不能作出判定时,可指令该分重赛。

在戴维斯杯和其他团体赛中,球场上的裁判长有权更改任何判决,他还可以指示裁判员判该分重赛。

裁判长认为天色黑暗或因场地、气候等条件不能继续比赛时,可令比赛停止。补赛时双方运动员原有比分和原站方位仍然有效;经裁判长与双方运动员一致同意后,也可重赛。

(二十九) 连续比赛和休息时间

从第一次发球开始,到全场结束,比赛应按下列规定连续进行。

(1) 如第一次发球是失误,发球员必须毫不延误地开始第二次发球。

接球员必须按发球员合理的速度进行比赛,当发球员准备发球时,接球员必须准备去接球。

交换场地时,从前一局结束至下一局第一分发球球拍击球时,最多有1分30秒的间歇。

当有外界干扰使比赛无法连续进行时,裁判员可酌情处理。

由国际网联承认的国际巡回赛和团体赛的组织者,可以决定分与分之间允许间歇的时间,在任何时候,间歇的时间都不得超过25秒。

(2) 决不应该为了使运动员能够恢复力量、呼吸或身体素质而暂停、延误或干扰比赛。但是如因事故而受伤,裁判员可允许一次暂停(3分钟)。

由国际网联承认的国际巡回赛和团体赛的组织者,可以延长这一次暂停时间,从3分钟到5分钟。

(3) 若某些情况非运动员所能控制,如运动员的服装、鞋或器材(不包括球拍),因料理不当而不能或难以继续比赛时,裁判员可暂停比赛,直到料理好为止。

(4) 当需要和适宜时,裁判员在任何时候都可以暂停或延缓比赛。

(5) 男子比赛在第三盘打完之后,女子比赛在第二盘打完之后,双方球员可以有不超过10

分钟的休息时间。如果是地处北纬15度与南纬15度之间的国家,则以不超过45分钟为限。此外,当出现球员无法控制的特殊情况时,裁判员有权暂停适当的时间。

如果比赛被暂停至第二天才能恢复,则在第二天打完第三盘之后(女子第二盘之后)才有休息权。第一天未打完的盘作一盘计算。如果在同一天内,比赛设暂停超过10分钟,在没有间断的情况下,要再连续打完三盘后(女子比赛打完二盘后)才有休息权。上一段没有打完的一盘作一盘计算。

(三十)指导

团体赛中,在交换场地时,可由坐在场内的队长给以指导,但在决胜局换边时不得进行指导。

在其他比赛时,运动员不能接受指导,

应严格地遵守这些条款。

在裁判员发出警告后,他有权取消犯规运动员的比赛资格。当使用批准的罚分制(指三级罚分制)时,裁判员应按照罚分制处罚。

(三十一)更换新球

假如在规定的局数以后应换新球,但在正确的次序未换新球,则此错误应等到该轮及发新球的运动员或在双打时该对运动员在其下一轮发球局到来时予以纠正,更换新球。此后,应按原先规定的两次换球间的局数来更换新球。

(三十二)双打规则

除以下各条规定外,上述规则均适用于双打。

(三十三)双打接球次序

应在每盘开始之前,决定接球次序如下:

先接球的一方,应在第一局开始时,决定何人先接发球,并在这盘单数局继续先接发球。对方同样应在第二局开始时,决定何人先接发球,并在这盘双数局继续先接发球。他们的同伴应在每局中轮流接发球。

(三十四)双打发球次序错误

如果发球次序错误,应在发觉时立即纠正。但已得的分数或已有的失误都有效。如发觉时全局已经终了,此后发球次序就以该局为准,轮流发球。

(三十五)双打接球次序错误

如果接球次序错误,发觉后仍按已错误的次序进行,等到下一局再纠正。

(三十六)发球失误或得分

发出的球,如违反第(十)条规定,或触及同队队员或他穿戴的物件时,都算失误。发出的球,在着地前触及接球员的同伴或他穿戴的物件时,应判发球方得分。

(三十七)双打还击

接发球后,双方应轮流由其中任何一名队员还击。如果运动员在其同队队员击球后,再以球拍触球,则判对方得分。

注:除另有规定外,所有规则一律适用于男、女比赛。

II 网球常用语中英文对照

一、场地器械用语

网球场：tennis court

球网：net

网柱：net-post

单打支柱：singles stick

底线：base line

边线：side line

单打边线：singles side line

双打边线：doubles side line

发球线：service line

发球区：service court

中点：centre mark

发球中线：centre service line

左发球区：the left service court

右发球区：the right service court

中心拉带：strap

看台：stand

中场：midcourt

硬地球场：hard court

草地球场：grass court

土地球场：clay court

红土球场：red clay court

练习场：practice court

比赛场：match court

单打球场：singles court

双打球场：doubles court

固定物：permanent fixtures

塑胶球场：synthetic court

沥青球场：asphalt court

水泥球场：concret court

毯式球场：carpet court

挡网：back and side stops

记分牌：scoreboard

发球器：ball machines

网球墙：tennis wall

网球：ball

穿弦机：tennis stringer

避震器：vibration dampening device

球夹：ball clip

缠把：grip

网球拍：racket

拍颈：throat

拍面：racket face

大拍面：oversize

中拍面：midplussize

小拍面：smallsize

拍柄：handle

拍柄粗细：grip size

甜点：sweet spot

网球鞋：tennis shoes

网球帽：cap

网球裙：skirt

拍弦：string

拍框：frame

拍弦的磅数：tension

力量级别：power level

击球类型：stroke style

旋转速度：swing speed

硬度：stiffness

控制：control

平衡点：balance

拍弦类型：string pattern

横穿弦：crosses

竖穿弦：mains

拍头尺寸：head size

球拍长度：length

拍框厚度：construction

材料构成：composition

碳纤维：graphite

玻璃纤维：fiberglass

钛金属：titaniom

推水器：courtsqueegee

二、网球技术用语

握拍法：grip

东方式握拍：eastern grip

西方式握拍：western grip

大陆式握拍：continented grip

正手击球：fore hand

反手击球：back hand

正手挥拍：forehand swings

单手反手击球：one-hander backhand

反手挥拍：backhand swings

双手反手击球：two-hander backhand

环状引拍：circular backswing

直线引拍：flat backswing

平击球：flat

抽球：drive

上旋球：top spin

下旋球：back spin

发球：service or serve

抛球：ball toss

炮弹式发球：cannon ball

第一发球：first serve

第二发球：second serve

截击：volley

正手截击：forehand volley

反手截击：backhand volley

高压球：overhead smash

挑高球：deferssive lab

接发球：received

正手削球：slice forehand

反手削球：slice backhand

正手上旋球：forehand top spin

正手平击球：forehand flat

正手下旋球：forehand back spin

反手上旋球：backhand top spin

反手平击球：backhand flat

反手下旋球：backhand back spin

放小球：drop shot

直线球：down the line shot

斜线球：crosscourt shot

击球点：contact point

长球：long ball

深球：deep ball

击落地球：ground stroke

击反弹球：half volley

进攻：attack

落点：placement

攻击球：forcing shot

开放式站位：open stance

关闭式站位：closed stance

随挥：finish

步法：foot work

转体：nip rotation

拍面角度：vertical face

上网型球员：net player

底线型球员：base-line player

三、国际网球组织和赛事用语

国际网球联合会：International Tennis   Federation (ITF)

国际男子职业网球协会：Association Tennis Professional (ATP)

国际女子职业网球协会：Women's Tennis Association (WTA)

温布尔登大赛：Wimblendon

美国公开赛：U.S. Open

法国公开赛：French Open

澳大利亚公开赛：Austria Open

戴维斯杯：Davis Cup

联合会杯：Federation Cup

霍普曼杯：Hopmen Cup

超九赛：Super 9.

大满贯：Grand Slam

锦标赛：Championship

四、比赛和裁判用语

脚误：foot fault

犯规：fault shot

发球直接得分：ace

发球失误：fault

双误：double fault

重发：let

擦网：net

重赛：replay

发球无效：the let in service

活球期：ball in play

失分：to lose point

得分：to win point

压线球：ball falls on line

出界：out

没看见：unsighted

手势：hands signal

摔球拍：abuse of raquet

警告：warning

罚分：point penalty

两跳：not up

意外干扰：invasion

休息时间：rest period

身体触网：body touch

更换新球：ball change

挑边：toss

单局数：an add number of game

双局数：an even number of game

准备练习：warm-up

分：point

局：game

盘：set

局点：game point

盘点：set point

赛点：match point

破发点：break point

0分：love

15分：fifteen

30分：thirty

40分：forty

15平：fifteen all

平分：deuce

占先：advantage

发球占先：advantage server

接发球占先：advantage receiver

单打：singles

双打：doubles

混双：mixed doubles

交换发球：change service

交换场地：change sides

三盘两胜：the best of three

五盘三胜：the best of five

预赛：qualifying matches

第一轮：the first round

四分之一决赛：quarterfinals

半决赛：semifinals

决赛：final

平局决胜制：tiebreak

长盘制：advantage set

抢7局：tie-break

外卡：wild card (WC)

种子选手：seeded players

正选选手：main draw players

轮空：bye

比赛开始前弃权：withdraw

比赛中弃权：retired (RET)

准备：ready

比赛开始：play ball

名次：ranking

主裁判：chair umpaire

司网裁判：net, cord judge

司线员：linesmen

球童：ball boy (ball kids)

脚误裁判：foot fault judge

单打比赛：the singles game (men's, women's)

双打比赛：the doubles game

挑战赛：challenger

希望赛：futures

邀请赛：invitational match

卫星赛：satellite

元老赛：veterans' match

青少年赛：junior match

表演赛：exhibition

公开赛：open

友谊赛：friendly match

资格赛：qualifying competition

正选赛：main draw match

外围赛：qualifier match

国际排名：international ranking

国内排名：national ranking

赛制：tournament systems

循环赛制：singles round robin

淘汰制：elimination system

III 普通高校体育教育专业网球教学大纲示例

华东师范大学网球专项专修课程教学大纲

课程代码	SPOR0531131001		课程性质	专业限制选修课程
课程名称	专项专修网球（I），（II），（III）			
英文名称	Specialized tennis courses (I),(II),(III)			
学时/学分	216学时/12学分		实践学时	180学时
开课单位	体育与健康学院		适用专业	体育教育
先修课程	运动训练学、运动心理学、运动生理学、运动解剖学、运动竞赛学等			
大纲撰写人	陈 赢		大纲审核人	季 浏
课程网址	https://elearning.ecnu.edu.cn https://www.icourse163.org		授课语言	中文

一、课程说明

《网球专项专修》是体育教育专业的专业限定选修课程，是学校双一流建设和师范专业认证的核心课程之一。本课程旨在全面发展学生的身心素质,掌握网球运动的基本技术和战术,培养网球教学、训练、比赛及健身育人的能力。为中小学体育教师网球专项能力(教学、训练、竞赛组织、裁判工作等)的形成,奠定身体素质和专项技能学习的基础,以便更进一步适应中小学网球课程改革的需要,促进未来网球教师、网球教练员及网球社会指导员职业素养的全面发展。

二、课程目标

1. 通过网球基本理论与实践的教学,培养网球专项学生的社会责任感以及对未来教育的职业归属感。

2. 以最新中小学体育课程标准为指导,促进学生掌握中小学网球课程的设计、网球教案的撰写、网球训练计划的制定;并且能够胜任组织网球教学、训练、比赛及裁判工作。

3. 掌握最新的网络信息技术,能够运用最新的信息技术辅助网球教学、训练及比赛工作,达到线上与线下混合模式进行有效教学。

4. 通过网球理论、技术、战术、教学、训练及比赛的学习,学会发现问题、分析问题,并能解决问题。达到网球专业素养的全面提升。

5. 通过网球运动教学,为学生形成和实现自己的意愿,提供网球学科独具的路径和独特视角、发现的方法和思维策略;为学生提供一种唯有在这个学科的学习中才可能获得的经历和体验,提升独特的审美发现、欣赏和表达能力。

6. 掌握网球最新的国际前沿动态和科学研究,培养学生从事网球教学、训练、比赛等领域的科研探索的能力。

三、课程目标与毕业要求的对应关系

毕业要求	指　标　点	课程目标
师德规范	1-3　遵守教师职业道德规范,明晰体育教师的权利与职责	目标1
教育情怀	2-1　理解体育教育工作的意义,具有职业理想和敬业精神。 2-2　能够利用自身知识和运动技能激发学生对体育的兴趣	目标1
知识整合	3-1　扎实掌握通识教育课程、教师教育课程的基本知识、技能与方法,达到本专业培养方案规定的相应学分要求	目标2
	3-2　扎实掌握专业理论课程知识,正确理解和把握《体育与健康课程标准》基本理念和要求	
	3-3　全面掌握网球运动技能和教学方法与策略,达到华东师范大学体育与健康学院《体能考核标准》和《运动技能考核标准》	
	3-4　能够运用其他相关学科知识、技能和方法解决体育与健康实践问题,对学生进行健身和健康指导,预防运动损伤	
教学能力	4-1　能基于《体育与健康课程标准》进行中学网球课程的教学设计、实施与评价	目标3

毕业要求	指　标　点	课程目标
教学能力	4-2　掌握形式多样的体能练习方法，能够根据学生体质健康状况灵活运用	目标3
	4-3　习得运动技能学习指导方法，能够采用多种方法和手段完成运动技能教学	
	4-4　能够通过教育见习和教育实习等实践环节进行教学研讨和教学反思	
	4-5　能够完成课外体育活动、运动训练与竞赛的组织和裁判工作	
技术融合	5-1　能够跟踪信息技术的发展动态，掌握主要的教育信息技术手段，并运用于课内外学习中	目标4
	5-2　积极利用信息技术手段完成毕业论文和科创课题研究工作	
综合育人	7-1　理解不同学科课程和术科课程的育人价值，掌握其育人的途径和方法	目标5
	7-2　能够在体育实践活动中将运动能力培养、健康行为和体育品德养成有机结合	
	7-3　能够利用各种活动培养学生的体育精神和品格	
国际视野	9-3　经常聆听外国专家的学术报告，能够进行面对面的交流	
反思研究	10-1　能够独立思考，在教育见习和实习中收集分析自身活动信息，进行自我诊断，改进体育教育教学工作	目标6
	10-2　能够对课程学习和实践过程进行深入的探索和研究，形成创新性观点	
合作交流	11-1　能够与同学一起合作完成小组学习、专题研讨、团队互动等协作学习活动	

四、教学内容

本课程教学总时数为216学时，其中理论部分为36学时，实践部分为180学时，任课教师可根据实际情况适当调整教学时数。（重难点标注◇）

（一）理论部分

1. 网球运动基础理论（支撑课程目标1、2）

1.1　网球运动的起源与发展

1.2　网球运动的特点与功能◇

1.3　网球运动的基本礼仪◇

1.4　网球运动的场地设施与器材

1.5　网球运动的赛事与组织机构

1.6　网球运动的损伤与预防

要求学生：了解并掌握网球运动的基础理论知识，理解网球课程对人的生活和工作的重要价值,激发学生对网球运动的兴趣,为今后从事网球教学、训练、比赛工作奠定理论基础。

2. 网球运动专业理论(支撑课程目标3、4、5)

2.1 网球运动身体素质理论

2.2 网球运动技术基本理论◈

2.3 网球运动战术基本理论◈

2.4 网球运动心理素质理论

2.5 网球运动教学理论◈

要求学生:了解并掌握网球各项素质训练理论,学习并领会网球运动的核心素养,加强教学理论研究能力的培养,促进并提高网球专项素质及网球执教能力,为今后从事网球教学、训练、比赛工作奠定专业基础。

3. 网球运动竞赛规则及裁判法(支撑课程目标3、6)

3.1 网球运动的竞赛规则

3.2 网球运动的裁判方法◈

要求学生:熟悉并掌握国际网联最新网球单打、双打常用竞赛规则,"大满贯"及ATP赛事规则,以及网球竞赛的裁判方法。

4. 网球运动竞赛编排与组织(支撑课程目标2)

4.1 网球运动的赛事编排◈

4.2 网球运动的赛事组织

要求学生:熟悉并掌握网球竞赛活动的组织,包括竞赛规程、赛程表,编排方法制定的技巧和方法,培养撰写网球赛事策划方案的能力。

(二) 实践部分

1. 网球运动的基本技术(支撑课程目标2、3、4)

1.1 底线技术◈

1.2 发球与接发球技术◈

1.3 网前技术

1.4 高压球及挑高球技术

1.5 组合技术◈

要求学生:了解并掌握网球各项技术的握拍法、基本步法、动作要领、动作构成、练习方法、纠错方法等,培养网球技术教学指导能力。

2. 网球运动的基本战术(支撑课程目标2、3、4)

1.1 单打战术

1.2 双打战术

1.3 底线战术

1.4 网前战术

1.5 综合战术◈

要求学生:了解并掌握网球各项战术基本原则、应用时机(实施判断与预测)、应用方法以及各种战术练习方法,培养网球战术教学指导能力。

3. 网球赛事组织及临场执裁(支撑课程目标3、5、6)

3.1 网球赛事策划与组织◆

3.2 网球临场执裁工作

要求学生:了解并掌握网球竞赛的赛前、赛中、赛后的组织与调控,明确裁判的分工与职责,做到科学、公正、公平、公开执裁,培养组织网球比赛与临场执裁的能力。

4. 网球教学模拟(支撑课程目标3、5、6)

4.1 网球课程设计

4.2 网球现场教学◆

要求学生:了解并掌握网球运动的教学原则、要求,学会制定和撰写教学大纲,教学计划及教案,并能根据不同授课对象进行现场教学。

五、教学进度

第Ⅰ学期教学进度安排一览

教学模块	教 学 内 容		第1学期教学时数(72学时)	备注(专项)
理论部分	网球运动基础理论		4	
	网球技术、战术基本理论		4	
	网球竞赛组织工作及裁判法		4	
实践部分	技术教学	底线正反手平击球技术	6	一般体能、专项素质、专项心理素质的教学与训练贯穿整个实践教学之中
		底线正反手上旋球技术	6	
		底线正反手切削球技术	4	
		平击发球与接发球技术	4	
		上旋发球与接发球技术	4	
		切削发球与接发球技术	4	
		正手网前截击球技术	4	
		反手网前截击球技术	4	
		高压球与挑高球技术	2	
		放小球与反弹球技术	2	
	战术教学	单打战术	4	
		双打战术	4	

网球运动教程

教学模块	教学内容		第1学期教学时数（72学时）	备注（专项）
实践部分	裁判规则	案例：规则剖析	2	一般体能、专项素质、专项心理素质的教学与训练贯穿整个实践教学之中
		临场执裁	2	
	教学模拟	课程设计	2	
		试教试讲	2	
	教学比赛	赛事组织策划	2	
		参赛实战	2	
总计			72学时	

第Ⅱ学期教学进度安排一览

教学模块	教学内容		第2学期教学时数（72学时）	备注（专项）
理论部分	网球运动专项素质理论		4	
	网球技战术组合理论		4	
	网球赛事策划及裁判法		4	
实践部分	技术教学	底线正手直线	4	一般体能、专项素质、专项心理素质的教学与训练贯穿整个实践教学之中
		底线正手斜线	4	
		底线反手直线	4	
		底线反手斜线	4	
		一区发内角	2	
		一区发外角	2	
		二区发内角	2	
		二区发外角	2	
		接发球（一区内外角）	2	
		接发球（二区内外角）	2	
		正手截击（打区域）	2	
		反手截击（打区域）	2	

教学模块	教学内容		第2学期教学时数（72学时）	备注（专项）
实践部分	技术教学	组合球（直线+斜线）	2	一般体能、专项素质、专项心理素质的教学与训练贯穿整个实践教学之中
		组合球技术（底线+网前）	2	
		组合球（底线+网前截击+高压球）	2	
	战术教学	底线战术	2	
		网前战术	2	
		发球与接发球战术	2	
	裁判规则	案例：规则剖析	2	
		临场执裁	2	
	教学模拟	课程设计	2	
		试教试讲	2	
	教学比赛	赛事组织策划	4	
		参赛实战	4	
总　计			72学时	

第 III 学期教学进度安排一览

教学模块	教学内容		第3学期教学时数（72学时）	备注（专项）
理论部分	网球视频教学分析		4	
	网球技战术组合理论		4	
	网球赛事策划及裁判法		4	
实践部分	技术教学战术教学	2（直线）+1（斜线）技战术组合	2	一般体能、专项素质、专项心理素质的教学与训练贯穿整个实践教学之中
		2（斜线）+1（直线）技战术组合	2	
		底线强攻多拍斜线放短直线	2	
		底线强攻多拍直线放短斜线	2	
		对付中路球—侧身正手抽斜线	2	
		对付深球—向对手反手位抽上旋球	2	

教学模块	教学内容		第3学期 教学时数 （72学时）	备注 （专项）
实践 部分	技术教学 战术教学	中路直线随上	2	一般体能、专项素质、专项心理素质的教学与训练贯穿整个实践教学之中
		侧身正手抽球随上	2	
		直线穿越	2	
		斜线穿越	2	
		发球战术：一区发外角打空当	2	
		发球战术：二区发外角打空当	2	
		发球战术：一区发内角限制回球角度	2	
		发球战术：二区发内角限制回球角度	2	
		接发球：对付外角—回斜线深球	2	
		接发球：对付外角—回直线深球	2	
		接发球：对付内角—回中路深球	2	
		接发球：对付内角—回直线深球	2	
	裁判规则	案例：规则剖析	1	
		临场执裁	1	
	教学模拟	课程设计	1	
		试教试讲	1	
	教学比赛	赛事组织 参赛实战	20	
总　计			72学时	

六、教学方法

1. 多元化教学

创造问题情境教学、课件图像分析教学、视频分析教学、案例分析教学、网络答疑等多种教学形式融合，进行网球理论课教学，培养学生研究的问题意识和批判性反思能力。

2. 阶梯式教学

由教师主导，学生为主体，统一管理，运用语言教学方法、直观教学法、完整与分解教学法、竞赛教学法等，形成分组、分层、分级的单一和综合的多种阶梯式教学模式，培养学生的网球教学实践组织能力。

3. 线上线下结合教学

利用学校大夏学堂（https://elearning.ecnu.edu.cn）和中国大学生MOOC（https://www.icourse163.org）在线平台，采用线上线下合作学习的教学模式，通过在线作业、小组讨论、任务下达以及线下教学、训练、比赛等形式进行网球教学实践活动，教师线上线下进行跟踪、调控指导，充分突显出学生的主体地位，培养学生学习与自我学习的能力。

七、考核方式

（一）第I学期考核方式

1. 平时成绩（20%）：学习态度（考勤、课堂发言、课外锻炼）占10%；课堂实践（包括教案和PPT制作、说课、授课）占10%。

2. 体能测试（30%）：参照学院《体能考核标准》。

3. 技能考核（50%）：技评占55%；达标占45%。

注：在技能技评与达标考核中，任意一项不及格均判为网球课程不及格。

（1）考核内容及方法

① 底线击球技术（40分）

教师在发球线附近隔网送球，受测者底线正反手击球各10次，击球弧度规定在离地面垂直高度3米以下，击球第一落点在场内阴影区域内为有效击球。Ⓣ代表教师，Ⓢ代表受测者。（见下图）

（实线为送球路线，虚线为受测者跑动路线）

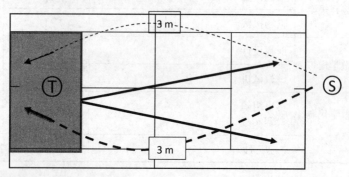

② 上手发球技术（30分）

按网球发球规则规定，受测者左右区各发球10次，第一落点入发球区为有效击球。发球失误无分，发球擦网重发。Ⓢ代表受测者。（见下图）

③ 网球截击球技术（20分）

教师在发球线附近隔网送球，受测者网前正反手截击球各10次，击球第一落点在场内阴影区域内为有效击球。Ⓣ代表教师，Ⓢ代表受测者。（见下图）

④ 高压球击球技术（10分）

教师在发球线附近隔网送球，受测者在中前场击打高压球10次，击球第一落点在单打场内为有效击球。Ⓣ代表教师，Ⓢ代表受测者。（见下图）

网球运动教程

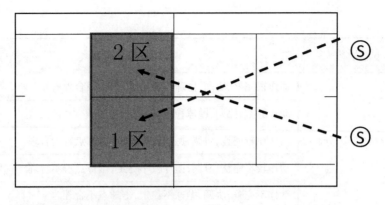

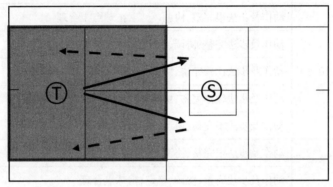

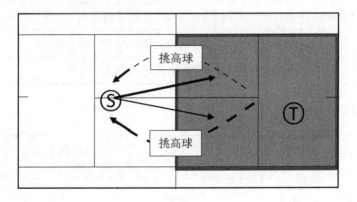

（2）技能评分标准

① 技评标准

测 试 内 容	动 作 技 评	分值
底线击球技术（20分）	动作及步法很完整、协调、稳定，击球点很合理	17—20
	动作及步法完整、协调、稳定，击球点合理	13—16
	动作及步法比较完整、协调、稳定，击球点较为合理	9—12
	动作及步法较不完整、协调、稳定，击球点较不合理	5—8
	动作及步法不完整、协调、稳定，击球点不合理	1—4

测 试 内 容	动 作 技 评	分值
上手发球技术（20分）	动作很完整、协调,抛球很稳定,击球点很合理	17—20
	动作完整、协调,抛球稳定,击球点合理	13—16
	动作比较完整、协调,抛球较为稳定,击球点较为合理	9—12
	动作较不完整、协调,抛球较不稳定,击球点较不合理	5—8
	动作不完整、协调,抛球不稳定,击球点不合理	1—4
网前截击球技术（10分）	动作及步法很完整、协调、稳定,击球点很合理	9—10
	动作及步法完整、协调、稳定,击球点合理	7—8
	动作及步法比较完整、协调、稳定,击球点较为合理	5—6
	动作及步法较不完整、协调、稳定,击球点较不合理	3—4
	动作及步法不完整、协调、稳定,击球点不合理	1—2
高压球击球技术（5分）	动作及步法很完整、协调、稳定,击球点很合理	5
	动作及步法完整、协调、稳定,击球点合理	4
	动作及步法比较完整、协调、稳定,击球点较为合理	3
	动作及步法较不完整、协调、稳定,击球点较不合理	2
	动作及步法不完整、协调、稳定,击球点不合理	1

② 达标标准

测试内容	底线击球技术（20分）		上手发球技术（10分）		网前截击球技术（10分）		高压球击球技术（5分）	
	有效击球数	分值	有效击球数	分值	有效击球数	分值	有效击球数	分值
达标数量及分值	1	1	1	0.5	1	0.5	1	0.5
	2	2	2	1	2	1		
	3	3	3	1.5	3	1.5	2	1
	4	4	4	2	4	2		
	5	5	5	2.5	5	2.5	3	1.5
	6	6	6	3	6	3		
	7	7	7	3.5	7	3.5	4	2
	8	8	8	4	8	4		

测试内容	底线击球技术（20分）		上手发球技术（10分）		网前截击球技术（10分）		高压球击球技术（5分）	
达标数量及分值	9	9	9	4.5	9	4.5	5	2.5
	10	10	10	5	10	5		
	11	11	11	5.5	11	5.5	6	3
	12	12	12	6	12	6		
	13	13	13	6.5	13	6.5	7	3.5
	14	14	14	7	14	7		
	15	15	15	7.5	15	7.5	8	4
	16	16	16	8	16	8		
	17	17	17	8.5	17	8.5	9	4.5
	18	18	18	9	18	9		
	19	19	19	9.5	19	9.5	10	5
	20	20	20	10	20	10		

（二）第Ⅱ学期考核方式

1. 平时成绩（20%）：学习态度（考勤、课堂发言、课外锻炼）占10%；课堂实践（包括教案和PPT制作、说课、授课）占10%。

2. 体能测试（30%）：参照学院《体能考核标准》。

3. 技能考核（50%）：

①底线对攻（20%）

考核方式：

受测者两人一组，分别在端线附近运用底线正反手技术连续隔网对攻击球，要求回球落点必须在发球线后场区域，测试时间为10分钟，以其中最多一次的有效连续对攻击球次数作为考试成绩。

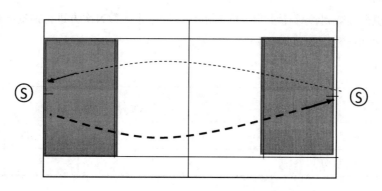

评分标准：

考核内容		达标数量及分值				
底线对攻 （20%）	有效对攻 次数	1—2次	3—4次	5—6次	7—8次	9次及以上
	分值（分）	2—4	6—8	10—12	14—16	18—20

② 网前截击（10%）

考核方式：

受测者两人一组，分别在发球线附近进行正反手交替隔网对拦，落地截击无效，测试时间为10分钟，以其中最多一次的有效连续隔网对拦次数作为考试成绩。

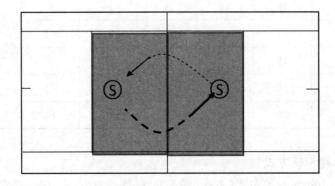

评分标准：

考核内容		达标数量及分值				
网前截击 （10%）	有效对攻 次数	1—2次	3—4次	5—6次	7—8次	9次及以上
	分值（分）	2	4	6	8	10

③ 比赛（20%）

考核方式：

采用分组循环赛制，一盘决胜制（抢7制）。按照学生人数N次方进行抽签分组，根据小组比赛实际名次和局数胜负率进行评分。

评分标准：

考核内容		达标数量及分值				
网前截击 （10%）	小组名次	小组第一	小组第二	小组第三	小组第四	小组第五
	分值（分）	2	4	6	8	12

（三）第Ⅲ学期考核方式

1. 理论考核（10%）：闭卷考试。

2. 平时成绩（10%）：学习态度（考勤、课堂发言、课外锻炼）占5%；课堂实践（包括教案和PPT制作、说课、授课）占5%。

3. 体能测试（30%）：参照学院《体能考核标准》。

4. 技能考核（50%）：

① 发球精准度测试（20%）

考核方式：

按网球发球规则规定，受测者左右区各发球10次，第一落点入发球区为有效击球。发球失误无分，发球擦网重发。⑤代表受测者。（见下图）

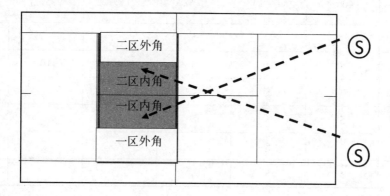

评分标准：

考核内容		达标数量及分值				
发球精准度 （20%）	发球有效 次数	一区内角	一区外角	二区内角	二区外角	合计
	分值（分）	5	5	5	5	20

② 比赛（30%）

考核方式：

采用单淘汰赛附加赛制，三盘两胜制（抢7制）。按照学生人数N次方进行抽签排位，根据比赛实际名次及盘、局数胜负率进行评分。

评分标准：

考核内容		达标数量及分值						
单淘汰赛附 加赛（20%）	比赛 名次	第1名	第2名	第3名	第4—8 名	第9— 12名	第13— 16名	第16名 之后

考核内容		达标数量及分值						
单淘汰赛附加赛（20%）	分值（分）	20	18	16	14	12	10	10分以下

八、成绩评定

课程目标	考试成绩（60%）		平时成绩（40%）			课程分目标达成评价方法
	运动技能（40%）	教学能力（60%）	学习态度（10%）	课堂实践（15%）	体能测试（75%）	
目标1			5			分目标达成度=分目标总分/考试成绩平均分×0.6+分目标总分/平时成绩平均分×0.4
目标2	20	10	5	5	10	
目标3		5		5		
目标4	5	5	5	5		
目标5		5				
目标6	5	5				

九、教材和教学参考书目

（一）使用教材

《网球运动》华东师范大学自编教材,2018.8.

（二）参考书目

1.《网球裁判必读》陶志翔、沈芝萍编著,北京体育大学出版社,1998.

2.《网球技巧图解》丸山薫（日）著,北京体育大学出版社,2001.

3.《网球》虞力宏主编,浙江大学出版社,2002.10.

4.《网球运动教程》陶志翔主编,高等教育出版社,2003.

5.《网球压力训练》保罗·沃德洛著,陶志翔译,人民体育出版社,2005.

6.《现代网球技术教学法》孙卫星编著,北京体育大学出版社,2007.

7.《网球双打训练手册》周海雄、金春林、白真编著,人民体育出版社,2010.

8.《网球》陶志翔主编,高等教育出版社,2011.

9.《网球教程》李正荣著,武汉出版社,2012.

10.《现代网球教程》杨忠令著,浙江大学出版社,2011.

11.《大学网球教程》谢相和主编,四川大学出版社,2013.

12.《中小学网球教学理论与实践》陈赢主编,吉林大学出版社,2014.

参 考 文 献

［1］陈赢,刘琴,陈泷.中小学网球教学理论与实践［M］.长春:吉林大学出版社,2014.

［2］谢相和.大学网球教程.成都:四川大学出版社,2013.

［3］高徐,张向东,冉孟刚.网球［M］.北京:北京师范大学出版社,2013.

［4］〔日〕神谷胜则.实用网球技巧提升2000［M］.李盛,译.沈阳:辽宁科学技术出版社,2013.

［5］国家体育总局青少年体育司,国家体育总局网球运动管理中心.中国青少年网球训练教学大纲［M］.北京:北京体育大学出版社,2012.

［6］〔美〕安德森.网球技术与战术的执教技巧［M］.赵苏妙,译.北京:人民体育出版社,2012.

［7］李正荣等.网球教程［M］.武汉:武汉出版社,2012.

［8］殷皓.网球的前世今生——运动器材和装备［M］.北京:中国科学技术出版社,2012.

［9］杨忠令.现代网球教程［M］.杭州:浙江大学出版社,2011.

［10］〔英〕弗里切特贝尔.网球［M］.崔伟,译.北京:人民体育出版社,2011.

［11］张喆,马明纯.网球进阶训练［M］.长春:吉林科学技术出版社,2011.

［12］陶志翔.网球［M］.北京:高等教育出版社,2011.

［13］国家体育总局职业技能鉴定指导中心.网球［M］.北京:高等教育出版社,2011.

［14］周海雄,金春林,白真.网球双打战术训练手册［M］.北京:人民体育出版社,2010.

［15］陈建强.网球学与练［M］.上海:复旦大学出版社,2010.

［16］吴守煊,吴文胜.网球双打球技宝典［M］.北京:北京体育大学出版社,2010.

［17］中国网球协会.网球竞赛规则(2009)［M］.北京:人民体育出版社,2009.

［18］白波.跟我学网球［M］.成都:成都时代出版社,2009.

［19］郭立亚,蔡祥.中高级网球技战术训练［M］.重庆:西南师范大学出版社,2009.

［20］冯其明,樊云.网球反手削球技术要点分析及训练方法［J］.体育世界(学术版),2009(5).

［21］美国网球协会.网球战术训练——赢得比赛的模式［M］.汪鸽,郭泱,陶志翔,译.北京:人民教育出版社,2009,3.

［22］万妮娜.网球运动中单手反拍技术动作要点及训练方法［J］.科技风,2008(8).

［23］宋强.网球:全能技术图解［M］.北京:北京体育大学出版社,2008.

［24］〔英〕查尔斯·阿普尔怀特.提高你的网球IQ［M］.罗文,译.北京:人民体育出版社,2009.

［25］〔美〕美国运动教育计划(项目组).青少年网球教与练［M］.虞重干,张基振,译.北京:人民体育出版社,2008.

［26］墨飞.教你处理运动中手脚磨泡［J］.药物与人,2007(11).

［27］吴益顺.网球运动的疲劳与恢复［J］.科技信息(科学教研),2007(21).

［28］孙卫星.现代网球技术教学法［M］.北京:北京体育大学出版社,2007.

［29］周海雄,祁兵.网球技战术训练手册［M］.北京:人民体育出版社,2007.

［30］Shawn.网球太极式——削球［J］.网球俱乐部,,2007(3).

［31］姚鸿恩.体育保健学(第四版)［M］.北京:高等教育出版社,2006.

［32］高等学校新世纪体育教材编写委员会.网球［M］.北京:高等教育出版社,2006.

［33］栾丽霞,徐祥峰.大学生网球运动损伤的调查研究［J］.武汉体育学院学报,2005(6).

［34］〔美〕保罗·沃德洛.网球压力训练［M］.陶志翔,译.北京:人民体育出版社,2005.

［35］〔日〕成美堂出版社.简明网球规则图解［M］.赵振平,译.北京:人民体育出版社,2004.

［36］张启迪.网球双打技巧［M］.北京:人民体育大学出版社,2004.

［37］陶志翔.网球运动教程［M］.北京:高等教育出版社,2003.

［38］人民教育出版社课程教材研究所,体育课程教材研究开发中心.普通高中课程标准实验教科书.体育与健康(必修)全一册［M］.北京:人民教育出版社,2004.

［39］孙卫星.网球竞赛规则问答［M］.北京:北京体育大学出版社,2003.

［40］江明非.网球发球技术分析及其训练方法［J］.辽宁体育科技,2003(1).

［41］虞力宏.网球.杭州:浙江大学出版社,2002.

［42］〔日〕丸山薫.网球技巧图解［M］.修翠华,王凤,吴志虹,译.北京:北京体育大学出版社,2001.

［43］蒋中伟.关于提高网球平击发球成功率的研究［J］.体育科学,2000(4).

［44］陶志翔,沈芝萍等.网球裁判必读［M］.北京:北京体育大学出版社,1998.

［45］〔日〕早川泰将.图解网球训练入门［M］.艾青,译.南京:江苏科学技术出版社,2009.

［46］Michael F. Bergeron Heat Cramps During Tennis: A Case Report [J]. International Journal Of Sport Nutrition, 1996(6).

网球运动教程